U0069647

你為何而活

THE PURPOSE IN YOUR LIFE

林孟儒 Monroe｜著

目錄CONTENTS

前言、本書理念

之所以會想要寫這本書，是基於有一天發覺人類過得好匆忙，爲了競爭、爲了勝利、爲了在雞毛蒜皮的事情上能吵贏別人，無所不用其極，每天過得充滿壓力，精疲力盡，花了那麼多的力氣在過生活，卻不知道爲何而活，重點是不快樂。

所以想透過自己對人類與生命的態度跟看法，提供讀者不同角度的思維來審視自己的人生，透過本書中許多的提問，想讓讀者在這些問題中自我反思，並希望能透過這樣的反思來調整人們對待自己與世界的思維。

「生命寶貴，時間有限」是本書的核心價值，許多人在生活上或是在追逐目標的道路上忘了這點，進而失去了許多對美好事物的珍惜，並增加了許多無意義的負面心態。

因此，本書的第一個章節會以「人類的渺小」來貫穿，並以「世界毀滅又如何」來起頭，說明人類帶給自己的那些紛紛擾擾，若是將視角從宇宙的高度來看，根本如同塵埃般的微不足道，不管你對一件事情有多氣，不管你昨天談成了多大的生意，從宇宙的視角來看又如何？或許明天地球毀滅，一切都將成爲虛無，當你帶著這樣的思維來看待世界，或許會讓你因此有了不同的人生方向選擇。

「認知、把握、動機、能力、快樂」是本書針對人生目標所倡導的五大關鍵要素，當你對這五大要素有了更深的理解，便能幫助你在有限且針貴的生命中探索人生。

前頭雖然提及了人類的渺小，但後續也會接著討論人類的強大，這是宇宙生命的奇蹟，也證明

了人類不服輸的性格，而強大是把雙刃劍，能帶給世界美好，也能輕易的毀滅世界，本書也希望透過這個部分讓人類認知到不同利用強大的方式，會帶給自己甚麼後果。

此外，「思想、言論、行動、創造、選擇」是人們在自由與秩序之間拉扯的五大領域，本書希望透過在這些領域對自由的探討來幫助讀者了解到自由的可貴與強大，同時也不忘記秩序存在的意義。

不僅如此，一個人一生所在乎的事情，以及所看見的事物，加上對事物的感受，都會因爲不同的觀點而帶來全然不同的結果，人生的旅途更會因此而不同，所以本書大膽的對世界塑造了觀點，並建議人們依循本書來審視自己與世界。

然而，說了這麼多，一切的決定與觀點，都有可能因爲「愛」這個力量的影響而改變，愛的力量更加深了人們活著的意義，所以用了一章的篇幅來撰寫。

最後，會由面對「人生的終點」來探討生命的意義，人終將會離開世上，在這個心態面前，你會如何面對現有的一切決定？希望能透過這樣的議題來幫助讀者思考自己的生命所求。

這本書對人類的行爲做了許多的描述，有讚賞也有批判，讀者可以選擇認同或不認同，本書旨在透過傳遞不同的價值觀給讀者，希望讓世人們能更加善待自己與世界，珍惜時間，並不對自己的人生感到後悔。

第一章、人類的渺小

世界毀滅又如何

本書的開頭，我想以你、我的生活講起，一步步講述為何你與我都是渺小的存在，就算世界毀滅，也都不代表甚麼。不過，就算話是這麼說，也不代表作者我本人完全支持我腦中的這個想法，讀者也可以用自己的理解來詮釋自己的人生。

人是矛盾的生物，我們在許多同樣的事情上常常會出現兩種以上的面對態度，而這裡的事情，我指的是人生，我願意為了目標，毫無畏懼的往前衝，甚至廢寢忘食的投入在自己熱愛的事物上面，若是不成功就不退縮。

不過，在我腦袋的另一面，也時常質疑這樣的自己，人生到最後不但甚麼都帶不走，甚至全體人類都像在集體演戲一般，整個宇宙之大，地球與人類就有如塵埃，世界如果下一秒就毀滅了，任何的成就、任何的文明、任何地球生物的演化史，都成了一場空，沒人記得，就這樣消失在宇宙之中。

先來說說我自己，先表達我過往對在乎的事物所展現出的熱忱與態度，再來比較我對於人生的自我矛盾，這樣的矛盾使人質疑一切的努力在世界毀滅面前又算甚麼。

在研究所念書時，念的主要是企業管理，雖然企管所學領域多，最基本的包括生產管理、行銷、人力資源管理、財務管理等等，每一科又可以延伸出去自行成立系所，所以我認為，企研所的同學擁有絕佳的機會學習管理一群團體、或是一個組織。

然而一般學校很少教育學生「創造」與「領導」，更不用說「毀滅」，所謂毀滅就是推翻現有的事物或機制，並創造一個更好方式來獲利或謀求人類福祉。

因此，在求學階段的課外時間，我利用時間培養創業理念，思考許多計畫，各個都是讓我不眠不休的思考，花時間分析市場需求、相似的競品、差異化的點，再鎖定目標客群。而且，我充滿熱忱的發想整個商業模式、產品或服務的設計，仔細來回分析客戶如何接收到我要傳達的價值。我興奮、我期待、我幻想未來團隊的樣貌還有公司成立的一天，更期望我的理念受到世人認同，不斷擴大市場，並且對社會帶來一絲絲貢獻。

不過矛盾的是，有另一個聲音告訴我，不管我多努力、不管我多積極往目標前進，我終究會有死去的一天，爲何要給自己那麼多挑戰？爲何不求一個安穩的生活就好呢？更極端的想法是，甚至地球毀滅了，整個銀河系幾千億顆星球還是繼續運轉，對整個宇宙來說，地球可能有如塵埃般一樣的渺小，那麼，我所努力規劃的一切，又代表甚麼呢？

許多人因爲生活環境與思維習慣的影響，不容易以俯瞰的角度來審視自身處境，由於必須面對眼前的問題與困難，時常必須以短期的思維模式來處理事情。

例如學生必須面對眼前眾多學校規定的學習科目，還要準備一個又一個小考、期中考、期末考、分組報告、升學大考，尤其是亞洲國家的學生更是如此。

學生爲了這些考試，犧牲許多時間做其他角度的思考，家長或老師們以一代又一代傳下來的思維教育孩子，讓孩子以一樣的學習模式長大，無限複製，創造了一群人，這群人只知道要好好念書，爲了將來出人頭地，而且讓父母驕傲。

或許學生、家長、老師們該讓學生們了解學習這些事物的意義，例如數學中的三角函數，是許多學生不想面對的一道課題，而且認爲出了社會根本用不上這些數學公式，所以在這個時候應該讓

學生知道，學習數學並不代表未來一定要用到，而是透過學習的過程，訓練腦袋邏輯與解決問題的能力，或許這才是學生學習數學的意義，然而，學生只知道要面對的是考試，這是個可惜的教育角度。

但確實當學生不明白學習的目的時，考試，不失爲一種讓學生不斷往前進步的手段，而且避免因爲過多亡方向的思考而導致人生路的偏差。

以學生與學校教育方式爲例，目的是要表達當一個人埋首在許多極短期的目標時，可能會忽略了更重要與更高層級的思考，也就是一切行爲背後的意義——你爲何而做？你爲何而活？

俯瞰與格局——從你我到宇宙

人類不斷的爲了解決眼前問題而忙碌，這沒有錯，因爲大環境的影響，爲了生存或生活，必須要不斷解決短期問題，但若是拉高視角，用俯瞰的方式來看待人生呢？會不會覺得眼前問題根本不是決定人生的大難題？會不會更因爲更高的格局，而改變你的行爲模式？

從你生活周遭的人、社區、都市、國與國之間、地球、太陽系再到外太空，不同的高度，將帶給你不同的體悟，或許有的煩惱在俯瞰地球後，就自然而然消失了呢。

想像自己飛到空中，升到房子上方，再飛到社區上頭，你可以看到自己生活的地方一切。人們出門上班、買飯吃、有的人開車、有的人騎車、有的人搭乘大衆運輸工具，到了上班地點，開始一整天的工作，工作中可能有笑有煩惱，有煩悶也有不滿，再到人們下班，有各自的下班生活，再回到家中，可能自己一人度過，也可能與家人相聚，休息後再開始新的一天。在這過程中，你會看到身邊認識的人，或不認識的人所遇到的問題，把這些問題與自己生活中的難題來比較，可以看看自己的生活與之相比後是已經過於舒適，還是折磨萬分。

有的人在抱怨薪水增加的幅度太少時，另外一群人人不眠不休工作，完全沒有休息，只爲了兒女下一餐能吃飽。有的人在嘆息沒有早一點學樂器時，有個人四十歲開始學琴，五十歲的時候已經有了十年功力，彈得一手好琴。很多人在退休之際後悔年輕時沒有放手一搏創業，不然此時就可能有某種光景，然而有的人擁抱失敗，畢業後就橫衝直撞的實踐自己的理念，就算失敗，也不至於跌落谷底，還獲得經驗與人脈。有的人爲了短期的成功，利用身邊朋友，榨取資源，到頭來失去親

友，事業也無法起飛，甚至抱怨起身邊沒一個眞心的朋友，有另一群人，付出所有，對人誠懇且不要求回報，自然而然就累積了一大群好人脈，而且很信任彼此的互相幫助。

若將視角再往上飛一點點呢？現在從自己的社區上頭再飛到一個到多個**都市**的高度，會有甚麼發現？

當你起床，不想面對人生時，你會看到各行各業已經在爲了生活努力的做事，早餐店鏗鏘的鍋鏟聲此起彼落，各條馬路車水馬龍，大衆運輸不停的將通勤人士載往目的地，個個大樓裡的辦公室的鍵盤敲打聲，電話交流的話語聲，或是爲了提振精神的咖啡啜飲聲，也都在各個地方出現，工廠爲了生產產品，或許二十四小時沒有停止過營運。

世界並不會因爲個人的不想工作而停止運轉，除非科技進步到人類不需要工作，否則以目前看來，人類有一大半的人生在都是勞碌命，又或者您天生已經有好的家境資源能使用，其人生旅途就跟一般人不一樣了。

此時若你飛到**地球**上方的高度，你便可以看到國與國之間的狀況。

有一個很有趣的現象，當各國在追求經濟發展與進步時，有的地方正在發生戰爭，只要一個砲彈都能讓幾百年的努力與文明瞬間倒退，而住在安逸國家的你，或許還在想著萬聖節要如何變裝，去哪裡度過，而這個星球上，其實不同的地區正發生著你可能一輩子也沒經歷過的好事或壞事。

國與國之間，有政治的角力與合作，也有各個不同領域的民間組織在相互往來，不同國家的人口可能使用不同的流通貨幣、講著不同的語言、也有著不同的文化，做人要以謙卑的心來看待事物，世間萬物並非只遵循一套定理在運作，你所熟知的一切規則，或許在別的國度都是不成立的。

各國之間檯面上的關係與檯面下的關係常常有著微妙的差異，有時候檯面上說著邦交的友好情誼，檯面下卻是找方法捍衛自己並打擊對方。

我們生存的這個小小地球，是個不和平的地球，極度分裂，也異中求同。不同的文化，有不同的宗教信仰、國家治理方式、飲食習慣、男女長幼的互動、流行的事物、追求的價值等等。兩個地區的文化差異本質上互不干擾，也沒有優劣之分，難免會有文化衝突，只須懂得尊重，隨著時間的演進，文化自然而然會隨著知識、科技、法律、或是莫名的一個元素而改變。

隨著全球化的影響，除了排斥，各地文化也會互相學習或融入，將來越趨一致的機率也是很大的。然而，往往就是文化的差異，就算在現今如此進步的社會下，互相排斥的政體還是會發動戰爭，摧毀生活在同一個地球的另一群人類，眞是無奈。

世界動盪，瞬息萬變，人與人的互動、數據之間的傳輸、裝置設備與裝置設備的互連，在地球上沒有歇息的時刻，而這地球上的繁忙，又與整個太陽系的寂靜形成強烈的對比。

從原本的地球上方，再往上飄，飄到整個太陽系的上方，你會感受到寂靜、秩序、以及震撼。

太陽系的八顆行星們以恆星太陽爲中心順著同一個方向環繞，地球距離太陽一億四千九百六十萬公里，是太陽系中距離太陽第三近的行星，離太陽最近的水星與之的距離爲五千七百九十一萬公里，而太陽系中離太陽最遠的行星海王星，與太陽足足有四十五億四百萬公里，這距離是地球到太陽的三十倍，然而，卻還遠不及一光年的距離，也就是九點四六兆公里。

太陽孕育了地球萬物的生命，若沒有與太陽巧妙的保持最佳距離來接收陽光與溫度，也沒有地球適當的引力抓住大氣層，又沒有地球的磁場保護大氣層不被太陽風吹走，現今的地球可能情況跟火星差不多，在科學家發現生命跡象前，就是沒有生命。

換句話說，只要在地球形成時，少了一項關鍵要素，你我的祖先都不會出現，也不會有今天的人類文明存在。

生命既脆弱又可貴，看看地球上的人們，再看看太陽系內各個天體，身爲地球上最具文明的物種，我們的喜怒哀樂與我們的煩惱，都太過渺小，同時也很幸運，能夠成爲生命，並且以人類的姿態被演化至今。

目前爲止，科學家還沒在地球外發現其他的高智慧生物，不過，在看過宇宙有多大後，不知道您會是甚麼感覺，會覺得只有地球存在生命嗎？還是相信有其他的文明存在呢？

太陽，是太陽系的核心，行星們繞著它轉，然而，比太陽系更大的星系，叫**銀河系**，我們的太陽也繞著銀河新的核心移動。以我們目前所處在的銀河系來看，裡面有至少一千億顆恆星，有的恆星比太陽還要巨大許多，有的比太陽還要小，目前所知宇宙內的星系數量爲兩兆，而銀河系的直徑大概十萬又五千七百光年，做個比較，目前人類發射出去的最遠的探測器爲一九七七年NASA發射的航海家一號（Voyager 1），已經成爲首個離開太陽系的人造物，時至二〇二二年，距離地球才二百三十三億公里，而這個距離，光要走二十小時三十三分鐘才能到。

上述一步步從房子上方俯瞰周遭，一直到社區、都市、地球，甚至是太陽系、銀河系，再到宇宙的過程，並不是要介紹人類的行爲與創舉，也不是要介紹太空知識，而是要透過不同層級的視角來帶出你所在乎的事物，與浩瀚的宇宙相比，是多麼渺小，不知道您又理解了甚麼？

以下爲本段幾個重點小結，

一、人類很渺小，一切世俗的煩惱、工作的壓力、人生的迷茫對於宇宙來說，不如塵埃。

二、地球爲目前人類能輕易生存的唯一土地，是屬於全體人民與其他所有生物，需要共同守護。

三、各國的軍隊，應該一致抵抗地球外的危險，而非將炮火對準同一片土地的人。

四、既然生命渺小與可貴，請好好珍惜當人的機會，找尋自我人生的眞理與方向。

戰爭的意義

戰爭起因

身爲這顆星球的共同居住者，渺小的人類彼此應保持尊重、友善與盡量包容，當然不至於到無止盡的包容，並不是一切的事物都能被當代的主流意識所認同，儘管如此，暴力依舊不是個對的選擇。**不過，在批評戰爭前，來看看戰爭的本質，以及爲何會有戰爭。**

從古至今，爲何會有戰爭發生？爲何要發動戰爭？戰爭的勝利可以達到甚麼呢？過去與現代的背景看似不同，但人類的本性或許相差不遠。在前面提到過，文化的差異，可以造就現今社會的戰爭與對立，而文化的層面，又可以涉及到宗教、政治理念、生活習慣、價值觀、流行的事物、法律、道德觀等等都是文化的範疇，雙方對立的文化容易造成衝突，以近代最廣爲人知的文化衝突爲例，便是民主與非民主、或是資本主義與共產的對立（在此只針對事實來說明，不針對任一立場站台）。

不同的政治理念而起的衝突，會凝聚具有相同理念的國家，並分裂不同理念的團體或國家，這些衝突導致的戰爭，目的爲消滅另外一種意識型態，並壯大自己認同的政治理念。

除此之外，最基本的戰爭發起原因，不外乎是搶奪資源、擴張領土或仇恨。基本上，當戰爭的發起者能因爲戰爭的勝利獲得巨大優勢與資源，或是需要透過戰爭來保護人民、土地、資源等等時，戰爭就容易爆發。

而過去跟現代戰爭發生最大的差別，除了科技戰或經濟戰等新型態戰爭，在於現代多數的強權，過去已經品嘗過勝利的果實，再加上反戰精神的盛行，還有許多和平條約的簽訂，以及國際組織來協調與斡旋衝突，導致現今社會的武力直接衝突較過去少。

然而，各國軍隊的數量與武器仍舊在增加當中，因爲對立依舊存在、強權的野心不滅、而且競爭與貪婪是人的本性。

在弱肉強食的社會，人或者國家會透過武裝自己來避免被欺負，同時，武力發展強盛的國家也可透過販賣軍武來增加收入，在這樣的情況下，確實難以將軍武的發展停止，頂多各國有共識限制大規模殺傷性武器的研發與使用，或是禁止特定武器種類，例如核武或生化武器。

除了眞正具殺傷性的武器，隨著科技的發展，加上各國不同的優勢，現代戰爭已經演變爲資訊戰、認知戰、經濟戰、稀少資源戰等非流血的戰爭，這種新型態戰爭認眞打起來，足以讓被攻擊者受到巨大的經濟損傷。

中美貿易戰

而近年最受矚目的經濟戰，莫過於從二〇一八年初開啟的中美貿易戰，世界兩大經濟體的對抗，除了重擊兩國企業，也連帶影響全球的貿易活動。整件事情的起因，或許要從長久的美國對中國貿易逆差來說起。

從美方統計的數字來看，二〇一六年美國對中國貿易逆差爲三千四百七十億美元，到了二〇一七年爲三千七百五十二億美元，因此早在二〇一六年當時還在參選美國總統的川普（Donald

Trump）就曾說到要引用美國貿易法的201條款與301條款來對中國進口的產品實施關稅，確實也在當選後的二〇一八年一月開啟一系列的動作。

最早美國針對全球性的太陽能電池板和洗衣機徵收關稅，此舉引起中國太陽能電池板廠商的批評，隨後又針對中國特定產業商品課徵高額關稅，從此雙方開始互相對各領域製造商品、農產品、科技產品等等課徵關稅，在一系列的攻防戰中，大部分的產業相關聯者必須承受極大損失，例如美國的農產品出口，受到中國關稅影響，從每年對中國出口兩百五十億美元跌到七十億美元，而從中國端來看，直接影響了加工出口量，也提高相關工作人口的失業率。

經濟戰的目的，原先是出於保護國內廠商，因此對進口產品課稅，最後也超出了保護的範圍，變成攻擊的形式，甚至透過法律制裁來要求其他國家對單一國家進出口的決策，人類不斷處在對立面，全球性的和平難以見到，甚至有些國家或企業可以利用不和平來發大財，有人權益受損，就有人謀得利益，就好比台灣的高房價一樣，沒那麼容易下跌的，其中牽涉太多的利益糾葛。

人類不應承受戰爭帶來的恐懼

從戰爭中可以看到，雖然大家都知道世界和平很好，聽起來挺不賴的，但人很容易製造對立，可能是思想對立、文化對立、民族對立、政治對立，兩群不同的對立端，會以各種名目來保護自己、攻擊他人，不管宣稱的名目是否具正當性，只要能爲自身團體謀求最大利益，就會吸引理念相同或利益相同族群的支持，同時削弱對立面的彼方之利益，這就是人世間的矛盾。

希望大家在謀求利益時能記得一句大家聽到膩的話，地球只有一個，而且戰爭能使文明瞬間倒退，人類的發展需要良性的競爭來進步，而不是透過惡意的重傷來製造裂痕。

人類的目標，應該是透過思想與科技的進步，替自身創造能讓人心靈愉悅，並且富足且自由的環境，人類的生命短暫，沒有人應該承受戰爭帶來的苦難，沒有人應該活在這樣的恐懼之中。

人生一定要拚個你死我活嗎

競爭的益處

人的天性是懶惰？還是生性就喜歡競爭、贏過別人呢？我認爲都是。老實說，在寫現在這段，我的內心是掙扎的，因爲人性是如此矛盾，很難斷定怎樣的價值觀或邏輯是唯一最好的。

在商場上，人類因爲有了競爭，才能不斷創造出更好的產品或服務，爲了創造出更好的產品，同時也不斷培育須具備相關知識的人才，因此也造就人類的進步。

同一個產業之間的競爭，消費者總是最大利益者，有了競爭，科技可以在最短的時間內不斷革新，各個公司總希望自己的產品最受市場青睞，不敢懈怠，提出誘因吸引公司員工爲公司付出，研發出市場上最好的產品，或祭出最好的服務，在激烈競爭之下，價格也可能下跌至最符合或超乎消費者期待的數字。

民主社會下的政治也是，不同政治人物的競爭，每隔幾年的重新選舉、權力更替等等都會吸引選舉人提出更好的政見來吸引選票，有了競爭，都市會發展、國家會進步，每一位新上任的政治人物，爲了兌現承諾，會衝刺生涯，努力做事，同時也爲個人或政黨的下一次選舉而鋪路。

但若是爲了選票而畫大餅、不切實際，那又是另外一回事了。

人與人之間，或是國與國之間亦同。有了競爭，人會爲了得到更高的報酬、更高的名聲、更好的成績來充實自己，提高專業能力，增加對一個組織的貢獻，最後幫助自己，也幫助所屬組織的成長。

放大到國家之間的層面來看也是如此，各國之間有不同的競爭優勢或產業知識與人才，爲了鞏固國家優勢與利益，政府會訂定政策來防止關鍵技術流出國外，以此來保持國家領先地位，也幫助專利發明人維護知識產權，增加創新者的研發意願，最後達到增進社會福祉的目的。

從這些角度來看，人類喜歡競爭的天性，帶來了許多益處，這也是目前主流的人類生活模式，甚至有許多管理學大師發表持續競爭優勢、瞬時競爭優勢等等觀念，來教育企業不斷創造競爭優勢來使企業長存，並維持市場領先地位。

然而，激烈與持續的競爭，除了看似對社會發展好的一面，在追求領先與進步的同時，或許人們可以反思其帶給生活的意義，**人的一生就是要爲了不斷進步而活嗎？**這個問題，或許會受到很多有志人士的質問，但我認爲，在跟從主流認知前，可以思考競爭所要達到的眞正目的爲何，再來執行「競爭」這個行爲，接下來的部分，會以更多面的角度來看待「競爭」這件事情。

各國職場文化差異

首先，我想比較兩極的不同國家或地區的生活風格，以此來闡述高壓競爭與相較非高壓競爭帶來的人民生活差異，而且在此不表述誰好誰不好。

東亞國家或地區，包括台灣、日本、韓國、中國等等，在人們熟知的印象中，許多學生除了課業繁重、考試多不勝數，下課或假日還要去補習班學習，寫更多的題目，就怕輸給別人。

從工作上來看，延續了這股努力念書的文化，人們習慣埋頭苦幹，認爲自己多花時間，就會達

到某種目標，目標包括是老闆的賞識、增加對組織的貢獻、個人在工作上的成長或薪資報酬等等，似乎將「爲公司打拼」這樣的態度來過人生，從公司的角度來看，這些賣命的員工，常常付出超越既有薪資報酬下所應付出的勞力，面對這樣的員工，公司是該抱持感謝態度，且不應該視爲理所當然。

儘管在我的認知中，東亞各國的工時已經超越西方許多國家，然而，從數據來看，在其他地區也不遑多讓。

根據中華民國勞動部的統計資料，紀錄了我國與經濟合作發展組織（OECD）會員國於二〇二一年的工時比較（此處統計數字並非包含全球國家），從「就業者平均每年工時」來看，工時最長的七個國家包括新加坡（2,298小時）、墨西哥（2,128小時）、哥斯大黎加（2,073小時）、中華民國（2,000小時）、哥倫比亞（1,964小時，此爲二〇二〇年資料）、智利（1,916小時）、南韓（1,915小時）。

而工時最低的七個國家包括德國（1,349小時）、丹麥（1,363小時）、盧森堡（1,382小時）、荷蘭（1,417小時）、挪威（1,427小時）、冰島（1,433小時）、奧地利（1,442小時）。

根據此處的統計資料，工時最長的新加坡與工時最短的德國，在二〇二一年相差了九百四十九個小時，若以一年五十二週來看，一週就差了18.25個小時的工時呀！同樣都是經濟強國，爲何德國人卻可以在更低的工作時數下，維持那麼強盛的國家競爭力，又可以兼顧生活品質呢？

表 6-2　就業者平均每年工時

單位：小時

項目別	2011	2012	2013	2014	2015	2016	2017	2018	2019	2020	2021	2021 較 2011 增減時數	2021 部分時間就業者比率 (%)
新加坡(1) (2) (7)	2,402	2,402	2,402	2,392	2,371	2,366	2,345	2,330	2,324	2,288	2,298	-104	10.9
墨西哥	2,121	2,120	2,136	2,134	2,140	2,146	2,149	2,149	2,139	2,124	2,128	7	17.9
哥斯大黎加	2,285	2,233	2,141	2,122	2,148	2,205	2,179	2,121	2,060	1,913	2,073	-212	17.7
中華民國(1) (3) (6)	2,144	2,141	2,125	2,135	2,104	2,035	2,035	2,033	2,027	2,021	2,000	-144	3.2
哥倫比亞	-	-	-	-	2,325	2,315	2,284	2,283	2,272	1,964	…	-361	14.3
智利	2,050	2,027	2,021	1,994	1,994	1,978	1,963	1,956	1,930	1,825	1,916	-135	16.6
南韓(4)	2,136	2,119	2,106	2,076	2,083	2,068	2,018	1,993	1,967	1,908	1,915	-221	16.1
希臘	1,950	1,990	1,997	1,949	1,935	1,943	1,947	1,961	1,917	1,731	1,872	-78	9.1
波蘭	1,824	1,820	1,816	1,822	1,829	1,831	1,812	1,787	1,783	1,769	1,830	6	5.0
美國	1,778	1,782	1,780	1,782	1,783	1,778	1,778	1,782	1,777	1,767	1,791	13	11.7
愛爾蘭	1,737	1,738	1,743	1,757	1,771	1,763	1,775	1,782	1,771	1,746	1,775	38	19.7
愛沙尼亞	1,827	1,796	1,777	1,771	1,763	1,767	1,768	1,707	1,694	1,637	1,767	-60	10.3
以色列	1,947	1,919	1,908	1,895	1,895	1,922	1,918	1,910	1,898	1,783	1,753	-194	14.7
捷克	1,805	1,776	1,764	1,774	1,751	1,774	1,776	1,785	1,786	1,704	1,753	-53	5.1
紐西蘭	1,746	1,734	1,756	1,758	1,753	1,754	1,756	1,759	1,783	1,739	1,730	-16	20.0
匈牙利	1,754	1,738	1,734	1,749	1,746	1,760	1,747	1,730	1,722	1,657	1,697	-57	4.3
澳洲	1,774	1,771	1,766	1,755	1,751	1,739	1,738	1,733	1,722	1,683	1,694	-80	(8)25.5
加拿大	1,713	1,722	1,716	1,710	1,712	1,706	1,695	1,708	1,690	1,644	1,685	-28	18.4
義大利	1,773	1,734	1,719	1,716	1,718	1,722	1,719	1,719	1,710	1,554	1,669	-104	17.0
葡萄牙	1,724	1,708	1,718	1,725	1,732	1,737	1,727	1,738	1,744	1,611	1,649	-75	4.9
西班牙	1,711	1,697	1,690	1,691	1,694	1,702	1,692	1,698	1,683	1,570	1,641	-70	13.0
立陶宛	1,674	1,672	1,657	1,650	1,673	1,694	1,657	1,664	1,665	1,595	1,620	-54	4.3
日本(5)	1,728	1,745	1,734	1,729	1,719	1,714	1,709	1,680	1,644	1,598	1,607	-121	25.6
拉脫維亞	1,707	1,692	1,686	1,695	1,663	1,664	1,650	1,661	1,631	1,577	1,601	-106	6.6
斯洛維尼亞	1,663	1,644	1,662	1,682	1,687	1,652	1,622	1,599	1,602	1,534	1,596	-67	6.9
斯洛伐克	1,793	1,789	1,772	1,760	1,754	1,740	1,714	1,704	1,692	1,572	1,583	-210	3.1
土耳其	1,864	1,855	1,832	1,830	1,811	1,789	1,775	1,745	1,732	1,572	…	-292	9.0
瑞士	1,608	1,593	1,573	1,564	1,577	1,577	1,559	1,551	1,549	1,498	1,533	-75	25.3
芬蘭	1,578	1,568	1,560	1,558	1,555	1,555	1,549	1,546	1,538	1,529	1,518	-60	17.1
英國	1,515	1,531	1,534	1,542	1,525	1541	1,536	1,536	1,537	1,364	1,497	-18	(8)22.4
比利時	1,590	1,587	1,586	1,582	1,575	1,574	1,578	1,580	1,577	1,443	1,493	-97	17.3
法國	1,546	1,541	1,526	1,518	1,519	1,522	1,508	1,514	1,518	1,407	1,490	-56	13.8
瑞典	1,484	1,471	1,463	1,464	1,466	1,478	1,467	1,466	1,453	1,426	1,444	-40	12.3
奧地利	1,557	1,535	1,520	1,510	1,495	1,507	1,498	1,502	1,509	1,401	1,442	-115	21.2
冰島	1,538	1,523	1,524	1,513	1,511	1,520	1,507	1,496	1,480	1,446	1,433	-104	17.0
挪威	1,435	1,431	1,421	1,424	1,427	1,430	1,420	1,419	1,419	1,411	1,427	-8	20.3
荷蘭	1,420	1,411	1,415	1,426	1,426	1,437	1,437	1,436	1,439	1,407	1,417	-4	36.0
盧森堡	1,520	1,514	1,506	1,512	1,519	1,518	1,508	1,509	1,507	1,420	1,382	-138	12.8
丹麥	1,437	1,423	1,426	1,414	1,407	1,412	1,404	1,381	1,371	1,342	1,363	-74	16.6
德國	1,427	1,408	1,397	1,400	1,401	1,396	1,389	1,385	1,382	1,324	1,349	-78	22.2

資料來源：中華民國－行政院主計總處「薪資與生產力統計」。
新加坡－Labour Force In Singapore。
其他－Data extracted from OECD.Stat。

附　　註：(1)中華民國及新加坡之年工時＝月工時×12＝週工時×52。
(2)新加坡年工時為規模 25 人以上之私部門事業單位及公共部門。
(3)中華民國年工時為非農業受僱者，自 2019 年起新增「研究發展服務業」、「學前教育」及「社會工作服務業」不宜與之前年度比較。
(4)南韓年工時依據 OECD 國民所得會計問卷調查資料產生。
(5)日本年工時係 OECD 依企業面每月調查非農業部門，以及依勞動力調查結果加入農業及政府部門估計而得。
(6)全體平均每人年工時會受到就業型態及結構影響，中華民國因部分時間者比率較其他國家低，致整體平均年工時相對較高。
(7)部分時間者定義為經常性週工時未滿 30 小時，新加坡為未滿 35 小時。(同表 3-14)
(8)部分時間就業者比率英國為 2020 年資料、澳洲為 2019 年資料。

德國與新加坡職場文化差異

從新加坡與德國對於工作與生活平衡（Work-Life Balance）的態度差異，可以略之一二，這其中的差異沒有對錯，好與壞的感受也因人、地而異，主要希望讀者思考的是，身爲一位受雇者、勞工、或是雇用者，在職場上一定要如此拼命與不斷奉獻嗎？

首先看看德國人對於工作與生活的態度與做法。德國政府規定每天工時不可以超過八小時，此外德國人在工作時講究準時與效率，非工作時間就盡量不將工作事務帶入私人生活，一部分也歸因於時間分配的習慣與能力，人生尚有許多目標要追求，不管是工作、家庭、娛樂、或其他，都需要花時間投入，因此注重效率，階段性任務達成後，就把重心放在非工作的事情上。

簡而言之，人生不是只爲了工作，同時爲了把握能好好專注在私人的時間，使自己有許多目標來追求，因此德國人習慣用更有效率與效能的方式來完成工作事務。

那麼來看看新加坡人，在許多報導中可以看到人們用「工作狂」或「自虐狂」來形容新加坡的工作者。在新加坡，高工時是個常態化的現象，許多企業中，加班可能也被視爲是對工作的熱忱與付出，在傳統亞洲文化中，人們習慣將「努力工作」視爲一種自然該是如此的事情，「只要努力工作，就會有好的回報」是一個根深柢固的概念，或者是「要一直努力工作，才能提高收入，過上好日子」，也是個一般人會思考的點，這點不分東方西方，大家都愛錢，但是新加坡的文化比較偏向不養閒人，這是個以高度專業工作者組成的國度，甚至有三到四成人口來自外籍勞工，這代表了多數人在這裡生活的目的，是爲了競爭、爲了提高所得，而且願意接受高工時，但犧牲的，就是更多追求其他人生目標的時間了。

輸了可以嗎

講述到這裡，我想跟讀者們一起探討一個思考點——人努力的打拼、維生、使科技創新等等，**目的是爲了減輕人類生活的壓力，讓大家過上無憂的生活？還是要持續不斷的努力與競爭，永遠要有危機意識、不要懈怠呢？**

這個問題，圍繞在**「壓力」**一詞上，在此便針對拼命、競爭、賦予壓力等等的必要性來思考。

在「俯瞰與格局——從你我到宇宙」這一小節提過宇宙之大，以及人類的渺小，而這群渺小的人類透過雙手從遠古時期，學習用火、使用石器來當作工具與武器、再到冶煉金屬，製作更堅固耐用的工具，深化組織結構、複雜化社會行爲，人類爲了生存，加速改良生產物品的方式與流程，不斷創造新行的商品或商業模式，目的除了生存、賺錢，也是爲了提高人們生活的便利性。

透過機器或電腦、人工智能（AI）來減輕人們工作的負擔，也讓人們能以更快的速度去製造、研發、傳遞與接受資訊。現今的社會，許多過家自稱爲高度發展的已開發國家，那麼，**假設在開發到極致時，人類是否要持續不斷開發，還是慢下腳步，讓電腦或機器設備來爲人類工作就好呢？**

高度的競爭，隨之帶來的是生活的壓力，**壓力使人進步，但壓力或許不該是「目標」**。爲何我使用「目標」這個詞，因爲人們怕輸，爲了贏過別人、爲了比別人快一步，要給予自己壓力，例如世界的晶圓代工霸主台積電，爲了在製程上不斷領先，也爲了提高產能，必須持續地進購先進設備與相關物料、投入大量研發能量，以及策略性擴廠與不中斷的生產，然而其中最關鍵的，或許是那天性刻苦耐勞的台灣職場文化。

於二〇二二年十一月二十二的Yahoo新聞中，提到了台積電前共同營運長蔣尚義先生的分享，

他針對台灣職場工作者的職場態度跟文化表達看法，其中包括「我的研發工程師三班制輪班，而你們的工程師只有一班。」、「所以你的研發晶圓一天能取得八小時進展，而我們能取得二十四小時進展，是你的三倍速，就算你比我們聰明一倍，我們還是能打敗你。」蔣尚義先生也提到亞洲人願意以個人生活來換取財務上面的保障。

小弟本人我心中是非常佩服台積電的，我佩服其不斷革新的技術、堅持做製造服務的核心價值、高品質的產品交付，更不用說在二〇二二年第一季，於PwC國際會計事務所的全球市值總額百強企業中，以市值五千四百一十億美元排名第十，這是台灣人的驕傲。

然而，就算看到了如此令人亢奮的數字，我想提幾個開放性的問題，不針對台積電，只針對高度競爭與高度壓力職場下的企業提出。

這些問題首先要回顧前面我有提到的，**人類不斷努力與進步，是否是爲了減輕人類生活的壓力，使人過上無憂的生活？以及第二，爲了減輕人類壓力，企業願意放慢創新速度及減少工時嗎？第三，輸了，或是被超越，又如何？**

很顯然的，這幾個問題一列出來，可能直接被各個企業經營者或股東批評，畢竟，企業必須對股東交代，而獲利，更是企業存在的意義，我認同這些觀點，但身爲一個人類，我還是得幫人類提出這樣的思維。

你願意把一生的時間花在競爭上嗎

對於前段所列出的幾個問題，我也很難給出一個我心中眞正的答案，我很感謝人類們結合不統領域的知識，創造出科技的進步、思想的進步，甚或是文明的進步。確實因爲有了競爭，我們才有現今那麼多符合人需求的產品及服務能選擇、才有不斷針對人民需求而改善的法律政策，也才能有可能有一天，人類不需要付出過多勞力，就可以讓電腦或機器設備來替我們解決大部分的工作。

而我認爲，人們需要放慢腳步思考「急」的必要性，所謂「急」，包括急著贏、急著比別人快一步，急著學習知識、急著獲利、急著在小時候學的多才多藝、急著說出自己的論點、急著比競爭企業發表新產品、急著比別人早一步獲得資訊等等，數不勝數。

以企業經營者的「急」來看，在衆多競爭者的情況下，爲了在市場上比別人快速、量大、品質更好，有可能導致底下聽命行事的員工們承受非必要的壓力，而這個壓力，可能伴隨在員工幾十年的生涯中，或許在這壓力之下，工作者可以累積財富，慢慢築夢，但很可能是退休之際，才有時間去過上放鬆的生活，我認爲，人類的目標是在科技的可行性之上，最大化減少生活壓力，獲得身爲一個人該有的快樂。

不過，以追求壓力爲樂的人，我也非常支持，成就感與征服的快感，更是令人難以描述，但這個章節想要傳達的是人類以減壓爲目標，所以先不針對追求壓力的快感來做過多描述。

能當人類的幸運

能夠成爲人的機率

在「俯瞰與格局——從你我到宇宙」的章節中，我們看到了宇宙之大，以目前的估算，宇宙內有兩兆個星系，每個星系又有一千億顆恆星，每顆恆星又能孕育爲數不同的行星，而地球上的生物，包括植物或動物，就好比中了無可想像的最大獎一樣，能夠擁有生命，並且自由地以自己演化的方式在地球上繁衍，創造自身的價值。

而更加不可思議之幸運的事，我們能夠從衆多生物中脫穎而出，以人類的姿態主宰地球，創造一段段文明，您可曾想過，能夠成爲人類，是多麼幸運的事？而能夠成爲人類，其機率又大概是多少呢？

Dr. Ali Binazir於二〇一一年解釋了一段當前的「你」能夠誕生，機率幾乎等於零的分享，這分享裡探討了你的父母在人口還是四十億人時相遇、交往、並且決定生小孩、再到父親這輩子可能擁有的精子中遇上母親特定的卵子的機率，大概是**四十萬兆分之一**。

到這裡我已經不知該如何形容這個數字了，然而，事情還沒結束，你不會只因爲你父母的相遇而存在，必須再一直追溯到遠古時期的物種，甚至第一個出現的細胞，但Dr. Ali Binazir先只追溯到人類或類人生物的起始，三百萬年來你的祖先不斷遇到另一伴，並且生下小孩的機率，大概就如同兩千五百萬人同時骰一顆骰子，而且這顆骰子有一兆個面，卻能夠骰出同一個數字的機率，你能夠想像這是何等概念嗎？

而我所思考的，是從遠古幾十億年前，單一細胞不斷分裂，演化成水裡的植物、動物，再到地上爬的、天上飛的，其中當然也包括植物，而人類可以演化成人類，擁有地表上智商最高的大腦，這其中的運氣無法被描述，我自己也不知該如何計算起，更何況，還沒算進去在宇宙中，能在地球上生存的機率呢，這可是已經超越天文數字了。

說到這裡，不禁感慨，**世間上那麼多紛紛擾擾是何必呢？活著的意義又是甚麼？擁有人類的生命與能力，是該如何發揮自身的價值？又該追求甚麼呢？**

心懷感恩、珍惜生命

能夠以人類的姿態存在，大啖串燒、在酒吧與朋友享受啤酒、追逐理想職業、創造文明進步、愛人與被愛、聆聽不同曲風的音樂等等，這些美好的事情，都因爲無可置信的幸運，你才能體驗到。

活著，可以多用正面的角度來理解事情與溝通，不同的處事角度，就會活出不同的價值，而這角度就由您來自己做決定了。

人在這世上所能擁有的一切，都不應該視爲理所當然，也應該珍惜並維護不管是大自然贈與的空氣、陽光、水、花草樹木、各式的生命物種，又或是人類透過智慧，將大自然的禮物轉變成的乾淨飲用水源、生活上不或缺的電力、醫治疾病的藥物、抵抗強風暴雨的居所、便捷的交通工具、無遠弗屆的網路等等。

大自然的禮物，孕育了地球上萬物的生命，這是人類需要拚了命去維護的，然而，人類往往爲了短期的私慾，快速且大量的消耗地球不可再生資源，在這過程之中，也間接的污染部分可再生資源，或是危害生物的居所與生命，例如全球暖化造成的海平面上升，導致生物滅亡或遷移，或者是受汙染的空氣與水資源，導致生物最基本賴以爲生的元素都受到威脅，不過，人類往往是要面對災難來臨，才會眞正果斷執行改善的。

而除了世間萬物，人們更應該珍惜的，是自己。生命得來不易，有了前人不中斷的繁衍，才有今日的你，你的每一步、舉手投足，都是在創造歷史。前人給予了你生命，而你擁有極大的權力與選擇權來使用自身的生命。在你所在的城市、國家或土地上，在符合當前全體認同的法律規範之下，你擁有無限的空間與自由來使用你的腦袋與手腳，因此人生有無限可能，每一個當下的決定，都會開啟一段未知的旅程，而你就是自己的主人。

緣分

生命中，會遇到許多形形色色的人，包括家人、親戚、鄰居、學校同學、各路朋友、路邊發傳單的陌生人、老師、公車司機、警察、工作上的同事、老闆、下屬、情人等等，每一個人對你來說，都反映出你相對應的角色。

人人在社會中扮演不同的角色，複雜化社會的結構，也撐起社會的運作，你是你父母的孩子，你是你孩子的父親或母親，同時你也是許多人的親戚，對警察來說，你是個市民，在公司你可能是主管，在家裡，或許你的另一半掌握家中話語權，角色扮演天天上演，而這些出現在你生命中的人，都是一個個禮物。

有人說，你，是上天賜予你父母的禮物，然而，你的父母對你來說，也應該是個禮物，而且你無從選擇，直接被命運安排，就好像拆驚喜包，你不知道你的父母擁有多少財富、受過何等教育、待人處世的態度、甚至政治立場，或許你認同，或許你不認同，但你的存在起因於這一對男女的認識與互動，或是其中一方獲得精子或卵子捐贈而生下了你，你的身體裡有著他們的基因，這代表著傳承，小孩與父母，是彼此的禮物。

除了原生家庭，在進入學校後，會開始接觸不同的人，各個都具備不同原生家庭的價值觀，而這群渺小的人物，或許能影響你一輩子。

透過與這群人的互動，不管是一大群兄弟或姊妹，或是少數一兩個知心好友，這些人幫助了小時候的你建立起與團體互動的技能，包括合作完成事務、吵架、爲了不同立場而爭執、拉攏結派、分配角色與任務、追隨與領導、追求目標、審視結果等等，在這過程中，慢慢建立起屬於自己的人格，創造自己的個人形象與處事風格，最重要的是能夠更加了解自己，知道自己想要走的道路，因此，年輕時遇到的各個人物，會大大的影響你後面的人生。

而脫離學生身分，進入職場後，又是個風雲變色的社會樣貌。

職場上的工作夥伴、主管與老闆、共事的下屬，各個有著更複雜的背景，這群人可以幫助你加速了解組織的運作與達到目標的方式，在工作初期帶給你的經驗，也某種程度上大大的影響了你的工作風格，除此之外，在追求個人利益與公司利益的職場環境，偶爾會給你來一記當頭棒喝，給予你人生的教訓，畢竟在有著僱傭關係的職場環境，絕大多數人都是拿錢辦事、爲了公司目標而活，而阻礙到他人追求目標，或是個人被設定的目標達成率不佳時，就是會有被檢討的時刻，而這些時

刻，是人生的養分，幫助了你成長，也在個人程度上幫助你了解自己的喜好與能力，這也是在職場緣分中的收穫。

一生中會接觸多少人

你可曾想過，你的一生中會遇到多少人嗎？

一位將資訊圖像化的設計師Anna Vital曾經發表了一篇資訊圖（Infographic）來描述一個人在一生中會接觸多少人，且又能影響多少人，其中一生中會接觸到的人，其計算的方法爲，人一生每天會與三個新的陌生人互動，再乘以一生的壽命，平均78.3年，但是要減去五歲前認識的人，因爲通常記不得了，這樣計算下來，**人的一生會接觸到八萬人。**

然而，實際上眞正能與你產生更深的連結，而且被你影響的人數，又是多少呢？Anna Vital將這群人分爲三塊，包括同事、家人與朋友，平均來說，一生中能有重大影響的同事，是二十五人，其中公司規模包括小到一人公司，大到百萬以上；家人方面的計算方式是，平均在美國一個人會有兩個小孩，平均有小孩的年齡在25.3歲，所以你會看到你擁有的三代子孫，其人數爲十四人；朋友方面，眞正有產生深度交情的朋友，一生中大概一百五十人。

就以Anna Vital所列出的「一生中接觸的人數」與「你能眞正影響的人數」來比較，可以看出緣分的珍貴，不過這份資訊圖中沒有說明到你一生中，實質上眞正能影響你的人數就是了。

我認爲，每一段緣分，或是每一個在你生命中出現的短暫過客或長期陪伴者，都是張彩券，不管相識的過程、結果好與壞，你會學到一課，你會更加了解世界的樣貌，以及了解每一個人的獨特。

更重要的是，了解到世界不因你而轉，每一個人都是發光的個體，每一個人都是一本故事書，而你可以根據喜好來翻閱不同的故事，並寫下自己的故事，所以人人也都是自己人生的編劇。

在大家所擁有的時間長度都一樣的情況下更需要發揮自身價值、珍惜並善加利用有限的時間。

發揮價值，利用時間

時間是台沒剎車的高速列車

不管你是富貴、貧窮、人生得意、還是滿腹怨言，每一個在地球上的人，所擁有的時間都是一樣的（此處的說法排除因傷病或其他因素而擁有較少時間或壽命的人），所有的人遵循生命的規則，使用一樣的時間來追求有限生命中的目標。

除了健康，萬物最具價值的可能就是時間了。人們爲了累積財富，會努力工作賺錢、存錢，使用存到的財富來購買能滿足慾望的商品，因此，金錢可以被自主掌握要增加或是減少，然而，唯一不受生命掌控的，就是時間。

不管多麼努力要抓住一分一秒，時間就好像一台擋不住的高速列車，直直往前衝，這台列車不會煞車，不會停歇，也不會加速，而你與我都是乘客，有的人坐頭等車廂，有的人乘坐一般車廂，而且大家都在這台列車上出生，不准換車，只准下車，而可能改變的，就是到不同的車廂乘坐，有的人一輩子受限於意願或是能力，只在一般車廂待著直到下車，或是孕育新的生命，期待新生命改變命運。

結尾時間到的時候，人人都得下車，下車前，一切的財富與生命的自由皆得留在車上，許多人已經認知到財富在離世後沒辦法帶走，在世時便好好享受物質生活，或是將累積的財富留給後世，幫助子孫以前人之力來減輕生活的難度，然而，**最被忽略的一點，就是自由的身軀與意志，這暨帶**

不走，又不能分享。

在世時多麼意氣風發，從學會走路到奔跑、爬高山、游泳、衝浪、跳傘、滑雪、開車競速等等，還有學習各方面的知識、數學、語言、音樂、建築，又能在腦中天馬行空、做做白日夢、嘗試各種腦力激盪、做創意的發想，甚至是講無聊的冷笑話，這一切身體上與思想上的自由，在時間終止時，直接幻化爲泡影，時間與自由在心臟停止跳動那一刻也跟隨著凍結。

時間分配與行爲選擇

人生短暫，但充滿選擇，選擇卽是放棄，意思就是說，每當將時間選擇使用在某件事情上時，就等於放棄了另一件事情，因爲根據目前宇宙的運作，以及目前人類的能力所及，時間只能往前，而且不能分割，因此我們應當重視每一個決定，確保當下時間的使用能發揮最大的價值，或是盡量避免做出使自己後悔的決定。

時間的分配，沒有對錯，只要你能知道自己的選擇會帶來什麼後果。一般來說，把時間以人物、角色的角度來分配的話，一天之中可能會把時間分配給自己、同事、朋友、家人、伴侶以及其他短暫的過客或陌生人，這其中會隨著平日、假日或特殊節日而調整。

以台灣的現狀來看，基本上班族一天工作八小時，一天中有三分之一的時間在與工作夥伴相處，若是遇上忙碌的階段，可能還得加班一到兩小時，若是早上九點上班，工作八小時，午休一小時，加班再一小時，下班時已是晚上七點，假設是通勤族，還要再花個三十分鐘搭車或開車回家，甚至更長的時間。

假設午夜十二點時正式上床，那麼從到家到睡覺之間的時間，大概只有四個半小時，這四個半小時，或許就是決定人生的關鍵時刻。

你可能找朋友吃飯、喝杯小酒，一吐工作上的苦水，或是陪伴同住家人或另一半一起看看電視、散個步，再買個宵夜吃，也可能把時間都留給自己，吃個飯，看個影集，就洗澡上床睡覺，直到早上起床，準備早餐，再匆匆趕往公司開始新的循環，一直到週末才短暫結束這個循環。

假日的話，可能由於平日的勞累，決定自己好好休息，或是終於有更長的時間找朋友舒壓，可能去爬山感受大自然、到夜店狂歡、或是找美食大快朵頤，又或是跟家人或伴侶來場小旅行，久而久之呢，習慣便會被養成，生活模式也會漸漸固定，**除非有強大的影響因素介入，否則人很可能以同樣的模式長年度過。**

現在再以不同事情或活動的類別爲角度，來看看人們的時間分配，從常見的行爲來看即可，其可能包括上班工作、上學與考試、通勤、創業、煮飯、尋覓與享受美食、運動或鍛鍊身體、閱讀、看電影或影集、看新聞或政論節目、飲酒、逛街、線上購物、閒聊、發呆、睡覺、學習或磨練技能、思考、養育家庭成員、洗澡、上廁所等等。

有些行爲是固定每日發生，而且多數人都有相同的行爲模式，例如上班、上學、吃飯、睡覺、閒聊、洗澡，然而有些行爲會因人而異，累積的差異會將不同人塑造成不同的樣貌，**一個人散發出的氣質將取決於這些日積月累的生活習慣與行爲模式。**

從工作面爲例，多數人想著要找高薪、離家近、又能發揮長才的工作，並且藉由爲公司奉獻而往上爬，成爲公司的管理者，這聽起來是不錯。

而另一群人想著如何找夥伴、找資源，並努力將心中的創業理念試著實現，這些創業家不管是成功或失敗，他們已經具備不同高度的思維模式，他們不願只當個公司雇員、遵循規則、領固定薪水，這些人目標實現改變世界的產品或服務、創立組織、當領導者、甚而建立規則。

不管是選擇哪一條路，沒有對錯，只要相信自己的選擇與目標，都是很好的時間規劃。

除了工作的角度外，工作之餘的時間分配與選擇更不可被忽視。

上班一整天後，肯定是累積了一定程度上身體的疲勞或心靈層面上的疲憊，通常這些時候，多數人們選擇將目光放到不須動腦的事務上，例如看劇、划手機看看朋友的動態、或躺在床上直到眞正的睡覺時間前再起床盥洗，最後回到床上迎接隔天的工作，這一系列的行爲確實幫助到了紓壓，紓壓管道不管在哪一個時代，都有其存在之意義。

不過**有一些人不習慣安逸，或許說，擁抱壓力對這些人來說就是一種紓壓**，他們花時間補足工作上或生活上所需要的技能，例如各國語言、電腦程式、或透過閱讀、觀看免費或付費的各式課程，經過反覆練習後，內化的技能幫助這群人在職場上或生活上解決問題，當問題被更順利解決，就能更有效率的完成更多事務，也間接幫助人提早下班，如此一來，下班所犧牲的時間，長期來看降低了職場壓力，也充實了自我。

再舉一個時間分配差異的例子，這個例子圍繞在「朋友」與「自身」。我認爲，撇除已經建立自己家庭的人之外，**人們花上太多時間給朋友，以及參與朋友的飯局、酒局**，不管這些局的名目爲慶祝生日、聯絡感情、或是純粹想放縱，一週的時間如此有限，**請問你又花了多少時間與自己對話呢？**

時常看見朋友每每到了周末便開始趕場人生，飯局一個接一個，整個局或許認識的人只有一半不到，大家開開心心講一些稱兄道弟的話，分開後隨即忘了對方是誰，再趕往下一場開啟夜晚

人生，隔天醒來，或許通訊錄多了幾個永遠不會聯絡的新朋友，不過荷包卻少了不知花到哪裡去的錢，日復一日這樣的生活，雖然會感到空虛，雖然知道身邊是些酒肉朋友，但人往往難以脫離習慣，也很難脫離朋友群，應該說，很多人們不願意承受脫離朋友後的孤立感，不希望朋友在社群平台上發文時少了你。

而這裡要表達的是，當你願意多花時間跟自身對話時，你會意識到自己的時間被綁架，沒有人喜歡被束縛的感覺，此時，你會更有能力與動機來遠離這群對你的時間無產生效益的人或事物。

當實際上眞正做到時間割捨後，你會更意識到自己的存在，不再有閒雜的資訊影響你的時間規劃，「自己」會被更多的被重視，好處是你能更清晰地看待自己與周遭，了解自己的需求，因而能設立不同階段的人生目標，假設能在更深層的思考，**你會想要從「自己存在」這件事情上去探究自身存在的使命爲何？本身帶來的價值爲何？**

時間的分配與選擇，沒有對錯，只要自己相信自己的決定，而且選擇最不會讓自己後悔的路，珍惜時間，並讓時間發揮價值。

在有限的時間內發揮價值——蟬

「蟬」，在世界上目前已知有三千多個品種，是個在台灣夏天常見的昆蟲，總是能在樹多的地方或山上聽見雄蟬的鳴叫聲，他們透過震動腹部特殊的發音結構來吸引雌蟬，進而交配，然而，要達到吸引雌蟬、交配、讓雌蟬安全產卵，這個過程，可能是雄蟬在畢生之中那短短幾周內要極盡所能來達到的事，假設沒把握住這短暫又可貴的機會，未來就見不著這蟬兄的子嗣了。

根據國家地理（National Geographic），蟬又分爲兩種，一種爲「一年生」，這類蟬壽命二至五年，絕大部分的生命成長期間都在地下的土中吸取植物養分，直到長爲成蟲，成蟲每一年會破土而出，尋求另一半、鳴叫、交配、在樹上產卵、隨即生命終結，卵再花將近一年的時間孵化，孵化後的幼蟲會掉入土壤中開始新的生命週期，而成蟲從離開土壤到生命終結，只不過二至六週的時間週期。

另一種蟬爲「週期生」，這一類的蟬每十三年或十七年才會離開土壤，爬上樹上鳴叫，並尋求交配對象，幼蟲經過十年以上的發育、成長與等待，才能見到陽光，雄蟬使盡那積累了十幾年的能量，在短短幾週年釋放，珍惜在地面上的每一刻，直到達到目的，再安然離世。

對十七年才離開土壤開始鳴叫的蟬來說，最彰顯其價值的時刻，只占了牠們一生中那百分之零點二或三的時間，牠們本能性的知道要把握住稍縱卽逝的機會，將前面幾代寫在基因裡的遺志，流傳後世。

這是以昆蟲短暫的壽命爲例，來看看除了人類外，其他的物種也在地球上努力的追尋自己畢生的目標，接下來再以植物爲例子，看看它們如何在有限的時間內，使生命發光、發揮價值。

在有限的時間內發揮價值——大王花

地球上的植物壽命範圍從數個月到幾百年，甚至千年以上都有，而且根據二〇一五年收錄在*Annals of the Missouri Botanical Garden*中的一篇由Stuart L Pimm與Lucas N Joppa撰寫的文章——***How Many Plant Species are There, Where are They, and at What Rate***

are They Going Extinct?（世上有多少植物物種？它們生長在哪？它們以多快的速度面臨滅絕？），他們經過計算與判斷後，認爲世上有大約四十五萬種植物，其中三分之一瀕臨滅絕，而且他們正以比歷史上快一千到一萬倍的速度消失當中，這數字聽起來挺讓人難過的，但本章節先不針對生物滅絕做過多著墨。

有一種特別的寄生植物，叫做「大王花」，是全世界最大的花，其直徑甚至可以達到一公尺以上，生存的方式是寄生在藤本植物上，吸取宿主的養分來養活自己，平時是不會開花的，當某些原因觸發時，它才會慢慢打開它的大花瓣，而且會散發著腐臭來吸引蠅蟲來傳播花粉。

大王花一生只開一朵，大概三至五天的時間就會凋謝，被播種的花凋謝後會開始腐爛，不久之後結果，裡頭的種子掉入地面後再延續新的生命。在東南亞一帶最常見，例如馬來西亞、印尼、泰國、菲律賓等國家，目前已知的大王花品種有接近三十種。

那麼，爲甚麼要提到大王花呢？原來，它們跟蟬有很大的相似之處，大王花在開花前，很難被肉眼察覺，它們以寄生植物的方式潛伏在宿主植物上多年，長年的吸取養分直到花苞長出，最後開化、授粉、結果、凋零。

「耐心」與**「把握時機，奮力綻放」**，是我在蟬與大王花身上看到的特質，儘管在短暫的發光時刻後會失去生命，但就是因爲不斷的積累養分、充實自己，更需要在關鍵時刻發揮價值，釋放那積蓄已久的能量。

在有限的時間內發揮價值——人

從前面昆蟲與植物的舉例來看，會發現一個它們發揮價值的共同點——「繁衍」。他們本能性的希望能獲取最多的養分，以此來孕育自己，並壯大自身的族群，「活下去」似乎成了畢生終極的目標，畢竟，天災或天敵隨時可以讓昆蟲與植物脆弱的生命消失。

不同於上述的生物，人類有著更複雜的大腦，能做出超越本能的決定，「繁衍」已經不是人類一生追求的唯一目標，甚至，已經不再是人生規畫中的必須行爲。

根據中華民國內政部統計處對於全球人口壽命的統計資料，二〇二二年全球人類平均壽命爲73.6歲，其中平均壽命最長的幾個國家人口都超過八十歲歲或接近八十歲，包括日本、南韓、瑞典、挪威、新加坡等等，日本女性的平均壽命更是來到87.7歲，而中華民國人口平均年齡爲八十一歲，隨著科技的進步，人年均壽命不斷的往上增加，或許未來會達到人均壽命百歲以上呢！

從上述數據我們看到了一些屬於人類的年限，既然知道了數字，我們就能判斷與規畫生命的旅程，雖然自身的出生無法被控制，但是在生命的旅程中，隨著年紀與經驗的增加，我們會從嬰兒成長爲幼童、青少年再到成年人，漸漸地成爲一個能掌控自己人生的人，而每個人的家庭背景不同，使其有能力脫離養育者（父母）並經濟獨立的階段也會不一樣。

不過，不一樣的階段與時程，最後導向的都是相同的結局，我們會進入老年期，最後一點一滴失去曾經擁有的事物，可能是親友，可能是健康的身體，也可能是積累的財富，**到了最終那一刻，我們會徹底失去一切，成爲其他人記憶中的一部分。**

面對已知的結果，我們該如何讓有限的生命創造最大的價值呢？這個問題，我相信每個人會有

屬於自己的答案，也可能你沒有答案，還處在一個摸索與需要思考的階段，但只要意識到生命是有限的，你應該能夠做出盡量不讓自己後會的決定。

對於「最大化生命價值」的定義，它們可能是賺大錢、住豪宅、能夠不斷地享受美食、終身學習知識、遇到命中注定的人生伴侶、關懷弱勢、做慈善並一生善待他人、發明改變世界的產品、創造便宜、高效、又能商業化的發電設備、解決缺水與飢荒問題等等，人生有太多值得追尋與發光的目標，雖然每一個人對於其定義不同，但是面對人生目標，在思考與追尋的過程中，如果能記住以下幾個要點，你會更加相信自己的方向，並發揮屬於你的價值，而在後面的章節，會針對這五個要點做更多的著墨。

一、**認知**——能意識到自己此時此刻的存在，並認知到自己的存在是個奇蹟。
二、**把握**——把握時間與機會，少做令人後悔的決定。
三、**動機**——當目標背後有著能讓你不斷燃燒能量的動機，你會知道這是你要的。
四、**能力**——不對自身能力設限，提升自身能力以達到目標需求。
五、**快樂**——擁有快樂，你就擁有一切。

設定人生目標

爲何要設定人生目標

「做人如果沒夢想，那跟鹹魚有甚麼分別」，這句話出自周星馳主導與主演的電影《少林足球》，看過電影的人或許都耳熟能詳，那麼，回過頭來看看自己，爲甚麼我要有夢想？幹嘛要設定目標呢？

在前面的章節提到過，時間快速，歲月如梭，時間就好比一輛高速列車，直直地往前開，沒有剎車，而且最後人人都得下車，在短暫的生命中，若要使自己有限的時間發揮價值，需要好好的規劃人生，做好時間分配，妥善安排自己要見的人與要做的事。

因此，必須設下目標，就算全宇宙、全銀河系、太陽系中沒有人知道地球生物的存在，甚至就算你的家人、同事、朋友不理解你心中所正在醞釀的計畫或是選擇的道路，你也必須相信自己，並透過設下的目標與夢想，把自己往想走的方向拉近。

人類很渺小，但我們在演化的過程中，逐漸成爲一群思想高度複雜的生物，人類在非自願的命運牽引下，走向了需要思考人生目標的程度。

沒有了目標，就好比中了上百兆的樂透，卻遲遲不花半毛錢，最後安然躺進墳墓，我知道這比喻是誇張了，但人類的存在比這個數字來的更加幸運，更因爲我們不同於其他動、植物，人類擁有複雜思考力與創造力，若是沒有設下人生目標，那眞是枉做人，浪費機會，而且有如一條鹹魚。

不過，話雖講得很激昂又容易，但要在年輕時就做好整個人生的規劃，容易嗎？十年後的我身在何處，老實說我也說不出來，但更是因爲世界變動太快，不管是科技、政治、法律、人權、能源、食物、還是貨幣的動盪，都可能出現出乎我們意料的現象，現在做的各項規劃可能會因此而改變，所以我們可以透過短、中、長期的目標來幫助自己在滾動式調整方向時，還能貫徹自己的信念或核心思想。

有了被設下的目標，我們便可以在邁向人生終點的過程中，證明自己存在的價值，並將達到目標後的果實傳承給後世，一代接著一代，人類透過前人的知識與經驗，加上自身的努力與創造力，一步步的創造歷史，也帶動整體人類社會的進步，這就是設定人生目標的力量。

人生目標訂定要點

既然已經了解到設定目標的重要性，如果再上清楚的原則，我們便可以更有選擇性與方向性，就算在充滿複雜性與不確定性的未來，我們也可以依循自身的原則找到一個出口，而本書針對如何制定人生目標，有以下幾個要點與原則，它們便是在「發揮價值，利用時間」章節結尾提到的五大要點——認知、把握、動機、能力、快樂。

人生目標訂定要點——認知

在中文的使用上，我們常常說「自從我懂事以來，我就沒有如何又如何」，例如，自從我懂事以來，我就不再浪費爸媽給的生活費，這裡所謂的「懂事」，就是一種「認知」，或稱「意識」或「察覺」，它可能是被一個突發的事件所觸發，或是透過人生上積累的事件、他人的建議或經驗而開啟這種認知，它使你意識到自己過去的作爲與未來改變這個做爲後，會帶來多麼不同的差異，或許你早就知道有如此的「差異」存在，但是，你無動於衷，原因可能在於時機還未到，導致人還沒眞正的「認知」。

而在制定人生目標上的第一步，就是要認知到自己此時此刻「存在」，感受到自己的生命力，而且知道生命的可貴，能夠有機會在此時思考人生、追求目標，這個機會本身就是一個「奇蹟」。

當你意識到自己不只是一個被繁衍出來的生物，除了服從社會的規則，你還擁有跳脫的思維與能力，**此時的你，會擁有「強大」，因爲你發現你擁有「自己」**。

你就是你自己最大的資源，就好比製造一台車，要讓這台車能夠啟動，在路上奔馳，整台車裡裡外外的關鍵元件除了需要由自己研發，也需要由多數不同的供應商提供，例如晶片、引擎、電池、玻璃、金屬、輪胎與各式各樣上萬個零件，之後還需要將這些零件組裝成一台可發動的車、測試再到銷售，使這一台車交付到消費者手中，需要經過多數緊密合作的商業夥伴共同來達成。

而你，就是一台會自我成長與學習的車，你主宰了你自己，可以透過學習知識強化自己的引擎或馬達，透過運動與健身來保養自己，也可以自行決定要開往何方，除此之外，你還需要適時的加油或充電，爲下一次旅程做好準備。

當眞正認知到「自我存在」這件事情有多麼可貴，我相信，人就能更加發揮出自我價値，並規劃人生的下一步與未來的好幾步。

人生目標訂定要點——把握

機會稍縱卽逝，一但錯過，就算已經做好了萬全的準備，或是下了最大的覺悟，也都難以挽回已經回不來的人、事、物。

時間是一個人最珍貴的資源，在「發揮價値，利用時間」的章節中也提及了時間可貴，須妥善分配時間並選擇最不讓自己後悔的決定。

請問，你做過多少令自己深深後悔的決定？你能彌補嗎？你能挽回離去的他或她嗎？你能坐時光機回頭要求自己改變主意嗎？

事上最痛苦的事情之一——後悔。

有人一天天喊著要改變工作現況，希望創業成功，不再領固定薪水，但遲遲不開始規劃，直到退休之際才意識到人生短暫，後悔當初沒有用力推自己那一把，終身遺憾，而且繼續用「已經老了」這樣的思維，把夢想藏到內心最深處。

有的人在曾經的戀愛中，將另一半的好視爲理所當然，覺得自己是被需要的那一方，因此開始了不珍惜，開始不再向對方展現尊重，甚或是將心思放到其他人身上，不覺得對另一半感到虧欠，最後向最愛自己的另一半提出分手，或是被分手後，才領會對方過去的付出是多麼的難得，感覺沒有人比得上舊愛，但是對方已經遠走高飛，甚至開啟了新的一段愛情，此時你再也只能被當成記憶中的一部分。

諸如此類的情況多不勝數，而且在你、我身邊不斷上演，有太多因爲沒把握機會、珍惜時間而後悔莫及的例子。

因此，在探尋人生目標的道路上，要能理解時間一去不復返的眞實性，妥善運用時間，安排階段性的目標，了解自身眞正內心的渴望，隨時做好準備，在對的時機點，挑戰那個跨不出去的檻，一但有了跨越的經驗，世界會一瞬間變得更寬廣，曾經害怕的事物也會變得更渺小。

除了時間的重要性，更別讓錯誤的決定，影響人生的路線，該珍惜的人事物，該把握的機會，就別輕易的讓它從手中滑過，有時候，錯誤的決定，帶來的不只是後悔的心，它帶來的是人承擔不起的後果。

人生目標訂定要點——動機

在人生道路的選擇上，人總會透過一些誘因來幫助自己了解自己內心的需求，進而產生向前進的動機，有了動機，就有了方向與目標，而且我認爲，**在人生目標的訂定上，利用「拉力」的方式，會更勝「推力」帶來的效果。**

有一些誘因或動機，是本能性的，與生俱來人類就透過生理反應或天性來幫助自己生存下去，例如因爲肚子空空如也，可能會血糖低，感到飢餓，此時大腦會告訴你該找點東西裹腹了，爲了減除這種飢餓感，你會開始覓食，短期內，大快朵頤成爲首要日標。

「好勝心」也是一種本能性的影響因素，人與人在有所比較的情況下，容易產生好勝心，以體育競賽來說，會有名次的差別，不同的名次會影響到獎金、榮耀、甚至面子的差異，爲了贏過對手，爲了享受衆星拱月的感覺，人們會盡最大努力訓練與表現自己。

此類本能性的動機，某種程度上，可以說是賦予了人類成長與前進的最基本動力，沒有這樣的

動機，人類或許就如同行屍走肉般一樣，使用著無意義的生命。

回到最初「拉力」與「推力」的議題，這兩者以不同的角度來誘使人達到目標所謂**「拉力」**就是在眼前或腦中有一個對未來的渴望，而且是出自內心的意願，使自己在知道或下意識的情況下想達到這個目標。

例如公司的「績效獎金」，爲了能拿到更高的獎酬，同時得到同事與主管的認可，人們會竭盡所能的衝刺，因爲邏輯上來講，績效越好，獎金就應該相對比較好，而且在整個追求目標的過程中，你享受目標達成的快感，最後不管是過程或結果，都帶給你快樂。

「高學歷」也是個很好的例子，有的學生不需要父母或老師緊迫盯人、督促學習，便非常自發性的追求知識，希望自己能盡量理解學校教育體制下給予學生的學習內容，也在教育體制外，將觸角伸到更多的領域，只因爲出於好奇心以及對知識的渴求，因此可以保有熱情的將外部資訊內化成自己腦中的知識，自然而然的，對於資訊會有更高的理解力，而且也願意追求更高的學歷來取悅自己。

那麼再來看看「推力」如何影響一個人同樣追求「績效獎金」與「高學歷」。

這裡所謂**「推力」**，是指因爲有了他人的期待或要求，你才因而爲了滿足特定人、事、物的期望，將自己推向那個目標，又或是害怕沒有達標後，導致設下目標與期望的人失望，他們的失望可能帶來懲罰，或是使你心裡感到抱歉或罪惡，所以你必須努力達標，避免讓要求者的期望落空。

從「獲得比較高的績效獎金」這個目標來看，如果是在非自願的決定下，可能會出現兩種狀況，第一種是你根本不在乎要達到多少的績效目標，那麼就算是超標、達標、或是沒達標，面對各種情況你心如止水，但儘管你不在乎，那股推力還是存在，一直到你改善達標率。

而另一種情況，「爲公司鞠躬盡瘁」這個詞並不存在你的字典裡，但是你感受到了上級傳達給你的推力，要求你達到被設定的目標，這可能導致你的工作心態漸漸變成爲了滿足數字而做，進而喪失某些工作上的熱情或創造力，而且，你不快樂。

再從「獲得高學歷」這個目標設定來看，假設今天主要是依靠推力來達成，其過程通常不會很愉快，而且伴隨著長年的壓力，因爲高學歷此時對你來講可有可無，它並非你認知的生活必需品，似乎不需要靠它也能活得好好的不是嗎？此時若再加上教育者或父母的過大期許或要求，甚至是以「是否能獲得高學歷」給予相對的獎懲機制，那麼你很難享受整個過程，就算未來可能確實有美好的果實。

「動機」，給予了一個人做某件事情背後的原因，雖然當人很累，無法時時刻刻都照著自己的藍圖走，但你可以知道的是，擁有自己眞正渴望的事物與目標時，所有的辛苦都會如同羽毛般的輕，你可以將未來欲達到的目標與願景，像一幅畫般地掛在自己眼前或腦中，時時刻刻保有動力，並且享受離目標愈來愈近的過程，除了達標，你還擁有快樂。

人生目標訂定要點——能力

想要達到目標，除了擁有強烈的動機，還必須具備相對應的能力來匹配如此的動機，才能更加順利的在追夢的路上走。

所謂「能力」，它可以是「硬實力」，例如語言能力、書畫技巧、程式設計、駕駛技巧、廚藝等等專業技術能力；也可能是「軟實力」，例如溝通協調技巧、領導風範、彈性思維、堅持與毅力

等等。

當符合某一目標所需的硬實力與軟實力兼具時，就好比順著風啟航，一路高速前行，而如果欠缺單一能力，導致難以前進1%，就需要跨出舒適區，取得或是借用具備此等能力的資源，偕同資源一起往心中目標前進。

每個人在能力上會有先天優勢之差別，這是肯定的，從出生前就被烙印在基因裡，例如大腦不同區域的發達程度，可能影響了邏輯力、語言、記憶力、智商、情緒管理能力等等，從體格上也會有先天優勢上的差別，有的人不需要每週進健身房鍛練，只要好好飲食與休息，便用有一身的好肌肉，甚至比勤奮健身但天生肌肉較不發達的人還強壯，這些都是基因決定了差距。

然而，先天能力也可能受後天環境影響而被深深改變，也可以經由後天的訓練來強化或彌補，例如不善言詞的人，是可以透過練習在大眾面前表達想法，甚至演講而進步成爲侃侃而談的人，這之間也需要其他人給予正向的鼓勵來增加自信；健身鍛鍊相對來講也是一例，就算是身體天生瘦弱的人，只要願意堅持鍛鍊與控制飲食，絕對有辦法超越那些天生比較高壯但是不好好維持身材的人；先天邏輯思考能力較差的人，也可以透過後天的練習，或因爲生活與工作所需，必須邏輯清晰的規劃或表達事情，使人漸漸會學會對事情提出假設，或是擁有系統性的思維，並找出問題。

有一個很有意思的問題，**已經有了某個目標，但需要先等精進好了技能再出發，還是可以在技能不足時，就直接往前走了呢？**這個問題，沒有標準答案，而且根據不同的情境，也會有不同的做法。

第一種情況是，**雖然技能不足，但只要開啟第一步，每一步都是成長，只要堅持做，目標就會達到。**

例如，今天有個瘦弱的男子，目標是成爲健美型男，要達成這個目標，需要的能力或元素可能包括堅持不懈的毅力、正確的飲食方式，足夠的訓練、充足的休息讓肌肉修復與生長，甚至還有對身體構造的了解與知識，這位瘦弱男子要做的第一個步驟，就是「做」，做就對了，只要堅持正確的飲食、做充足的訓練、休息足夠、以及擁有足夠的身體構造知識，等待時間的積累，它不但會達標，還會超越原本設下的目標，此類情境只要知道一件事，那就是**通往成功的路一點也不壅擠，因爲堅持的人太少。**

第二種情況，**針對某個目標需要的必備技能，若是欠缺這些技能，便難以實現目標，而且在技能不足時就直接硬做，可能造成負面的結果，或是難以令人信服。**

比如目標要成爲外科主治醫師，幫病人動手術解決重人疾病，以台灣現行制度來看，第一步是要考上受教育部認可的國內外大學，讀滿該修的學分，擁有規定的實習經驗，成績及格並畢業，才擁有醫師考試之資格。在正式取得醫師執照前，雖然已經累積了無數專業的訓練、考試與臨床經驗，但不代表就成爲單一科別之醫師，要先從不分科住院醫師開始，再升等爲住院醫師，擁有足夠經驗後，能成爲總醫師，而要到各醫院當主治醫師，必須考到當科的專科醫師執照，考過後才能當上主治醫師，從醫學系大一養成到成爲主治醫生，這一過程至少要將近十五年的時間，這並不是嘴裡喊著「我要當醫生！」就能夠照著心中藍圖走的路，也因此醫生這個職業受人尊敬。

第三種情況，**自身能力不足以達成目標，那麼就將擁有此技能的人，納入自己團隊，並帶領團隊走向目標。**

比如目標是創業，希望能把心中某個創新產品概念實現，雖然已經做好了商業模式的規劃，甚至還已經做出了產品設計，但苦無專業能力自行研發，或是沒有足夠的資金找專業團隊製作，這種

情況下，其實不一定要眞正具備做出產品的能力，而是可以透過募資、找投資人，或是使用舌燦蓮花、個人魅力或是令人咋舌的商業模式來吸引潛在夥伴。有了團隊初始的關鍵人物與資源，就可以各司其職，著手進行研發，不過說的比做得容易多了，要能夠吸引到願意與你一起打拼的人，是極度不簡單的事，這又是另一個了不起的能力了。

現實上不會只有這三種情況，假設自身能力暫時無法滿足目標需求，總會有比你心中預設的方法再更多的可能性，因此不用畫地自限。

有時，事情的成敗決定在個人的決心，也有的時候，現實層面上的障礙高牆實在難以跨越，能力就是無法達到要求，但是，在追逐目標的過程中，你已經累積了讓人意想不到的收穫，這些收穫，足以讓你在別的領域發揮更高的價值，那麼，就也不須一昧的固執往單一死路闖。

人生目標訂定要點——快樂

「快樂」，是所有目標中的目標，它是我們一生所追求的極致感受，人類一切的決定，圍繞在「快樂」兩個字，若是某個決定帶來的後果與「快樂」背道而馳，你便會產生質疑、感到壓力或其他的負面感受，因此，「快樂」這個目標是至高無上。

當你在衡量一個決定是否要執行前，可以非常直覺性的判斷其結果背後會產生「快樂」嗎，它可能是屬於你的快樂，也可能是屬於某個人或群體的快樂，或許你察覺不到，但其實它才是你追求的事物，又或許你的決定產生不了快樂，但是它被忽略了。

爲何快樂是至高無上

爲何說「快樂」至高無上呢?其實一般人在做一件事情時，通常不會想到，或是規定這件事情要帶來快樂，有時單純只是想看場電影、吃個牛排餐、高歌一曲，或是寫寫字想完成一本書，但其實原因背後的原因最終都會導引至「快樂」，就算是負面的決定，仔細一想，整件事情也是跟「快樂」掛勾在一起的。

用「賺錢」來跟快樂做比較，我曾跟一位已經工作了半輩子，剛退休的人父這麼說過，我說「能快樂的工作是最重要的，大部分人的一生可能有一半都在工作中度過，如果做得不快樂，何必呢?」

當時我換到的回答是，「當你有家庭要養的時候，你就知道賺錢才是最重要的，不是你想做甚麼就做甚麼。」當時的我並沒有立刻向他做更深入的探討，但其實針對他這樣的想法，我部分認同，部分不認同。

確實養一個家庭很不容易，尤其他有三個孩子、自己年邁的母親，與一個有在工作的老婆，但事實上，就是因爲他能夠靠自己的努力，讓家人衣食無虞的生活時，他感到安心，看到家人開心，他就開心，努力賺的錢變成了餐桌上的飯菜，以及孩子的笑容，**那麼「賺大錢」是眞正的目標嗎?不太正確，「賺大錢」，是達到「快樂」這個目標的手段之一**，因此，要達到終極目標前，或許需要先確保幾個小目標能被達成。

如果以「做負面決定」的角度來看呢?所謂負面決定，是看似導引至負面的結果，實際上是爲了在負面的局勢中獲得到情緒的釋放，換來的就是「快樂」，這些負面決定包括罵人、開除人、放

假不好好休息，反而選擇完成工作事務、酗酒、不節約的花錢等等。

以「放假不好好休息，反而選擇完成工作事務」爲例，誰會做這樣的決定呢？這個人可能正處在時間緊迫的狀態，必須使用工作外的時間來完成事情，若是不如期完成，可能導致老闆震怒或是客戶失望；也有可能這個人是工作狂，他或她熱愛工作，在閒暇時刻也要將工作進度往前推，而且最後交出超越目標所設定的工作品質。

不管是哪一種，目標都是快樂，第一種情況，這位工作者可能正處在焦慮與疲勞狀態，或許帶有一點厭世的心情，但若是能度過這段期間，最後在期限內交出好的成品，會得到讚賞，也滿足客戶期望，辛苦最後換到的就是「快樂」；而第二種情況更不用說了，這個人就是個快樂的工作者。

如何達到與保持快樂

在生活中要如何幫助自己達到快樂呢？又要如何保持在快樂的狀態呢？每個人達到快樂的手段不盡相同，能滿足快樂這個目標的難易度也不同。

這些其實與人的「慾望」是脫離不了關係的，因此常常有人說「知足常樂」，意思是不強求要得到甚麼，滿足於現在所擁有的一切事物，就會感到愉悅，因爲沒有過多的慾望，就不會有過多的壓力，也不容易產生忌妒心，所以能知足的人，他們容易感到開心，比起其他人，這些人對自己的人生也更有主宰力。

不過，暫且先不提「知足常樂」這個境界，除了它難以達到外，在現今物質充裕的社會，人們有過多的選擇，也容易有過多的慾望，這些交織的慾望，也促進著人類文明的進步。

影響每個人達到快樂的原因不同，而人生也並非時時刻刻都是開心的，要幫助自己快樂起來，一樣可以遵循本章節的要點，也就是**認知**到自己此時此刻的存在，你就是你最大的資源，你知道自己能掌握每一個決定，而且你了解到時間的珍貴，所以你**把握**時間與機會，妥善分配時間給每一個你想完成的目標，每件事情背後也有著能推使你不斷往前達標的**動機**，這些動機給予了你滿滿築夢的動力，若是再加上擁有能滿足目標需求的能力，或是能讓你運用的能力來達標，**快樂**就到來了。

到頭來，你會發現，**「目標」**將一切都串連在一起了！沒有了目標，人就是一條鹹魚，透過心中目標拉動，把自己活成一條在水中暢游的魚，「快樂」就是這麼而來的。

變得不快樂時該怎麼辦

人生高高低低，起起伏伏，很少有人一年到頭都順著風走，偶爾會有走在低谷的時刻，可能受到平時累積的壓力影響，或是生活周遭各個人、事、物給予的負能量，有時你會知道，有一個明確的原因正在使你心情低落，有時候，你找不到這個原因，但就是覺得心悶悶的，甚至感覺心臟快要裂掉，但不知道如何排除這樣的心情。

如果「快樂」是人生的終極目標，那麼此時的你，完全就是與之背道而馳，當人陷入這樣的情緒之中時，該如何化解？或是如何幫助自己度過這段期間呢？

本書針對這個部分，不會自詡爲專業的心理諮商功能，但是能提供給讀者一些思考上的建議，這個建議口訣就是**「尋找，減少，回憶，增加」**。

意思就是看看目前自己的狀態，有哪些負面元素正在使你低落，找出原因後，試著減少它們，

再來是回想曾經擁有快樂的心情時，在自己身上或生活周遭有哪些正面元素，一一將這些元素找出來，將目前所缺少的元素帶到自己的生活中，在一減一增後，會慢慢地回到心情平衡的狀態，這個過程不一定能在當下就完成，有時需要數日，甚至數月的時間才有辦法將心情轉換，現在就用例子來說明這個過程該如何實際達成。

現在就假設一個情境，有個人叫彼得，他畢業後才踏進社會工作兩、三年，彼得平時對生活很有幹勁，也很有目標，他非常清楚時間的寶貴，所以會好好分配時間給重要的事物們。他平時上班認眞，且追求效率，一個禮拜會挪出兩個時段重訓，鍛鍊身體，工作之餘，也花出額外的時間思考與執行其他的計畫，因爲他不安於現狀，所以他希望能解鎖更多的人生成就，在非忙碌的時刻，他會花時間陪陪另一半，陪她出去走走、吃吃美食，感受人與人之間給予的溫暖，再來就是陪伴家人了，由於生活忙碌，所以陪伴家人並不是生活上最重心的一部分，而就在某一天健身的時候，他覺得心好悶，好像備有條繩子綁在心臟上一樣，甚至影響到了運動的專注力，他低落，覺得當人好累，這時候該怎麼辦？

尋找與減少

事出必有因，現在開始解決問題的第一步——「尋找」。

有些原因容易探究，他們可能來自於家庭、感情狀況、工作、或財務狀況，當問題產生在這些地方時，很容易發覺，但通常也是與你的生活綑綁最深，而且沒那麼輕易就能解決的。

有些問題躲在問題的背後，不容易發覺，例如人生的枷鎖，這些隱形的枷鎖可能是家庭觀念、道德感、普世價值、社會輿論，或是內心深處曾經被劃過傷痕，這傷痕雖然看不見，但它在你內心深處用力撕裂自己，告訴你自己需要被治癒。

彼得沉思了一番，他找到了部分答案，但答案不會只有一個，而是生活上過去曾發生過、目前階段正在發生，以及即將或可能發生的事所共同交織而成的複雜情緒，這情緒之中有悲傷、憤怒、喜悅與壓力，它們分別來自不同時期的事件，由於某些原因，它們變成枷鎖，等待被剪斷的那一天，或是隨著時間流逝而變得更容易剪斷，彼得知道，既然事情已經演變成無形的枷鎖，代表要脫離他們也不會是簡單的事。

下一步是**「減少」**，過去、現在與未來的事件與枷鎖，變成了情緒低落的元素，將它們減少後，負面能量也會隨之消逝，但是，該如何做起？**過去事件**造成的枷鎖，通常最難以解開，他們緊緊銬住你，不管你走到哪，它們依然堅若磐石，造成這些枷鎖的原因可能是在感情中受過傷、與家人激烈地爭執、被他人輕視、後悔自己做過的決定、說了收不回的話、對某人的虧欠與內疚等等，如果能修復這些事件造成的傷痕，那麼過去事件組合成的低落元素便會消失。

而有一個方法，可以幫助你剪斷枷鎖，它便是「寬恕」，寬恕他人，也寬恕自己。

彼得寬恕了曾讓他受傷的人，這些人不再有能力對他造成陰影，因爲在彼得眼中，這些都是人生中的小事，也不需要讓別人的過錯來懲罰自己。

除此之外，彼得還需要寬恕自己，他不再糾結於自己過去曾後悔做過的決定，針對自責、虧欠與內疚，彼得可能需要親自面對被他帶來負面影響的人、事、物，做該做的事，在時間內彌補能做到的事，如此以來，內心才能漸漸趨於平靜。

至於**現在階段**，對彼得來說最大的枷鎖，就是他的工作，彼得熱愛工作，也非常相信自己的選

擇，他相信自己可以在目前的工作上一展鴻圖，不但自己能夠成長，對公司也能帶來實質貢獻。

但是，一天當中有三分之一到一半的時間與精力，都投入到了這份工作上，或許這是正常的事，但是彼得希望能有更多的時間與體力來完成工作外的個人目標，希望在有限的生命內，創造更多的可能性與財富，而且，在工作上不斷往前推進的目標設定，也使他每每到了周末便備感壓力，所以現階段彼得的人生枷鎖爲長工時與工作壓力。

要消弭掉這樣的枷鎖，**有一個方法，就是成爲「高效的戰士」**。

若要在長期的生活上得到更多自己的時間與平靜，可以在職場上成爲戰士或鬥士，無畏眼前壓力，**針對職場所需知識與專業技能，先投入時間，可能是數日、數周或數個月，將自己調整爲一個信心與實力十足的鬥士，當你做好準備，你便無所畏懼**，並在職場上高效率的完成一天內所需完成之項目，若有突發狀況也不擔心，因爲你已經做好準備面臨各種挑戰，壓力對彼得來說已經變成日常所需的養分，透過如此的心態與實質上的轉變，彼得更能在工作時段內完成事務，也更有時間追尋其他人生目標，他的一舉一動都充滿了自信。

除了過去與現在，彼得還有被**未來事件**綑綁住的枷鎖，明明尚未發生，可是這股無形的力量讓彼得感到內心不適，這股無形的力量就是父母與社會的期望，這些期望包括有份穩定長久的工作、遵從傳統的家庭規定、找個對象結婚生子等等，這些期望已經被設置在前頭，釋放某種引力將彼得往前拉，可是既然感到內心不適，代表這個被設置的期望並不完全是彼得想追尋的路。

面對這樣的狀況，他可以有幾種方法可以選擇，分別是**「硬碰硬，強力拒絕被設定的路線，並轉向道路」**、**「等待，等到事件的時間到來時，無動於衷，用無聲的方式表達否定」**或是最不容易的方式**「溝通軟化，透過耐心的溝通達到雙方的理解，最後達成你的目的」**。

這些方法選項，彼得需要視情況使用，不同方法的效果因人而異，有時，面對硬如鋼鐵的人，需要用強硬的說詞才能創造出一絲縫隙，有了縫隙，才好使用軟化的態度進行溝通；有時，無動於衷也是一個方法，不過這也算是一種「逃避」，就算逃得遠遠的，枷鎖的力量可能還是存在的。

面對過去、現在與未來的枷鎖，或許不是一時半刻才能解開，但是只要能找到這些枷鎖，就已經在開始的第一步了，當你自己眞正面對問題時，才能徹底斷開鎖鏈，並減少這些使你低落的各個元素。

回憶與增加

「回憶」與「增加」的步驟，不一定要發生在「尋找」與「減少」之後，可以同時並進，或是首先執行，只要是能幫助到自己都好。

情境再回到可憐的彼得身上，他已經找到了該減少的元素與相對應的辦法，現在可以開始回想並找尋那些使自己開心或甚至充滿悸動的元素，將它們一個個帶給現在的自己。

彼得**開始回憶**，他想了又想，他知道自己喜歡成就感，當過去克服困難，戰勝挑戰後，他會感到自信與快樂，而這樣的快樂便是他成長的動能；除此之外，他也喜歡安寧，他知道只有在與自己獨處時，他才眞正能探索內心需求，當自己最好的陪伴者；他也如同很多人一樣，會享受金錢與物質上的滿足，當銀行戶頭的數字越來越多時，他覺得心安，也很開心有能力提供自己與身邊的家人更好的物質生活；最後，彼得一直以來不斷的追求與維持健康的身體與強健的體格，數年來維持的運動習慣給了他自信，他享受健身的成果，更喜歡如此有紀律的自己。

接下來是將這些帶給彼得正能量的元素，**帶回身邊**，有些雖然已經在過去發生，但是彼得可以複製那股動力與經驗，設定多個新目標，並計畫如何一一達成，有了目標，就會有無數個動力，也代表著有更多成就等待自己解鎖。

平時的高壓生活使彼得偶爾喘不口氣，可以利用假期好好在家大宅特宅，或是規畫無人打擾的小旅行，轉換心境，陪伴自己在不同的地方體驗人生。

彼得知道生活不容易，可是當他熬過挑戰，往往會有金錢的回報，越是證明自己，就可能有更高的薪酬，除此之外，在工作之餘的小計劃在未來也都有機會轉化成進入戶頭的數字，因此，彼得在這樣思考之後，又重拾能量。

最後是彼得最清楚也不斷身體力行的規律運動，只要好好保持，就能維持愉悅與自信。

擁有快樂，就是人生贏家，以人類這如此渺小的生命來看，我們在宇宙中有如塵埃，但是，我們是有情感的塵埃，能夠品嘗到快樂，也算是人類的幸運。

幫助自己達標的方法

章節提到了人生目標的重要性，以及在追尋人生目標上可以遵循的原則，從認知、把握、動機、能力再到快樂，我們已經擁有了人生長路上的基石與指引，我們可以依據這些指引，搭配幾個幫助達標的小方法或原則，使我們更加順利的撥開路障、堅定信念，並激勵自己向前，接下來讓我分享幾個小方法。

首先是第一招——「想像力」。

沒錯，用想像的就可以幫助自己達到目標，這也是我長久以來依靠的方法之一。當你對未來有幻想時，你就走在成功的道路上了，當信念越強烈時，心中的畫面會越眞實也越具有細節，你會知道畫面裡有誰、這些人在你達標的過程與終點上扮演什麼角色，你會看到你的成果，可能是實體的成品，也可能是你締造的一個現象，這一刻理念與夢想成眞，你還會聽到衆人的誇讚，甚至是旁人羨煞的眼光，而且在想像的同時，你可能沒有意識到自己那已微微上翹的嘴角，這時候你知道，你要付出決心完成這件事情。

「想像力」雖然能幫助你創造達成目標的畫面並驅使你向前，但也需要你持續灌注「信念」，以此穩固整體畫面，並且在達標的過程放入實際的行爲元素，有一句話講得很貼切——「要像詩人，也要像農夫」，在天馬行空的同時，需要有務實的基礎來搭建這個夢想，那麼，你想像的畫面最終會實際呈現在你的眼前。

第二招——「心智圖法」。

可以利用心智圖來釐清事情的脈絡，以及欲達成的目標背後需要思考與注意的事項，同時，心智圖也能幫助「想像力」的脈絡具象化，幫助你思考與逐步調整達成目標的元素與步驟，這個方法幫助你用圖象化的方式來俯瞰整體人、事、時、地、物，其含括了全局系統性的思維，以及細部行爲背後的行爲。

心智圖法的使用除了在紙本上可以自由創作，在許多行動裝置的APP商店也都能夠挑選下載使用，而心智圖法的精髓就在於不需要紙本與行動裝置，就能在腦中創作，利用腦力構築畫面，從第

一個主題或想法延伸到第二、第三個，當你在思考或與人交流時，隨時可以在腦中構築與修正心智圖，並且使你更有脈絡的表達清晰的概念與步驟，使用的頻率越高，腦中的心智圖就越龐大，也能含括更多細節，更能加快思考的速度。

第三招——「拉拖法」。

顧名思義，有一個拉動的動作，可以把目標本身想像是一個捲尺，這個捲尺拉長可以量測距離，而你距離目標，就是捲尺拉出來後，頭端到尾端的距離，你被緊緊黏在捲尺拉出來的頭，而且就如同一般的捲尺一樣，有股強力將你用力的往尾端拉走，在拉動的過程，可以看到自己距離目標越來越近，而此時此刻被黏在捲尺頭的你，只能受這股力量被拖向目標。

拉拖法的使用情境在於使用者需要被動的力量驅使自己向前，透過某種假想力來幫助自己，藉助這種拉動的力量，允許自己被無形的捲尺往前拉，方法使用者的腦中大概會有以下的想法——「由於已經被黏住了，所以只好繼續走下去」或是「距離目標越來越近了，再堅持一下就好」，除了捲尺，也可以不同形式的拉動，例如繩子的綑綁與拖曳等等，總而言之，拉拖法是一個假想的助力。

第四招——「5秒法則」。

這是由 Mel Robbins 提出的一個提升執行力的方法，其也是運用假想力的方式來迫使方法使用者開始動作。這個方法就是想像自己像火箭一樣，在最後倒數的五……四……三……二……一數完後立刻升空，沒有回頭的餘地（當然了，SpaceX的火箭回收能力不在這個方法範疇內啦），透過倒數的時刻醞釀與準備，時間一到，自己就立刻執行該做的事情，雖然也是透過想像力，但是這個方法具有神奇的魔力幫助我們成功。

舉個應用情境，許多人在寒冷的冬天裡都有起床困難，總是有著「不行……離不開床」或是「再躺十分鐘就好」之類的想法，而5秒法則的使用，有辦法瞬間改變這個起床困境，當鬧鐘想起的那一刻，不管決定關掉與否，此時在腦中想像火箭升空倒數五……四……三……二……一，時間到，火箭離地直衝雲霄，床上的懶惰蟲也像火箭般彈起身來，並開始新的一天。讀者可以試試，親身體驗這個方法的厲害之處。

第五招——「激勵與懲罰」。

這是個很易懂的方法了，利用激勵的方式來獎賞達成目標的自己，每個人會有自己獨特的獎賞方式，各個短、中、長期的目標達成，也可以搭配不同程度的獎勵。

例如短期內做完一份報告，就獎賞自己去買杯飲料喝，順便休息十分鐘；中期的話，可以看成達成每一季或每年設定的目標達成，達標的話可以上餐廳吃頓好的，好好善待自己，或是購買一個平常捨不得入手的物品；至於長期目標的獎勵，也不用我舉例了，每個人心中都有其特別的激勵方法。

而懲罰，站在獎賞的另一面，當目標沒達成時，規定自己不能得到滿足自己慾望的事物，或是必須做出某些事情來達到懲罰的目的，相對於激勵，懲罰是種帶來負面效果的工具，以此來幫助自己達標。

激勵與懲罰是透過實際的反饋來提醒自己「達標」的意義，兩者的喜好與效果因人而異，我相

信多數人是偏好激勵與獎賞大於被懲罰的，好好善用這個方法，是有利於增加人往前進的動機的。

以上五個方法是根據我個人的經驗與讀者分享，如果讀者們已經有幫助自己達成目標的方法或更好的想法，那太棒了，希望你在達標之路上能如你所願的向前，而如果你還正在找尋幫助自己達成目標的方法，不妨參考以上這幾個建議，並依據自己的喜好來運用與調整，相信你會對「達成目標」這個行為越來越有一套。

比努力達標更重要的事

說到這裡，我們已經探討了目標的重要性、人生目標訂定要點與達成目標的小方法，時間的寶貴被我強調了非常多次，也希望讀者們找到適合自己的方法來達成目標。

但是，只有這樣認同，遵循這一切價值觀才是唯一的人生守則嗎？

我認為不是，人生有太多的可能性，有無限的路能闖蕩，也有許多計畫之外的插曲使我們改變方向，很多時候，「方向」比「努力」來得重要多了，而且除了「努力達標」，還有許多值得我們花心思去注意的點，試想一下，**如果「努力達標」不再是你與我的目標，那我們會如何審視人生？**

「目標」這個概念暫且認定它無法被抽離，因為它在很大的程度上決定了你活著的意義，如果沒有了目標，你會有下一步嗎？你會吃東西、喝水、呼吸、去冰箱找食物吃嗎？基本上沒了目標，就幾乎等於被宣判了死刑。

那麼，**如果整個社會與環境把「努力達標」這個目標，改成「不那麼努力達標」會發生甚麼事情？**目標終究會被達成的，只不過可能需要更長一點的時間來完成，由於這是整個環境的共同目標，所以「不那麼努力達標」是可以被接受的。

或許人會拖延，可能暫時將目標完全拋在腦後，或許許多科技會無法問世，或許有更多的疾病仍無藥可醫，或許我們的生活會變得更加不便利與沒效率。

也或許人會花更多可用的時間來研究其他達成目標的方法，或許我們願意花更多時間來好好探索世界，或許「急功近利」的概念會慢慢消失，或許我們擁有更乾淨的空氣與水資源，或許我們眼界變得更寬廣，或許人們變得更快樂，然而，這些都是「或許與可能」，人們可以花些時間思考這個問題，並做出對世界各個生物有益的決定。

除此之外，還有一點不能被忽視在「努力達標」這條路上，那便是**「原則」**。當保有自己堅信的原則時，不管方向如何改變，或是遭遇任何突發狀況，你的原則會保護且武裝你度過風浪。

原則是一個人或一個個體做事的依據，也是被奉行的信條，但有時，一個死板的原則，反而會使人原地踏步，導致被自己綁住雙腳，因此，可以在自己的原則上，建立原則的原則，也就是說，當某些情況下，可以允許自己的原則暫時不被奉行，或是將它改變，這麼做可以確保自己在不斷動盪的世界保有原則的同時，還具有彈性，一個靈活且剛毅的意志，會是你在追逐目標上的好夥伴。

第二章、人類的強大

大腦中看見強大

人類渺小卻強大

人類在宇宙中有如塵埃，身為人類的我們都知道了，但是，我們是擁有無限潛力的塵埃，我們是具有智慧的塵埃，我們是強大的塵埃。

在《第二章、人類的強大》裡，會訴說人類所擁有的力量，我們可以突破、創造、改善社會，同時也有辦法帶來毀滅，這完全取決與行為背後的起心動念，我們的每一個選擇，會造就出不同的未來，擁有力量的人類，除了利用它，也要懂得善用與控制，因此也有人說「能力越強，責任越大」，既然擁有選擇的能力，那就做出正確的決定吧。

話說回來，以人類的角度看，甚麼是強大？要如何才能被定義為強大呢？又為甚麼我們很強大？是的，人類有如塵埃般渺小，可是我們能突破，不斷超越過去的自己，打破極限，我們等同在向宇宙發出訊號，證明人類不安於現狀的態度與實力。

在寧靜又殘酷的宇宙中，地球微不足道，地球上的生物更微不足道，然而，時光流逝，在數不清的日夜裡，人類已經從知道用火、製作工具、使用各種金屬打造所需物品，再到擁有太空站、送出探測器到別的星球、打造連接全球有線與無線高速網路、研發出治療各種疾病的藥物、擁有便捷的路、海、空交通路線，甚至是製造出越來越進步的晶片，在世界上各個先進的設備上運作，並利用無數的程式碼與軟、硬體打造人類文明，這些只是人類強大中的冰山一角，從科技的角度來看，進步速度指數成長，多虧各領域人才的努力與合作，才使得構想成眞。

而強大不只體現在科技與技術，無形的文化底蘊、道德、與法律等等也會與時俱進，並充分表現出人類在群體生活中的軟性強大，何謂軟性強大？例如能忍耐誘惑，不被短暫的利益所影響原則，或是能包容與體諒與自己價値觀不同的人，又或是透過法律的制訂來保護人權與弱勢，這些都是極度強大的證明，而且不只是現在的強大，我相信未來會締造出更對得起宇宙的地球文明。

不過，現實社會不全然是這樣運作的，強大的部分，並不只是只有美好的一面，舉個例子，只要有心，人類三兩下就能把地球毀了，我們多會研發武器呀，擁有核武的國家只要同時齊發打擊對方，很快的人類以及其他生物都成爲歷史。

人類很強大，只要是爲了符合部分人類的利益，我們有辦法破壞其他生物的棲息地，不管是天空、陸地、高山、海裡，這對人類來說都是小事，哪有人類汙染不了的地方呀？

而這些還不夠看，人類可是很厲害的，我們渺小歸渺小，但我們最會欺負更小的，大國家欺負小國家，有錢的欺負沒錢的，資源多的欺負資源少的，強悍的欺負弱小的，受教育的欺負沒受教育的。

不僅如此，人類擅長欺騙、虛假、惡鬥，爲了自身利益，我們能夠使出渾身解數，不擇手段的達到目標，因此冷漠、自私也是強大，也是人類最擅長，眞是偉大之物種！

負面的部分就不再多說了，其實也非本章重點，越說也越讓人感到悲傷，就先點到爲止，本章節旨在訴說人類的能力，足以改變自己、改變社會，也能夠超越極限、改變未來。

大腦與內在強大

其實眞正讓人類強大的，並不在我們打造了多厲害的文明、能飛天遁地、或是有多快的網速，而是在於我們內心的力量。

或許是出自於人性吧，不管是平凡或不平凡的性格，都擁有其強大的一面，透過快速學習知識、理解世界，並將所學傳承至後世，人類在數個世紀以來不斷自我突破、創新並創造讓生活更便利的世界，同時也可能是出於競爭意識或是自私的想壯大自我，想獲取最多資源，在這樣的人性引導下，確實不斷突破技術。

而雖然人類自私，但我們擁有自省與改進的心，在條件允許下，願意修補犯下的過錯，這也是一種強大的展現，更厲害的是，我們除了理解與在乎自我的需求，也能擁有同理心、絕佳觀察力等等能力，這一切的一切，其實源自於人人頭顱中那重達一點多公斤的大腦。

大腦的複雜，或許到現在都還無法完全被科學家研究透徹，不同的區塊，控制了情緒、理解、計算、語言、記憶、邏輯、圖像、直覺等等不同的功能，雖然各司其職，但也彼此交織、協調與合作。

經過數年的演化，人類的大腦智慧超越地球上的其他生物，且具有大量的皺褶來增加大腦表面積，以布滿更多的神經元細胞，也因此能處理更多也更複雜的資訊，而且人類的大腦隨著生活環境演變，也跟著不斷演化下去。

理解事物與知識學習

對於事物的理解與知識學習，簡單上來講，大腦所扮演的角色是能讓人對一個事物產生注意力，除了被吸引，還會對理解它產生**動機**，有了動機便開始學習的第一步，資訊透過視覺、聽覺、嗅覺或觸覺等等多方角度**進入腦中被處理**，並以特殊的形式被**儲存**在腦中，透過日積月累的接觸，腦中的相關資訊會被**整合與強化**，逐漸被整理與內化爲屬於自己的知識，當下次需要運用到相關知識時，儲存的資訊便會被大腦取用來應對生活所需，並不斷的強化與精進，除此之外，大腦也能透過多種不同的學習方法來刺激，以增加學習的效果，並幫助記憶與整合、串聯資訊。

創新與創造力

針對創新與創造力，每個人的大腦具有不同的能力，要擁有創新思維，並具體化的將想法實現，需要一連串複雜的大腦功能交織，包括對事物與資訊的**認知**，認知的角度不同，便會產生不同的理解與思維，這些不同角度的思維讓大腦需要用新的角度來處理資訊，此外我們還具備**專注力**，對於所認知事物細節的觀察，更容易讓人找到事情的切入點或問題點，進而找到創新的處理方式。

而相對於創新，人類會從過去的**記憶與經驗**來輔助當前的判決，以此篩選出更適合的作法，我們也可以根據記憶去做**聯想**，幫助自己快速找到所需之知識，或是具備**跳脫式的思維**，不被舊有的知識綁住，甚至以**想像**的方式來模擬情境，並在這些情境中隨意構想、天馬行空，以此得出新的想法。

除了有對事物的認知與專注觀察、過去記憶的輔助、聯想與想像力的發揮，另一項幫助創新與創造力的就是**解決問題的能力**，此能力搭配前項各個大腦的功能，找出難關並將障礙排除，找出問題的解決之道，可能需要經過聯想、想像、計算或抽象思維，有了解決問題的能力，更能夠創造出新的構想。

對於創新與創造，還有一個可能容易被忽略的影響因子，就是**情緒**，正面情緒可以激發人們的創造力，使人們更具有好奇心進行探索，在富有熱情的情況下，更容易帶來新的思維，相反的，當負面情緒來臨，包括沮喪、憤怒、焦慮等等，人們更不情願做創意的發想，同時也扼殺了創造力，因此，塑造一個對情緒友善的環境，是有益於提升創新與創意的。

自我約束能力

人類其實還擁有強大的自我約束能力，面對眼前的慾望，能夠壓制住並忽略，或者是在憤怒的溝通中，避免向對方進行言語或肢體暴力，盡管心裡很想這麼做，但還是能被理性壓抑，這是一種了不起的能力。

不過，大腦是如何運作讓自己具備這樣的能力呢？

概括性的來看自我約束的流程，大腦會先認知到眼前的狀況需要自我約束，自我約束是一個與自己目標衝突的行爲，因爲明明慾望就在眼前，但由於它牴觸了某些心中的價值觀或目標，所以需要自我控制。

下一步，大腦會開始處理各種情緒反應，並監控自己的行爲是否有符合心中的價值觀與目標，在比較與衡量慾望與價值觀或目標後，大腦便會做出決策，並壓抑自己的慾望，並讓自己做出符合那該有的行爲。

根據專家所稱，大腦的前額葉針對「壓抑衝動」起到很關鍵的作用，除此之外，大腦中的前扣帶皮層也扮演了重要的壓抑衝動功能，而且還能夠產生利他的功用，而大腦的邊緣系統，包括杏仁核、下視丘等等會參與到情緒的處理，並驅動人面對自己內心的衝動，同時也負責情緒的調節。

自我約束與控管的能力，是由腦中不同部位的功能，經過複雜的反應，相互制衡產生的結果，某一個部分受到傷害或異常，就會影響到人的行爲。

面對衝動行爲，其實也與一個人的個性、過往的經驗與生活環境有很大的關連，大腦扮演著強大的角色，提供自己面對問題的控管功能，而環境因素就好比不斷提供參數給大腦計算，有了越多的參數，就能做出更針對當下情況應有的反應。

人際關係與溝通能力

擁有強大的人際關係管理能力與溝通協調能力，可以讓人輕鬆自在的面對各種困境，並順利的讓他人或群體達到你期望的目標，靠著那一張嘴與交際手腕，可以讓人不管走到哪裡都自帶武器。

不過，爲甚麼有些人似乎天生就擅長溝通，在言語表達上輕鬆自如，而有些人就相對吃力，甚至不喜歡表達內心想法，非到必要時刻，實在不希望與人交流，就從大腦運作來看看其中奧妙。

首先了解要擁有人際關係能力，大腦會使用到的功能，其中包括同理心，而同理心的背後，有一個鏡像神經元的運作機制，這種機制能幫助人瞬間認知到他人行爲發生的原因，當你觀察別人某

個舉動時，鏡像神經元會在你的腦中直接反映，並演繹相同的作爲或情緒表達，讓人感同身受後加以回應對方。

此外，腦袋還能同時處理對方的言語資訊與肢體語言，或是面部表情等等暗示，讓人在溝通時能輕鬆理解對方要表達的事物。

還有在邊緣系統中提及過的杏仁核、海馬迴、及前額葉等等的大腦組成，幫助人調節情緒，並約束自己的行爲，以創造一個好的溝通技巧。

另外，像是記憶，也是很重要的功能，有了對他人過往交涉的經驗，也更能幫助人建立社交技巧，若能妥善運用之前的記憶，對情感的維繫也是舉足輕重的。

每個人由於先天的基因與成長背景有所不同，導致人際關係與溝通能力也因人而異，不過，透過後天訓練，足以改善先天不足，讓自己成爲能言善道，也善於察言觀色的人。

同理心

能夠理解對方，進而提供他人所需要的幫助或傾聽，是一種強大的能力，當人與人之間多一點理解，就少一點誤會與爭執，而我們的大腦，透過特殊的運作機制，賦予了我們這種能力。

擁有同情心或同理心，可以說是受益於長期演化的結果，這種能力幫助人類互助合作或是快速達成共識，還可以因爲這種能力，讓人不需要過多的交談就能理解對方，很大一部分靠的就是前面提及過的鏡像神經元。

根據《科學Online》，在腦中許多區域都能發現鏡像神經元的蹤跡，包括負責手部、口部動作、意識、情緒、注意力、計算、語言辨識及其他區域，有了這些腦部區域的鏡像神經元，人類可以快速地理解他人不同的言語或情緒表達。

另外，根據許多研究，催產素的分泌，也影響了人的同理心，它甚至被稱之爲「戀愛賀爾蒙」，一般來說，催產素能幫助一位母親與其嬰孩有更親密的連結，也增加乳汁產生，除此之外，催產素不管在男女身上，都能增進人與人之間的好感與信任，以及對彼此的同理心。

包容與耐心

當你請人協助處理事情，而結果差強人意時，你會如何面對事情與對待對方？當你在餐廳需要趕快點餐，而前方的點餐者手腳不俐落，而且不斷改變想法，使你遲遲不能享用餐點時，你會如何反應？當有人對你摯愛的家人出言不遜，甚至有攻擊行爲時，你又會怎麼做？

對我來說，在眞正面對各種情況下還保有包容心與耐心的人，非常不容易，大家都具有這種能力，只不過程度不同，而大腦是如何讓人做到的呢？

另外，不斷的包容讓自己不開心的事情，會對身體造成傷害嗎？還是反而是一種幫助呢？

之所以會發展出包容心與耐心，一部分原因是因爲我們學會放遠目光，鎖定長期目標，因此不會提前自我滿足，有一句流傳已久的中國諺語說得很好，「小不忍則亂大謀」，大概就是在形容這種意思，當人們遇到需要耐心的時刻，大腦會抑制衝動，並管控好自己的情緒與行爲，而且大腦有種運作機制是能夠讓人保持達到長期目標的動機，以避免被暫時的誘惑給吞噬掉。

除此之外，大腦的前額葉能幫助人去比較與評估不同的情況，再視情況作出該有的決定，也透

過這樣的能力來管束自己，透過如此的管束，其實人更能夠面對動盪的環境，也具有調適壓力的能力，有了耐力，更能夠適應挑戰，達到長期目標。

不過，壓力不應該無止盡堆積，還是需要適時的釋放，大腦才會健康。

毅力

有了好奇心，人願意探索未知，願意像神農氏一樣嚐百草，並透過探索的過程去學習新知，將知識累積後，建立腦中的資料庫，再將資訊整合與運用，創造對自己更有利的事物。

然而，就算有這樣的能力還不夠，大腦有能力抑制自己的惰性，讓自己不畏懼挑戰，並要求自己透過毅力與恆心來創造更遠大的成果。在身體或心理層面上極度疲乏時，人類還能爲了目標堅持下去，這一切又是如何透過大腦做到的呢？

先從演化的角度來看，人類爲了生存，爲了避免被野獸或是敵人攻擊，也爲了自己與家人的下一餐，必須有決心去達到上述的目標，越能堅持下去的人，就可能擁有越高的存活機會，而存活下來的人，也將這些特質傳遞給下一代，因此「堅持」這樣的能力或許就這樣成爲你、我的武器，每個人對於這樣的能力有所參差，所以並非每個人都能在達標的路上堅持到最後。

而從大腦來看，與前面許多提到的能力也有所重疊，畢竟腦袋的運作非常複雜，不同部位的功能彼此交織協調，我們才能快速應對眼前的挑戰。

首先，人生中有許許多多短、中、長期的目標，我們可能因爲某種慾望或動機而驅使自己要達到這些目標，在達標的路上，我們成功過，或許一蹴可幾，或許經過許多苦難，我們也失敗過，可能是因爲沒有決心，也可能是承諾升高，不願意放棄初衷而失敗，總而言之，人腦會將經驗儲存起來，讓自己知道滴水石穿的可行性。

除此之外，若是做的事情能增加成就感，多巴胺這種帶來快樂的激素也會跟著被分泌，幫助自己持續往前，並保有動力。

換句話說，如果做的事情無法帶來成就感，而你又不願意放棄，並持續進行著正在做的事情，那便是有甚麼原因正導致你執著於目標，可能是因爲恐懼，恐懼放棄後的結果無法承受，也可能是目光放遠且相信自己，覺得克服了眼前的事，未來肯定會達到自己想要的成果。

自私

自私，這是一種不一定討人喜歡，但大家都知道彼此都有的能力，而且不只是人類，應該說，絕大部分的生物都是以自己或自身群體利益最大化爲生存準則。

這其實很正常，當自身難保、飢寒交迫時，要如何顧及他人呢？從男性人類的龜頭構造也可略之一二，大家都希望自己的基因被傳遞給後世，因此那周圍突起的龜頭，一部分也是爲了將他人的精液挖出去而演化形成。

另外，在大家有群體共識時，你還能夠獨排衆議，堅持己見，推行自己的意見，這也是兼具了勇氣的自私，並沒有孰好孰不好，端看情況而定。

從大腦的角度來看，有研究指出這些行爲與腦中自責獎勵、決策與同情的部位相關，自私的人因爲某些因素，使自己更注重自我的成就，因而容易忽略其他群體的需求，不過這可能也與生長環

境、文化或社交圈有極大的關聯，許多大腦的運作是根據經驗而去下決策，因此每個人有不同的經歷，也塑造出不同的性格。

不過，有人會說人類並非都是自私的，例如做慈善的人，有許多義舉去幫助社會弱勢的人，或是行俠仗義的人，不過有另外一種說法稱這些人的行爲也是一種自私，因爲可以透過幫助人來讓自己快樂，難道這不也是一種爲了自己私慾而想做的事嗎？不知道讀者你又是甚麼看法。

勇於拒絕

你有沒有過一種情況，明明不想答應別人事情，卻還是顧及人情或是怕被斷了聯繫等等原因，而不敢拒絕別人的邀約或是請求，在答應別人後，心裡滿是痛苦，又不好意思反悔？

看到這邊的你，心裡可能已經想到了某個曾經發生過的場景，到底爲甚麼拒絕自己不想做的事情有時候會那麼難呢？而不在乎他人想法，能夠拒絕別人後還像沒發生過事情的人，腦袋又是如何運作的呢？

能夠面不改色地拒絕浪費時間的事，專注於自身的人，擁有「勇於拒絕」的強大能力，這裡有兩個層面可以深入探討，分別是「敢面對並承擔後果的勇氣」，以及「拒絕」。

當人面臨到要使用到「勇氣」這一項能力時，通常眼前的人或事情正帶給你壓力、恐懼或不舒服等等的感受。

根據研究，在勇氣發揮作用時，大腦的前扣帶皮層中的前區會積極的反應，這個部位能調控因爲壓力而被釋放到杏仁核的甲腎上腺素，當人試著將恐懼之事物的認知改變，幫助自己面對壓力與恐懼時，上述的腦部運作機制就會啟動，以此降低焦慮。

而在拒絕人時，也會牽涉到許多提及過的大腦部位，有了一連串在前扣帶皮層與杏仁核之間的恐懼與抑制恐懼的機制，接下來必須做出決策，不是逃避就是面對，面對又包括接受或是拒絕，此時前額葉就上場了，在評估過不同決定產生的後果後，你拒絕了對方。

有時候，人還會因爲腎上腺素與皮質醇的分泌導致心跳加速及血壓上升，不過，若是能透過練習與實際經驗的累積，這樣勇於拒絕人的過程就會越加令人平靜。

自省與道歉

能夠認知到自己的錯誤而反省並道歉的人，是不能被小看的人。

請問你有沒有大聲表達過意見，並希望大家跟從，結果你的看法與事實不符，導致需要修改決策的經驗呢？這時候的你，是第一時間認錯，並協助大家走向正確的路？還是會堅持己見，不願意低頭呢？

或者是你有沒有在自身或周遭的人身上見過因爲傲氣而永遠不道歉的人呢？有時人礙於面子，實在是難以拉下臉來，只好讓面子控制自己的決策，而且被造成的錯誤永遠無法被修補。

那麼，大腦又是如何運作以幫助自己面對錯誤、反省及道歉的呢？

認錯與道歉在腦中運作的過程大概會牽涉到記憶、情緒、認知、同情、決策等等功能，例如今天某人認知到自己做錯了事，他可能會根據經驗，回想過去道歉後的結果，可能出乎意料地被原諒及讚賞，也有可能被罵個狗血淋頭，但眼前正發生著自己犯下的錯誤，心中或許充滿後悔與自我懷

疑，他只好快速計算跟衡量這次要不要承認錯誤跟道歉，或許可以透過道歉來降低自己那懸在心上的壓力。

除此之外，許許多多的大腦功能都會參與在這個決策流程，大腦的運作沒有表面上那麼簡單的功能劃分，你的每一個決定背後都是大腦中不同的工作小組相互溝通協調後得到的結果。

不只是一般的大腦構造與功能運作，人處在的環境與文化背景也有很大的影響，比如有的國家或地區的人會將道歉視爲一種軟弱行爲，或是在法律糾紛時，道歉的一方，有高機率會被認定爲犯錯方而被指控，許許多多的外在因素也影響了大腦的判決。

因此，如果在這麼多的因素影響之下，你還能認清事實並承擔犯錯的結果，你會是個狠角色，更不用說能夠將局勢導正到比犯錯前的原始樣貌更好的狀態。

小結

人類擁有無限的潛力，而且我們還在不斷的演進，並將累積的知識與文明傳承到後世。人類絕大部分的能力與大腦密不可分，尤其是前腦，好好地善待與訓練我們的大腦，給予它需要的養分與經驗，它便會組建出應對問題的能力。

本章節透過一些人類強大的能力與相對應的大腦運作來說明，宇宙之大，雖然人類如塵埃般渺小，可是，千萬別小看人類，我們渺小的腦袋，或許哪天會破解宇宙的祕密，獲得意想不到的答案與啟發，這需要人類自身的奉獻與社會共同的努力，眞是期待未來的世界呀！

從下一個章節開始，會比較偏離大腦的角度，而是以人類的行爲與事蹟來讓讀者了解何謂人類的強大。

人類好棒棒

人類強大的能力，若是立意良善，或是運用妥當，人類及社會的福祉就如能順水推舟般的不斷提高。

本章節將透過幾個例子來說明人類如何證明自身及群體強大的能力，並利用能力達到的不管是肉眼可見的進步，亦或是內心那令人讚嘆的強大。

從Richard Branson來看人類的自我突破能力

誰是Richard Branson呢？這位來自英國的億萬富翁、創業家與慈善家，他的一生，不斷的自我挑戰與突破，至今爲止，現年七十多歲的他，已經創辦或共同創辦了超過四百間的公司或組織，最廣爲人知的就是他的維珍集團（Virgin Group），就在二〇二一年七月，Richard才親自搭乘維珍集團旗下的太空旅遊公司Virgin Galactic的飛行船，與其他乘客們在距離地球表面八十五公里以上的高空上，感受無重力的狀態，並遠望地球壯麗的景色，而這樣的壯舉，一切都要從Richard在十六歲時開啟的第一個事業說起，那年，他創辦了一個名爲Student的雜誌。

十六歲的Richard從學校輟學，並在一九六八年開始發行他創辦的雜誌《Student magazine》，目的是提供一個平台向年輕人傳遞不同的認知與角度，比起其他乏味又老套的出版物或學校雜誌，在當時更具有話題性。

不只如此，生性熱愛挑戰的他，很快的又將目光轉移到其他的領域，雖然並不是每一次的嘗試都能成功，甚至有可能賠個精光，但堅毅的Richard陸續開始賣唱片、創辦了唱片公司、進軍電視產業、娛樂產業、廣播業，甚至大轉彎，做了跟以往完全不同的事業。

他在一九八四年成立了航空公司Virgin Atlantic，接著進軍旅遊業，並在電視產業大放異彩，甚至還在一九八七年賣起了保險套，品牌爲Mates，之後還賣起了自主品牌的伏特加跟可樂等飲品，後續還開了婚紗店、營運鐵路公司、賣化妝品、提供無線網路服務、開運動中心、賣車，再到二〇〇四年成立太空旅遊公司Virgin Galactic，並做起能源產業生意、開設臍帶血銀行與金錢的銀行，後續還加入一級方程式賽車Formula One，再進軍郵輪旅遊業，二〇一六年時，創立了Virgin Hyperloop One，這是個超高速的地面列車服務。

從上述來看，Richard不願意安於現狀，他力求突破，不只是多點開花的嘗試，還時常超越本來既有的行業與經驗。

此外，他不只是做能賺錢的產業，更是願意花錢嘗試最新的技術，例如太空旅遊、急速列車，今日的他，或許沒曾想過當時那個賣雜誌的自己能夠有今天的突破，然而，就是這麼一個不願意與平凡畫上等號的Richard，成爲了我們的典範。

從他的事蹟教育了大家，世上並無不可能，也不需要畫地自限，只要你願意執行心中的計畫，只要你願意孤注一擲，機會有可能像煙火般亮麗的綻放。

其實不管是怎麼樣的人生，只要自己過得開心，那才是最重要的，過一個平平安安、穩穩當當的一生，趨吉避凶，讓自己與家人過上安全與平順的日子，也是很棒的過法，並不一定要像Richard Branson一樣的能量十足，且大膽挑戰。

不過，有了他的經歷，我們知道自己內心蘊藏多大的能量與能力，就算挑戰失敗又如何呢？若是沒有跨出那一步，連失敗的機會也沒有，就好比Richard說過的，「別因爲失敗而感到羞愧，從失敗中學習，並再次啟航」。

人類科技不停創造歷史

爲了解決生活上的難題，人類從製作工具、獵捕動物的時代，不斷學習、競爭與創新，到了今日，已經接近透過人工智慧大幅幫助人類工作的時代，這只是時間上的問題而已。

科技進步速度如指數般上升，一般上認爲，從十八世紀末瓦特（James Watt）改良蒸汽機，並使機械化生產大幅進步以取代人力，是人類史上的第一次工業革命。

而第二次工業革命在十九世紀末到二十世紀初，人類開始電氣化，馬達、電燈等發明在這個時期出現，透過不斷革新的發電方式，改變了人類的生活模式與生產方式。

第三次工業革命發生在二十世紀中後段，這個時期又稱爲數位革命或電腦革命，從巨型的電腦，到個人電腦的誕生，甚至網路的使用，大大加速了運算的速度與人類的連結，不只如此，在自動化生產、能源、生物技術等等許多領域也具有重要突破。

此時的我們，正處在第四次的工業革命時期，許多基於前代技術而繼續進步的科技逐漸成熟，創新的應用也如雨後春筍般的萌芽，機器卽將越來越聰明，也能做越來越複雜的運算，並且智慧化，人工智慧、機器學習、物聯網等等的運用越來越廣泛，透過模型的訓練，餵養資訊給AI學習，並將訓練好的AI運用在各式的產品上，能加速思考的時間，並聰明的根據情況來下決策，這便是我們正經歷的時代。

那麼再下一波的革命，又會帶來甚麼樣的破壞式創新呢？眞是期待不斷變動的未來，多虧了人類的競爭與合作，才有不斷進步的社會。

古人可曾想過許多看似不可能的事情，能夠一個接著一個的被自己的同袍實現？

爲何轉開水龍頭就有乾淨的水能使用？爲甚麼電燈能照亮整個城市？爲甚麼地面上能有交通工具突破時速一千公里？爲甚麼好幾十萬公斤以上的火箭能夠精確地從高空回到地面的指定地點？爲甚麼走到哪裡都有網路能串連世界？甚至未來有沒有可能出現乾淨又取之不竭的能源？許多不可能的事情都被一一打上勾勾。

從人的教育體系做起，培養一代又一代的人才，以不同領域的知識灌溉這些小孩，傳承前人的經驗，並與年輕的心血合作，人類的未來是由自己所搭建起來，因此知識的累積與傳遞扮演起重要的關鍵，教育的環境也必須經過認眞的思考與設計，並讓受教育者自由的在這樣的環境下探索與學習，接下火把，在未來的數年後，再接著把火把傳遞給後世。

有了前人的肩膀，後人能夠看得更廣更遠，也更允許自己有無限想像，從蒸汽機的革新，到電力改變人類生活，再到半導體產業興起徹底加速各行各業進步的速度，未來除了各種硬體使用，軟體將會帶來前所未有的革命，每一個現在正在被努力研究與發展的技術，未來都將各自發展並相互輔助，以實現革命性的應用來改變人類生活。

無數被解決的人類疑難雜症

除了科技的進步帶來生活上的改變，人類透過競爭與合作，能夠解決一個又一個困擾人類的疑難雜症，包括疾病、社會運作的規則、政治、數學、謎題等等。

這些事情需要運用到人類那好鬥的競爭性格，為了比別人更快一點找到解答或解決問題，因而促進了人類鍥而不捨的努力心態，同時，為了「善」，為了人類共同的福祉，人們願意將解決問題後的心血透過捐贈、販賣或邀功的方式來幫助社會，以下以幾個範例來說明人類的這種行為。

無數被解決的人類疑難雜症——醫療技術之發展

從「醫療技術」的發展來看，許多疾病對人類來說已經成為歷史，就算是在二〇一九年底開始爆發的Covid-19新冠肺炎，也在二〇二〇年底開始有了第一劑疫苗在市場上被使用，這完全是人類對抗病毒的醫療技術展現。

過去以來，有許多曾被認為是難以被醫治的疾病，一個個被找出病因，並研發出與之對抗的方法與藥物，例如十四世紀爆發的鼠疫，又稱「黑死病」，在當時全世界據估計有七千五百萬人到兩億人因為這場瘟疫失去了性命，直到抗生素問世，可以有效治療並減緩症狀，那麼抗生素有多神奇？他又是何時被發明出來的呢？

根據報告指出，人類在二〇一八年的抗生素使用量相比於二〇〇〇年，增長了46%，最早的抗生素「盤尼西林（Penicillin）」又稱青黴素，在一九二八年問世，當時的英國生物學家亞力山大弗萊明 Alexander Fleming），意外地發現了這種青黴素的殺菌作用，這一發現，徹底改變了未來世人的用藥習慣，時至今日，已經有百種以上的抗生素被世人們使用，不過後續衍伸的抗藥性問題，也是另一個需要被重視的議題。

除了一個個被減緩症狀的疾病，尚有許多疾病難以被現代醫學醫治，甚至被列爲絕症，如果要對付或延緩絕症帶來的結果，有可能需要花上難以負荷的金錢才能做到，因此，尚有許多領域需要人類攜手合作，保衛世人。

無數被解決的人類疑難雜症——政治、法律與社會規則之建立

另一個話題，人類又是如何透過「政治、法律與社會規則」的建立，來解決社會問題，並促進人民福祉的呢？

有群衆聚集之處，就容易出現意見領袖，當個人具有相當的溝通能力、遠瞻與執行力等等元素存在時，容易被推舉爲團隊之領導者。

除了推舉，有些時候人們也可能透過給予他人恐懼來獲取領導者的位置，而當群衆變多，派系增生，社會結構越趨複雜時，就會出現不同的群體，以及各自的領袖與運作模式跟結構，因此社會或國家是由一群分裂、彼此相異，卻又異中求同的個人及群體組成。

雖然各有各的偏好與期望，但以民主制度建立的國家或政權來看，常常還是以群體大過個人的結論在增訂法律以維持社會秩序，這也是種社會共識，若不這麼做，就可能出現一個社區擁有一套法律，甚至一戶人家擁有自己的法律之情況。

不同的政權有其解決社會問題的方式，各種政治與法律結構也不一定有對錯之分，民主、專制、共產、獨裁、或君主立憲制等等，各種管理方式能達到不同程度的效果與反饋，數百至數千年來，地球這塊土地動盪之大，經歷過多少打打殺殺與計謀，才有今日之社會。

目前全球不同地區有不同的政權與管制方式，各自有其擁護者，但時間會證明優勝劣敗，好的社會，需要透過智慧來設計與管理，我相信未來的智者與人民，會意識到甚麼才是眞正活者的意義，並走向更好更遠的路。

無數被解決的人類疑難雜症——以公式解釋未知

世界上很多的事件，包括人與人的互動、投資策略、甚至是許多未知的太空領域、重力、量子現象等等，這些發生的事件，可以透過數學公式的拆解與整合，理解出一套道理，隨著人們理解到公式與參數能夠有效的解釋各種現象，我們就越有能力挑戰未知。

雖然許多人類行爲看似自然，但還是可以透過數學的角度去分析行爲背後的原因及可能的結果，例如經濟學中的賽局理論，其中最著名的例子就是Albert Tucker提出的囚徒困境，這個例子利用了囚犯想自保的心理，讓共犯們在不同的獨立空間中講出實情，以此定罪，就算明明知道只要大家一起保持沉默就能脫身，囚犯最後還是會選擇認罪。賽局理論中還有其他著名的例子，例如零和賽局及奈許均衡，人們能夠用理論來解釋人類的行爲。

然而，人類行爲充滿許多不確定性因素，再複雜的定理或公式還是難以公正的作爲行爲之根據。

除了人類行爲，許多偉大的數學家、物理學家、科學家等等，利用公式解釋了常人難以理解的自然現象，例如相對論（Theory of Relativity），大家太熟悉這個由世紀偉人愛因斯坦（Albert Einstein）提出的理論，他在相隔10年間先後提出了狹義相對論和廣義相對論，靠著清晰的邏輯與經驗與假設作爲研究基礎，在狹義相對論中，探討了空間與時間上的概念與它們之間的關係，其中包括著名的質量守恆定律與其公式$E = mc^2$，在廣義相對論中講述了重力與其他的自然界中的力量相互影響的現象，還預測了許多關於重力的效應，例如重力波，這些預測在現代一一被證實。

居住在地球上的渺小人類，靠著小小的腦袋，做著縝密的思考與討論跟計算，算出了宇宙萬物運行的準則，或許有些理論具有瑕疵，但也替後人提供了可推翻的基礎，這些人類大腦値得衆人的尊重。

人類的慈善行爲

人類的強大，不只體現在超強的自我突破能力、科技的發展、醫療技術進步、解決物理謎團、以及透過政治管理社會，「善」，也是種強大的人類行爲展現。

陳樹菊女士，一位在台灣菜市場賣菜的阿婆，數十年來透過一束又一束菜，將所得絕大部分都回饋並捐給了社會需要的人，總金額根據估算超過一千萬台幣，就算賣菜的收入如此微薄，陳樹菊女士認爲施比受更有福，「給予」所帶來的快樂才是她要的，這樣的人，這樣的事蹟讓她在二〇一〇年成爲美國《Time》雜誌全球最具影響人物第八名，然而，這樣的名次多她來說不算甚麼，她一心只有好好做事，才能繼續捐助給社會。

人類多有善?世界上的慈善組織數量難以估計，包括全球性與區域性的慈善機構或團體，其類別又可以做不同的劃分，例如兒童關懷、自然環境保護、動物保育、人道團體、疾病與健康相關等等，多不勝數。

根據統計，在美國就有多達一百五十萬個非營利組織，全球的非營利組織總數估計也有一千萬個，這代表什麼?一方面代表了有多少弱勢的族群或領域需要大家的關注或援助，另一方便也看到了人類善的一面，這些數字代表著希望，也證明了人類不會置身事外，善就是人性中的一部分。

再從「做慈善」這個行爲來看看這是多麼偉大的人類現象，我們知道人類是自私的生物，會希望自身的利益最大化，自身的金錢與時間是有限的，努力打拼就是爲了比別人多獲得一點，增取多一點自由、金錢、時間與榮譽，然而，人類有悲天憫人的心理、同情心，以及取之於社會，用之於社會的態度，當時機來臨時，這些心理狀態會暫時超越自私心理，使人類做出反自私的行爲。

再以另一個故事爲例，相信大家都希望自己身心健康，好手好腳，但這樣的思維，並不完全適用在世界上的第一位活體器官捐贈者身上。

這位拯救了自己孿生兄弟的人，叫做Ron Herrick。一九五四年，Ron Herrick的兄弟Richard Herrick因爲遺傳性的腎臟疾病，需要器官移植才能延續生命，然而當時存在著難以解決的器官排斥反應讓人傷痛腦筋，所謂的排斥反應就是因爲外來的器官被自己的免疫系統認定爲異類，因而攻擊它，輕則出現損傷，或出現感冒症狀，重則導致器官毀損，甚至死亡，因此醫生不敢大意。

而當時的Ron Herrick跳了出來，由於是孿生兄弟，出現排斥反應的程度理論上會低得多，他自願的做出決定，不但成功救了自己的兄弟，也爲人類歷史開了先例，當時操刀的醫生Joseph

Murray也因而在一九九〇年獲得諾貝爾獎的肯定。

由許多例子可以見到，人類具有反自私與大愛行爲，在大愛面前，自己的利益根本不值一提，這種爲了他人，也爲了大衆利益著想的思維，是生命中的一種奇蹟表現，也需要人類的維持與肯定，並感謝生命。

世紀大原諒

「原諒」，是一種強大，人生路上偶爾會在自己無法控制的時刻，遭遇不同形式的傷害或誤會，這些傷害或誤會可能造成一個人生理上或心理上的極度不適，而且可能因爲在當下沒有一個宣洩的出口，而將情緒累積在心裡。

你可能憤怒、失望、沮喪、痛苦，甚至無法形容這種不舒適的情緒，情緒與事件被深深烙印在腦海，忘都忘不掉，畫面甚至可能越加深刻，並出現恨意，而這種記憶會不斷地帶給自己心靈上，甚至身理上的傷害，要抹平傷痛，除了時間的力量之外，靠的就是原諒與寬恕。

歷史上曾發生過許多慘絕人寰的大屠殺，這些不同時期的事件，死亡人數從數十萬、數百萬，到甚至上千萬都有，其中近代最令人難以忘卻的事件之一，莫過於在第二次世界大戰時期，由希特勒領導的德國納粹所帶來的大屠殺，被屠殺的對象，主要是猶太人，也包括其他吉普賽人、反對者、同性戀、殘疾人士等等，其中，六百萬名猶太人失去了生命，全部因大屠殺加總起來的人數，估計有一千一百萬到一千七百萬人之多，二戰期間與結束後，被傷害的族群與世人，心中帶著恨意與憤怒面對這個犯下歷史大錯的政府，難以原諒。

然而，在久久的恨意之中，有位曾經的受害者，在面對事件多年之後，選擇了原諒，並成立博物館與教育中心來提倡寬恕理解與和解，而這位曾經充滿憤怒與痛苦的人，名爲Eva Kor。

Eva在她十歲時，跟著家人被帶到當時被德國控制的波蘭Auschwitz集中營，她與她的雙胞胎姊妹在那期間被做了許多醫學實驗，她的父母與另外兩個姐姐都在這段期間失去生命，Eva與雙胞胎姊妹Miriam成爲了整個家庭唯二的生還者。

多年來，Eva心中充滿悲憤，但隨著時間過去，她理解到一直被這些負面的情緒占據心理，是沒有辦法幫自己療傷的，也會因此難以走出來，因此，透過許多自我對話與外在的幫助，她不但能夠放下，還能在面對這些事情時，保有平靜的心，她知道只有原諒，才能使那些負面情緒灰消雲散。

不僅如此，她還在一九八四年成立了CANDLES Organization，目的是爲了幫助人們理解過去納粹的大屠殺，並教育人們恨意、偏見與不包容的心態會帶來多麼大的傷害，除此之外，她還在一九九五年時成立CANDLES Holocaust Museum and Education Center，這裡針對那些年的歷史作了展出與介紹，並透過這裡來提倡理解、同情心，以及對人性尊嚴的尊重。

這件事情，看到的不只是對於難以忘懷的恐怖事件選擇原諒，還能利用事件本身去賦予它教育的意義與功能，以避免類似的災難再度發生。

就這麼一個單一事件，讀者您能夠想像，在一片幾乎無止盡的宇宙中，銀河系中這顆渺小到看不見的星球上，居然有生物能做出如此大的寬恕嗎？這就是人類的強大。

人類其實也沒那麼棒

人類的強大之處，除了結合了眾人之力完成做不到的事、透過科技締造便利的生活、利用智慧解決人類社會的難題、或是發揮人性光輝的一面來帶給社會關懷等等，許多的人類，卻是選擇將自身強大的思維與能力帶來傷害與毀滅。

人類終究自私，當利益擺在前頭時，有多少人顧及得了他人？本章節將會透過幾個例子來說明人類如何展現真實人性的另一面，其實，人類也沒那麼棒。

對環境的污染與破壞

地球只有一個，假設在我們的有生之年，人類無法找到另一個適合人類生存的星球，而且有辦法將人類移民過去，那麼目前的這片土地，還是大家休戚與共，所有的生物共同吸收來自太陽的光能量，呼吸同樣的空氣，使用一樣的水資源，在同一片土地上行走，也在同一片天空中飛翔，儘管認知到這點，人類還是有辦法忽略其他生命，爲了個人、企業或政府的利益，環境的犧牲又算得了甚麼？

你有想過，你的一天中製造了多少垃圾嗎？全球一天內又會製造出多少垃圾？他們又都哪去了？

根據世界銀行與聯合國等國際組織的數據統計，每年全球有大概二十億噸的都市型固體垃圾被製造，這個數據到二〇五〇年甚至會達到三十四億噸，以二〇二〇年的數據來看，全球每人平均會

製造1.2公斤的垃圾。

若是加上所有類型的廢棄物，那估算更是驚人，從二〇一〇年的五十九億噸到二〇一五年的七十三億噸，再到二〇二〇年，達到八十六億噸，這些被製造的垃圾，最主流的處理方法，要不是被掩埋、燃燒，就是被回收，雖然掩埋的方法可以透過良好的管理來減少污染，然而，這難道不是一種眼不見爲憑的展現嗎？

許多富有國家會將垃圾載往相較貧窮或缺乏監管的國家，用付錢的方式解決自己國家的垃圾，雖然換得自己一身乾淨，但你看不見，不代表垃圾消失了。

而燃燒垃圾的方式，處理若是不好，其產生的有毒物質又會回到生物體中，最後進到人體，因此人類須盡量做到重複利用，並從產品設計時，就思考到後續處理，以及減少資源浪費。

除了大量製造難以處裡的垃圾，人類還願意威脅自己賴以維生的不可或缺元素——空氣。所有的生物都需要一定量的氣體成分來維持生命，就算是能在非常低氧濃度或有毒環境下生存的細菌，也一樣需要有空氣的存在，然而，人類大量燃燒石化燃料，例如煤炭、石油與天然氣，雖然造就了工業的快速發展，但犧牲了空氣品質，動植物受到髒空氣與酸雨威脅，人類也因此染上肺部與呼吸道疾病，在有些長年烏煙密布的地區，人們甚至出門就需要戴口罩，乾淨空氣成了回憶與過去。

根據報告，現今地球的二氧化碳濃度大概是第一次工業革命前的1.5倍，而且光是二〇一九年全球從燃燒石化燃料就達到三百六十七億噸的排放量，更不用說人類還大量砍伐樹林，將它們都市化或作爲農地，破壞了自然界的寶物，造成生態滅絕。

污染空氣的同時，乾淨的水資源也不可倖免，許多工廠的廢水，在法律規範較不嚴格的地區跟時期，都被直接排進溪水或海洋，似乎以爲流進海洋裡就會被稀釋乾淨，有的不肖業者甚至知法犯法，在廢水處理不完善的情況下也直接流進海裡，這些水富含重金屬或其他有毒物質，在生態鏈的循環上，到最後又回歸人體。

要摧毀地球很簡單，要摧毀自己的民族也很簡單，人類就是如此的強大與自私，以及愚昧。

隨著環保意識的高漲與法律嚴格的控管，在較高度發展的國家，已經能盡量做到水資源再循環，或是將廢水排放前先將有毒物質去除，其他的地區仍須努力，並提高環保，甚至自保的意識。

隨著土地、空氣、海洋被人類污染與破壞，人類擴大了自己生活的領地，只要是人類所經之處，萬惡的人性與破壞便隨之到達，許多的生物就在人類的大擴張下犧牲了被世人認識的機會。

這些生物包括動物、植物、或其他物種。根據專家所稱，地球正面臨著有史以來的第六次生物大滅絕，前五次包括四億四千七百萬年前的奧陶紀、三億七千八百萬年前的泥盆紀、二億五千兩百萬年前的二疊紀、二億年前的三疊紀，以及六千六百萬年前的白堊紀，每一次的生物大滅絕，都使世上六七成以上的物種被滅絕。

而此時此刻的地球，據估計，每二十分鐘就有一種生物滅絕，以這樣消失的速率來看，是歷史以來的一千倍！有些生物甚至在被記載之前就完全消失，而罪魁禍首，就是當前主宰世界的生物——人類。

基本上，人類就是一種不見棺材不掉淚的種族，明知故犯，就算知道眼前的利益是拿明天的幸福來換，人們還是有可能爲了滿足短暫私慾而忽略後世的權益，除非有一天發現難以呼吸、身體裡都是微量塑膠、喝了水就生病、出現糧食危機，或是由於大量生物滅絕引發的生態鏈崩潰等等，當人類眞正體驗到自私的後果時，才會實際並堅定地做出改變。

這就是人類天性，不需要外來的敵人或天災，自己就能摧毀自己，除非全體人民或國家領導人擁有更高的格局，以及不畏阻礙的態度。

只求眼前利益，忽略後世

前段所描述的這些被造成的破壞，許多是難以被減緩，甚至被修復的，隨著文明的發展，人帶來了氣候危機、極端氣候、不可再生資源的大量消耗、生態危機等等不容被忽視的現象，只在近代的短短幾百年間，人類就有本事帶給這片土地巨大的改變。

前人種下的因，會在後世成爲果，就好比還不完的債，交給後世來補償，後世在地球上享受乾淨資源與安全住所的權益被漸漸地剝奪，只能被迫接受這樣的命運，接下來就來訴說人類的自私與忽視會在不同的領域帶來甚麼樣的結果。

首先是**「全球暖化與極端氣候」**，全球暖化的主要導致者，就是人類，所謂全球暖化就是因爲大量的燃燒石化燃料導致溫室氣體短期內劇增，這些包括二氧化碳在內的溫室氣體，把原本可以反射出去的太陽熱能困在了地球表面，熱能散不出去，導致地球越來越熱，過多的熱不只是導致地球平均溫度提高，其造成的災難不容小覷，包括地球兩極的冰層融解，使得當地生物的活動範圍縮小，進而影響捕食，甚至使得族群數量大幅減少，尤其是北極熊等生物。

再來就是陸地上原本冰封的水，以冰原的形式存在，隨著地球溫度升高，這些長年冰封的水也漸漸融化並流入海裡，導致海平面上升，有些地勢較低的國家或地區已經預測了未來將會面臨滅國或滅城的命運。

除此之外，人類導致的全球暖化現象，還會進而加劇極端氣候的嚴重性，例如更強烈的降水現象或乾旱等等。

此時此刻，全球減碳意識高漲、減少資源浪費與企業永續ESG等等概念已漸漸成爲各政府或企業的行事原則或政策，這是人類團聚的一刻，但還不夠，爲了彼此共同生活的環境，需要在各個主要碳排放國家加強減碳意識，除了制定階段性相關法令，仍需企業與民間嚴格遵守，以換來全人類的福祉。

第二點是**「生態多多樣性的減少與食物鏈崩解」**，目前地球上物種消失的速度，如前所述，等同於每二十分鐘就有一種生物滅絕，這意味著甚麼？地球長久以來，各物種因爲演化的關係，在不同的地區形成生態鏈，一個生態鏈中可能包含動物和植物，甚至不只是非上述兩者，生物根據不同的吸收能量方式，形成一層又一層的鏈，底層的角色，其能量就被一層又一層的傳到終端掠食者身上，例如人類，終端獵食者也能因爲食物鏈存在的關係，獲得難以自行吸收或取得的能量，例如「陽光」。

太陽造就了地球的存在，以及連同居住在上面的生物，當植物行光合作用將陽光轉化爲自身能量後，再由其他草食動物吃掉，其能量再被移轉至動物身上，一層又一層的轉移到食物鏈頂端。

假設其中一層的生物滅絕，可能引發底層生物因爲少了天敵而大量繁殖，上一層的生物又可能由於可獵食的生物變少而引發危機，整個食物鏈因而亂掉，因此，當此時此刻的地球上，生物以相比過往千倍的速度失去族群時，將可能引起危機。有許多的藥品或設備的設計是參考動植物的特性而起了發想，當地球上的物種變少，也可能使得探索新可能的機會降低。

第三點——**「耗盡可開發的不可再生資源」**，隨著世界開始漸漸的工業化，地球上的石化燃料

如石油、煤、天然氣等等被超大量開採以滿足生活上與工業上的需求，而各種金屬的開採在人類社會也已經有幾千年的歷史，直到工業化後，機器設備的進步，使人們能做更大規模的探勘與開採，在短短的幾百年間，人類消耗金屬的量跟過去相比成指數成長。

根據調查，全球在二〇二〇年的金屬消耗量大概在五百二十億噸，以常見的銅爲例，十九世紀初時，全球每年的消耗量大概是五萬噸，但來到二十世紀末時，這個數字來到了兩千萬噸，雖說地球之大，內部蘊藏的礦產資源不可想像，然而，具有開採價值與可行性的區域有限，並不是取之不竭、用之不竭。

還好的是，大部分的金屬是可以被回收再利用的，但石化燃料就不是這麼一回事了，當這些自然資源被燃燒與使用後，大部分成爲二氧化碳並造成地球暖化，未來有一天，這些不可回收的自然資源將成爲歷史的一部分。

漠視弱勢與社會需求

人類除了對自然環境帶來破壞與漠視，在對待自己的種族時，甚至還能做到雙標、歧視，甚至剝削弱勢。

一個國家內的人會漠視自己社會的需求，強盛的國家在其他相較弱勢的國家獲取資源時，除了只以自身利益作爲主要考量，甚至還忽視當地需求，只要自身國家好就好，這就是人性，這就是人類行爲之一。

有人做過社會實驗，同一個人分別以軍裝或是好看的穿著以及衣衫襤褸的遊民穿著向路人借手機打電話，實驗的結果是，大部分的路人只願意借手機給穿著得體的實驗演員，面對看似較弱勢的遊民打扮時，人們反而不願意伸出手相助，儘管這個人表明有強烈的緊急需求，這完全展現了人們歧視弱勢的一面。

有的國家的人民或政府對待自身較弱勢的國民，無法給予實際的幫助以使他們改善現況，或甚至改變未來，但是在此同時，卻能夠投入多餘的資源進行不同科技或其他領域的發展。

許多的國家或地區皆有這種狀況，例如某個目前地球仍現存的獨裁政府，儘管人民社會資源匱乏、知識教育不足、飢餓、缺發醫療資源與民生用品，然而國家的領導者仍將國家發展的重點放在軍事武器研發，並認爲武力強盛，較能一顯國家之威風，也才能與其他國家抗衡，但是，將國家辛苦賺的錢大量投資在無法幫助人民的事情上，這點是需要領導人再審視的。

上述獨裁政府是一個偏極端的例子，實際上，類似的問題可以在許多地方看見。

有一種現象被稱爲「馬太效應（Matthew Effect）」，這效應主要在強調的就是強的人能夠獲得越多的重視與資源，而弱者不但不會被看見，甚至可能被剝奪更多的利益，在職場、社會、各個產業間偶爾能看見這樣的現象，當一個人顯弱的時候，很有可能就會繼續弱下去了。

在國際間，強國與弱國之間也能看到弱者被漠視，甚至被剝奪更多的現象，這點已經從歷史上看得太多，尤其是近代的第一次世界大戰與二戰，帝國主義所造成的傷害，我相信人們很能體會到，當強與弱有明顯差異時，這個世界完全是由強者所擺布的，不過，就算是在二十一世紀的現在，世界還是有許多因爲國力懸殊而造成的不公。

例如富有天然資源與礦物的非洲，除了過去受到西方列強的殖民，現在仍某種程度上的受到相較強盛國家的合約控制，比如有的資金雄厚的東方大國企業，以協助發展非洲當地基礎建設爲由，

來換取天然資源的開採權，透過這樣的方式來互利，希望達到雙贏。

然而，略有所聞的是，有些地區的承諾被兌現了，有些地區卻遲遲未見到當初承諾的道路、醫院或學校等建設完工，除此之外，有的企業會以貸款的方式來實現當地的基礎建設，當非洲國家無法如期償還債務時，貸方便會要求欠債方轉讓重要的自然資源，從這個現象可以看到弱者恆弱，而且難以解套。

不過，上述企業在非洲的投資與資源獲取，使得當地債務高升，並受到他國批判，是一個敘事角度，以其他角度來看，西方國家的批評，有時難以使非洲國家信服，因爲，到過非洲殖民的，只有曾經的西方列強，對非洲國家來說，上述提及的國家是以做生意且尊重的方式前來，因此更能取得當地國家之信任。

本段落並不想做過多政治描述，而是將重點放在人類忽略弱勢，並帶來剝削的行爲，歷史上發生過的悲劇，需要避免重演，人類的權益，需要受到更大的重視。

人權的欺壓與束縛

本書還是難以逃離對政治的描述，畢竟，政治就是生活，不同地區有不同的文化與政治傾向，本書盡量不做過多評論，而是以「人類」幸運能成爲人類，雖然渺小，卻又強大的角度來敍述欲表達的事物。

人類有幸成爲人類，能享受生命，並在不損及他人的情況下體驗自由的意志，然而，這看似理所當然的權力，在這星球上並不是人人都能享有，強大的人類會利用社會的制度或文化來壓制人權或控制人民，這是一種利用強大來使別人無法強大的現象。

從一個在過去亞洲比較常見的現象可以輕微的了解到，雖然這只是個小小的例子，但其實本質上就是在抑制對方自由表達想法或行爲，而這個現象就是所謂的父母要求要「乖」，或「聽話」。

父母偶爾會跟小孩子說，「大人講的話要聽」、「大人講話時，小孩聽就好，別多嘴」、「不要頂嘴」，或是「你不禮讓父母就是不孝順」等等的詞語，或許有的台灣或亞洲讀者在小時候常常聽到自己的父母這樣跟自己說話，而年幼的你在這樣的指令下長大，可能學會了遇到事情不說、逆來順受、如果不遵照年長者的意思，那可能會被認爲不聽話或不乖，久而久之，使人失去突破或自我表達的能力。

雖說這樣的現象能在過去許多傳統家庭裡見到，人們也習以爲常，但本書認爲這就是某種壓抑人權的現象，端看讀者如何解釋。

除了言語或行爲受到壓抑，在世界上有的地區，甚至還存在著生命不自主的現象，一個人渺小又可貴的人生，難以自我掌控，並受人擺布。

舉一些例子，在一些南亞、中東與非洲地區的國家，年輕人的婚姻會受到父母掌控，由他們根據對方的社經地位來幫自己的子女物色結婚對象，或是拒絕子女眞正想要的婚姻，當事人難以有婚姻自主權；除此之外，東方國家在相較傳統的地區，父母認爲追求較高學業是唯一的人生選擇，因此嚴格管教與監督子女的學校成績，甚至強烈要求小孩成爲醫生、律師等較受人尊敬的職業。

從這些例子可以看到，雖然一個人擁有無限自由的思想，但在人生決定上難以自我掌控，並無法跳脫框架，這也算是某種人權的壓抑現象。

不過，相比接下來要說的，上述都算是小兒科了。

另外一個現象，它令人類獲得人生上的依託，同時也帶來束縛，它便是「宗教信仰」，宗教信仰的束縛，可能由他人強行給予，也可能是自我約束，一個文化由於時空背景的不同，我們盡量不去定義何者爲優，何者爲劣，然而，事情的合理性，是值得大家評論的。

從本書的核心價值出發，成爲人類是件幸運的事，因此該好好珍惜這份生命，發揮自身價值，並追尋快樂。

不過，有的地區人民由於宗教的關係，爲了堅持與保持長期以來的認知，部分信奉特定宗教的國家與人民會約束自己與女性，不同地區的約束程度不同，輕則不碰酒精、定時跪拜、不吃豬肉，重則嚴格規定女性服裝，以及與異性接觸的程度。

在有的民風較保守的地區，甚至有女性因爲沒有在外出時穿當地規定的頭巾，被警察打死，這放在其他文化的國家，是多麼難以想像的事情！除此之外，部分信奉此宗教的國家，限制了女性在婚姻、法律、教育上等等的權利，若是放大視角來看，這對人類來說是多麼可惜的一件事情。

宗教的存在，可以給予人們心靈的依託，但若是利用宗教來控制人民，並使人民無法對難以認同的觀念表達異議，就需要人民好好深思，其宗教或其衍伸而出的法律到底爲何應該存在？此處只以單一宗教爲例，並不是針對，其他宗教的信奉者也該好好深思宗教的意義，以及身爲人存在的意義。

相較於宗教帶來的束縛，我想，更加難以讓人忍受的，就是「無法自由的表達想法」，每個人的腦袋完全由自己控制，在自己的世界裡，人人都擁有超凡的自由，透過想像力，在思想中，你可以得到一切，但是在表達自我想法時，這世界並不喜歡人擁有自由。

不同的地區對於言論自由的接受程度不同，但本書認爲，一個地區在管理人民言論，不應該只是用法律嚴格禁止，由法律極度嚴格管理與懲罰，這點可以說是不合乎自然的設計，因爲腦袋與嘴吧就長在一個人身上，卻不能被允許講實話？聽起來眞是太不合常理了，雖然身體是自由的，但仍感覺活在牢籠之中。

只要由道德配合法律的管理，就能有效營造出社會規則，人民會知道甚麼樣的話容易傷人，甚麼不應該講，若是說話傷害到他人，在當下的時代背景，會有其對應的法律保護與懲罰機制，但是，在一定的約束之下，人民應該要有自由表達看法的權力。

就算自由表達的言語不中聽，就算言論會戳破謊言，就算言論會改變原有的秩序，身爲地球上的生物，人類或特定的管理者，不應該爲了私慾而壓抑不想聽的聲音，每一個被壓抑的聲音，都是被消失的生命。

聲音無法自由表達是一回事，有的集權執政者，爲了讓社會只有一種他們認可的聲音，會透過絕對的權力，使異己者無法在社會立足，剝奪他們的權利與自由，找他們的弱點並威脅，更可憐的是，就算人民知道自己活在這樣的統治之下，也難以爲同胞發聲，因爲，在統治者的教育之下，人們不習慣表達非主流的思維，更不敢向不合理的事情說不。

但本書相信，生命終究會找到出路，人民終究會意識到生命的眞諦，世界會往對的事物趨近的。

自利、假好心、背信忘義

人類的強大還體現在「自私自利與虛假」上，人類會透過這樣的能力來設法獲取自己想要的事物，就算是犧牲他人利益，或是利用他人的信任也沒關係，只要目標達到，犧牲者都不關自己的事。

在許多地方可以見識到這樣的人性，最可怕的行為之一就是「賣人情」，有的人滿口為你著想，想給予你所需要的資源，幫助你完成你的目標，甚至是非常積極的想方設法，只求能盡快幫到你，但其實背後想著的是讓你知道他重情重義，因為他在目前的計畫上或未來也有需要被幫助的地方，為了換到你的幫助，他拼命的捧你，說你是個重情重義的人，會對朋友付出的人，給你扣上這樣的帽子，再給你一點點好處，等到將來他伸手跟你要東西時，你就有所體會那到底是甚麼樣的心情了。

另外一種強大的行為叫「背信忘義」，意思就是說，一個人受人點滴，接受過幫助以度過了難關，或達到了某個目標，甚至答應未來某一天會好好回報以示答謝，但是，當事成之後，卻過河拆橋，好像曾經受過的幫助已如浮雲般那樣離去。

舉一個國際間曾發生過的例子，一九三九年，第二次世界大戰正式爆發，在當年的納粹德國進攻波蘭前，擔心會被左邊的英、法兩國與右邊的潛在敵人蘇聯夾擊，因此找上蘇聯談談合作之計，蘇聯也認為兩國若是互不侵犯，自己就能有時間為其他的戰爭與事務做好準備，因此，當年的德國與蘇聯簽了一份《蘇德互不侵犯條約》，並在合約中表明兩國十年內不對彼此發動戰爭，然而，就在一九四一年，德國忽視條約，背信忘義，攻擊了蘇聯，而故事的最後，蘇聯與其他的戰勝國在一九四五年宣告勝利。

整體來說，本章節在訴說的，是人類因為自私所帶來的破壞力，包括對環境的破壞、對希望的破壞、對人權的破壞，以及對道義的破壞等等，擁有破壞力，是一種強大的表現，只要人類願意，足以對孕育自己長大的地球帶來毀滅。

管理與控制力

從上一個章節中，我們理解到了人類是如何透過自身的強大來汙染與破壞環境與人性，但不得不說，由於人類是強大的，因此我們發展出不同的管理與控制機制，來防止自己鑄成大禍，或是管理已經發生的災難，這個章節會訴說人們如何除了做到自我管理，也能管理周遭的生物或非生物，並如何管控好的事情與壞的事情，以及難以避免的、政治上的管理。

自我管理

爲了防止人類自身的傲慢破壞掉大自然賦予的禮物，人類從個人、組織或政府，願意做到自我約束，雖然單一個人或群體的力道不一定足夠，但是當每一個個體都願意發揮約束的力量，那麼其帶來的效果就會難以想像。

從**環境**面來看，在認知到人類的行爲會對土地、水質、空氣、其他生物，以及自己的健康帶來威脅後，不同地方的政府會根據當地所營造的環保意識而訂定不同程度的法規，以此限制個人或企業對環境污染的程度。

擁有良好意識的人民，願意去理解自身的行爲會帶來如何的災難，也願意配合法規去限制自己對環境過度的破壞。

好的企業會樹立標竿，並要求供應鏈的夥伴也能做到同一套標準，例如全球市值最高的公司之

一——蘋果（Apple Inc.），爲了達到讓其產品在整個供應鏈上達到100%的碳中和，要求並協助其合作廠商與供應商逐步提高使用綠能的比例，影響到的企業包括全球晶片製造龍頭台積電，隨著這樣的政策與思維建立，從政府到民間攜手合作，並將這樣的意識帶到每一個產業，會帶來很大的減碳效果。

除了企業的努力，個人能夠做到最基本的節約能源，不過度浪費水、電、天然氣等資源，並使用回收物品，減少垃圾的製造，每一份小小的努力，會轉化成大大的成果。

人類除了對環境上能做到自我約束，對於**傷害他人、欺騙他人、欺壓人權**上也具備自我約束與調節的能力。

最常見的方法就是透過法律、道德與輿論等方式來約束，爲了避免過去人類所犯過的錯誤被重演，法律具備絕對的強致力，規範自身的種族，以避免人類在追求自身利益時，損及到他人。

例如交配，並繁衍下一代，是身爲生物的本能，但在人類社會，我們已經發展到超越本能的文明，在多數法治社會中，任何違反他人意願的性暗示或舉動都是不被法律允許，因此可以透過法律的制訂來懲罰踰越規定的人，並保護在法律適用地區的居民。

除此之外，道德感也是另外一個不容小覷的力量，民間自然會在互動之中領悟出對錯，甚麼事情可以做，甚麼事情做不得，人人心中各有一把尺，這麼樣的道德感在不同的地區與文化之間自然會有不同的發展，但你能很清楚的知道，違反他人意願發生性關係，就是個大錯特錯的事。

若是犯錯的人本身就是個道德感極低的人，對於所作所爲不感到羞恥，那麼，社會大眾的輿論，就是另一個制衡的力量，言語可以成爲武器，並從四面八方對犯錯者進攻，使之無地自容，以達到令人害怕輿論而自我約束的結果，不過，社會輿論與風向也容易受到「認知錯誤」的影響，而不小心傷害了無辜者。

不只上述提及的法律、道德感、社會輿論等等，人們會自己樹立原則，並根據正當的原則來做事，此處的原則，就相當於規範自己的法律，若是做出破壞自身原則的事情，會感受到罪惡感、不安感等等令人不悅的情緒，不過隨著每個人的意志力不同，原則被打破的機率也因人而異。

總而言之，人類的文明建立在犯錯與不斷修正之上，隨著歷史的演進與經驗的學習，人們會認知到錯誤，並在「反思」上體現出強大的一面。從瓦特改良蒸汽機至今日，才兩百多年，人類的未來仍有慢慢長路等著去思考與做出對的決定。

對其他生物與非生物的管理

人類除了在自己個人或群體上能自我管理與約束，也有能力將管理的對象轉移到其他的生物與非生物，這雖然是個雙面刃，但只要方向正確，是有辦法帶來實際上的修補與正面效果的。

爲了避免物種的滅絕，也爲了減緩生態多樣被破壞，人類願意投入時間與金錢來挽救地球，比如許多的環保組織透過大力倡導與教育，讓人們了解事情的嚴重性，以及與人類自身的關聯性，許多的政府也編列預算，並透過法律嚴格執行許多禁令與具備保護性的法令，禁止人類蓄意獵捕與攻擊保育類動物，甚至規劃受保護的動植物棲息地，讓生物能不受人類打擾的情況下自由生長。

除此之外，針對瀕臨絕種的生物，人類願意投入心力幫助育種，例如中國的貓熊，已經從「瀕危」的物種，在人類的努力下，在二〇一六年正式被歸類爲「易危」的等級；台灣的特有種梅花鹿，原本遍布台灣平原與丘陵，但由於其經濟利益下被過度獵捕，以及棲息地被人類占據，因而在

一九六九年在野外完全失去蹤跡，多年下來透過政府與民間的努力復育，並再度引入回自然，根據二〇二一年的調查，野外的梅花鹿已經來到超過兩千隻；印度犀牛，又稱獨角犀牛，棲息在北印度與尼泊爾南方，在政府及其他組織的努力之下，這些犀牛從曾經的不到兩百隻，到今日已經超過了四千隻，從「瀕危」物種進入到「易危」，這算是動物保育史上的最佳典範之一，不過，就算是有了成功保育，仍需要人類持續的保護。

此外，在針對瀕臨絕種生物的保育以及再引入回野生環境的議題上，時常見到反而造成生態破壞的情況，例如台灣的梅花鹿，雖然保育成功，但對於野生環境的生物來說，梅花鹿在歷經消失與回歸的過程中，反而對環境而言成爲一種外來物種，並且可見到梅花鹿帶來的生態環境改變，甚至破壞，這對人類在管理其他生物上，是一件需要深思的事情。

除了保育瀕臨物種的生物，尤其是動物，人類也深知植物對地球與人類自身的重要性，因此，可以見到許多個人或組織投身造林與管理森林運動。

以尼泊爾的森林復育爲例，根據NASA的觀測與報導，尼泊爾在一九七〇年代面臨到嚴重的環境危機，山陵地因爲牲口放牧與砍伐木材的關係，導致洪水雨聲崩現象加劇，甚至還有世界銀行的報導聲稱該國的森林會在一九九〇年前就消失！

因此，當地政府有了一個做法是將森林管理的工作，交給社區團體共同維護，而這種作法導致該國的森林覆蓋率從一九九二年到二〇一六年間，成長將近兩倍，森林自然有其自我生長與復原的能力，有了人類的保護，達到了極好的效果。

隨著各國法規越來越嚴格，出口木材的限制越來越多，但人民對於木材及其衍生產品的需求並無減少，因此，除了自然原生的森林木材，人類也積極執行人造林運動，除了達到經濟效益，也同時必須兼顧生態多樣性。

比如巴西的大西洋沿岸森林（Brazil's Atlantic Forest \ Mata Atlântica），在巴西東部海岸一帶形成非常廣大的一片富有生態多樣性與特有物種的熱帶雨林，其在經由人類過度開發前，據估計有一百三十萬平方公里的森林範圍，而目前大概十萬平方公里，過去以來，人類爲了開疆闢土、種植農作物、伐木，以及進行其他現代化的行爲，導致森林範圍急遽縮減，除此之外，也造成許多森林地與生物棲息地的破碎，進而影響生態多樣性與整個森林生態系統。

因此近年來開始有許多針對森林的復甦計畫，由當地政府、非營利組織與私人機構共同努力，計畫包括種植當地原生樹種、重建森林退化地區，也幫助搭建連接不同破碎生物棲息地的通道，讓動物可以更方便穿梭移動等等。

這些歷經數年的計畫已經漸漸看到效果，數萬至數百萬畝的地被重建，不同單位的個人與組織共同協作，也喚起了世界更重視生態保育的意識，使人們更願意資助這樣子的行爲，這樣讓人們知道，自己的地球，得自己救，而且隨著努力與時間的投入，會得到效果的。

除了陸地上的動植物保育，另外一個重要的話題，便是「海洋垃圾」，最主要汙染海洋的這些人爲垃圾包括塑膠製品、金屬、玻璃與其他的物質等等，其中最大的元兇就是塑膠製品，包括塑膠袋、吸管、各式的塑膠瓶等等，既然由人類造成，當然要再由人類回收與處理。

引用一間著重於環境保護與垃圾回收管理的公司RTS（Recycle Track Systems）的數據，估計目前的海洋塑膠垃圾足足有有七千五百萬至兩億噸，不僅如此，每一年人類還會再貢獻三百三十億磅（將近一百五十億公斤）的塑膠垃圾至海洋，根據世界經濟論壇（World Economic Forum）於二〇一六年的報告指出，在二〇五〇年之前，如果人類不立即採取行動，屆時海洋中

的塑膠垃圾整體重量會超過所有的魚類，這聽起來確實挺可怕的。

要實際上針對現有的海洋塑膠垃圾進行回收，不是件容易的事，在汪洋大海之中的回收又相較海岸邊的垃圾回收更加困難。

二〇一三年時，十八歲的Boyan Slat成立了一個非營利機構，名叫The Ocean Cleanup，宗旨就如同其組織名稱，要將海洋垃圾清理乾淨，這個組織研發了特殊的技術，在海洋與河流中大量回收塑膠垃圾，舉一個二〇二一年的成功案例，The Ocean Cleanup花了一個多月時間，透過船隻與技術，在太平洋垃圾帶（Great Pacific Garbage Patch）中，帶回了超過百萬噸的塑膠垃圾，這對人類與海洋環境來說，無疑眞是喜訊。

實際上，願意爲地球的健康挺身而出的，不只有被提及的這些人物、組織與事蹟，值得感謝的人非常多，不管是他們的實際作爲，又或是透過這些事蹟帶來的教育意義，對地球環境與生物來說都是福音。

管理好壞與是非認知

「是非」、「好壞」、「對錯」，人類有時候無法在當下看清上述名詞的全貌，對於未來的預判，也不一定時時都準確，但人們具有管理與控制能力，就好比認知到對地球的生態污染會帶來的惡果後，採取計畫進行改善，做錯事情並不可恥，但要有知錯、認錯與改進的本領，在這個部分會敍述人類是如何透過管理「好與壞」來使自己進步。

要對事物進行管理之前，人們會先被某些元素影響而開啟**認知或察覺**的功能，就如同在「人生目標訂定要點」中提及過的認知類似，人會先感覺到事情有點怪異，似乎不太對勁，進而開始分辨是非，在種種主觀認爲與客觀事實的輔助之下，人們做出了**判決**，分清是非，並在有足夠**動機**的前提下，針對這個判決開始進行**管理**。

就用「性傾向扭轉治療」作爲例子，來說明人類如何透過這個過程來理解是非並管理。

所謂性傾向扭轉治療，最主要就是針對同性戀者的無理醫療手段，過往保守的人士，或是認爲跟自己相同的絕大多數異性戀者才是世上唯一「正常」的族群，如果非屬於這個族群的人，就是異類，或是具有生理上或精神上的疾病，需要透過醫療手段，強制改爲異性戀，或者是使同性戀者對自己的性傾向感到厭惡，老實說，這種荒謬的想法在當前的社會還是有爲數不少的人相信。

而相關的治療手段千奇百怪，美國的《Psychology Today》報導過，一九五〇至一九六〇年代的美國，有的人會讓同性戀者觀看男體裸圖，同時給予電擊或藥物治療，使被治療者感到身體極度不適或噁心，當他們無法承受後再讓他們去跟年輕女護士約會。

其他的治療方式還包括「談話治療」，類似心理諮商的方式來試著改變被治療者的思維，使他們改變性傾向，或是「行爲治療」，就如同前面提到的電擊或刺激行爲，使被治療者厭惡自己的同性行爲，其他還包括「宗教信仰及靈性療法」，透過宗教的力量來試圖改變一個人的性傾向，甚至使之相信或欺騙自己眞的能改變，當然還包括「藥物療法」，意思就是直接將「喜歡同性」這件事情認定爲疾病，並需要使用藥物治療，使能復原。

事實上喜歡同性是天性，甚至是沒有辦法也沒有必要去改變，而上述提到的治療方法，卻是過去以來人們對待人類的方式。

數十年來，這種不具有治療效果又不人道的對待人的方式，其實飽受批評，在相較保守的年

代，人們就算內心覺得不苟同，但不一定敢在大衆的主流意識下反對，但隨著文明的進步，人民雪亮的眼睛與清晰的腦袋，總能明辨是非，當批評的聲浪越來越高，再加上無證據能證明具有同性傾向的人能夠被扭轉，世間終究會做出正確的判決。

比如美國精神學會（APA）在一九七三年將同性戀排除在精神疾病內，一九九〇年世界衛生組織（WHO）也跟著把同性戀排除在疾病的分類之內，這對於所有人類來說都是個重要的里程碑。

然而，就算是將同性傾向排除在疾病的範圍內，「性傾向扭轉治療」還是存在於社會，爲了保護少數族群，許多地方才漸漸禁止實施「性傾向扭轉治療」，例如美國加州於二〇一二年禁止相關治療，其他的州與地區也相繼跟隨制定法律。

而歐洲最早禁止「性傾向扭轉治療」的國家爲馬爾他，於二〇一六年頒布發令，而我生長的土地，台灣，於二〇一八年也正式頒布禁令，任何醫療機構或個人對他人行使「性傾向扭轉治療」，皆屬違法，最高必須面臨三年以下的有期徒刑。

舉這個例子的目的，是在**闡述人們如何認知到錯誤後，能以實際行動來管理自己的錯誤，再修正，使人類能享受到更大的自由與利益**，這何嘗不是一種強大的體現呢？

政治

人類管理地球上的人、事、物會透過許許多多的個人、組織與政府來多方面進行，有人群聚集之處，「政治」便會自然而然的被發展出來，而不想自欺欺人的是，地球上許多的政治型態實在是太值得批判，不管是所謂的「民主」、「共產」、「專制」等等，各有利與弊，不過，在本段會先不對政治做批評，而是著重在訴說不同區域與文化背景的人類，擁有發展出政治以管理人群的能力，對地球人來說，政治幾乎與任何事情息息相關，不管是在小團體、學校、家庭、公司乃至國家，處處都具有政治意涵。

從**小團體**來看，三五成群的人裡面，當他們發展出一套做決策的方式時，其實就擁有政治的雛型了，可能會有個人因爲聰明才智、人生經驗，或個人魅力，成爲了擁有追隨者的意見領袖，那麼簡單的決策流程就出現了，意見領袖發話，其他人認同，然後就決定某件事情的走向。

比如這位意見領袖認爲中午應該吃麥當勞，他想吃很多種食物，但是沒有錢全部都買，那麼他就建議大家各挑選一種食物，可能是薯條或雞塊，大家可以分著吃，就每一種食物都吃得到了，大部分的人都認同他所說的話，雖然有一個人想吃肯德基，但因爲領袖與群眾已經帶出方向，爲了在群體內生存，想要吃肯德基的人也只好一起去吃麥當勞，當然，不想吃麥當勞的人也可以跳出群體，自己去別的餐廳吃，但是屬於這個團體的政治已經出現，**要擊碎體制，可能會引起爭執，人往往還是選擇妥協，這也是政治的一種體現**。

而在學校就更明顯了，對學生來說，除了老師的管教，每一個班級都是一個自治的小政治圈，以我從小長到大的台灣爲例，從國小、國中到高中，都會由老師指定或是由同學們自行投票選出班上的幹部，例如班長、副班長、風紀股長、衛生股長，或是有的沒的不同名目的頭銜。

這些成爲班級幹部的人，若是老師指定，那原因可能是父母要求、學生成績優異或是表現良好，又或者是老師看得順眼。

而若是學生自行推舉、投票而成爲班級幹部的人，原因就千奇百怪了，首先，得票數多的人應該沒什麼敵人，但不一定是他眞的適合擔當幹部，有時候只是因爲人緣好，朋友多，所以就被推舉

了，但是適不適合被賦予的重任倒不一定，而多半的時候同學們會用成績好壞來決定這個人適不適合管理他們，畢竟沒有人會希望管理自己的人程度比自己弱。

除此之外，原因還很多，例如同學知道這個人選上後會力挺自己，管他做得好不好，投就對了，學生之間比較不會思考如成人世界般那樣複雜的考量。

家庭內部的管理其實也是一種政治，而且在不同的國家有不同的家庭觀或政治觀，例如亞洲與歐美地區就可能有很大的差異，而同一個家庭在不同的時期也會呈現出不同的政治樣態。

以一個傳統的亞洲家庭來說，父親自然而然是所謂「一家之主」，既然叫做主，就代表著更大的責任與更大的決策權，決策權可能是夫妻兩人共同分擔，但若是較大男人主義的人，或是對家庭經濟貢獻較多的男人，通常會掌握大大小小的決策權。

而小孩在成年之前，或是能清晰表達需求並明辨是非，並且能經濟獨立之前，更是難以撼動父母的決定，對這樣的小孩來說，這就是難以脫離且改變的政治。

若是較開明的家庭，父母較不會只單一行使高壓的上對下管理，而是讓子女參與更多的決策權，自由的表達看法並提供意見，有的父母會採用孩子的建議，以此讓他們知道他們在家中是充滿貢獻能力的，在這種家庭長大的小孩，將來在社會也更具有表達與溝通的能力。

公司的運作模式更不用說了，就是一個政治競賽，職位層層分級，從董事長、副董事長、執行長、總經理、各事業單位副總、協理、總監、經理、副理、主任、專員等等，底部的職級多，越頂部就越少，命令由上往下傳達，大家聽命行事的同時，也試著貢獻自我能力與態度，為了升官與更多的薪資，形成一個明爭暗鬥的大熔爐。

在公司中，各處級單位與部門之間需要互相合作才能完成同一目標，大家各司其職得朝同一方向前進，在拿錢辦事的前提下，基本上朝著指令前進卽可，然而，在資源有限的情況下，人們會爲了獲得更多目光、資源、認可，而出現排擠同事、並將功勞往自己身上放的現象，這樣有好有壞，有了內部競爭，公司會有能量往前，但若是過度政治化的公司，可能會導致留不住人才，進而分崩離析需要重建。

最後，國家級的政治，這完全又是不同的層級了，在世界各地存在著不同的政治管理制度，比較廣爲人知的包括民主制度、君主制、獨裁、共產制度或是聯邦制等等，不同國家有偏好的政治管理制度，不同的制度在解決事情上有不同的做法與效果。

以現今世界的傾向來看，民主制度是最爲盛行，民主的特點想當然耳就是以民爲主，人民是國家的主人，所謂的政府就是人民透過公平、公開、公正的方式選出來服務自己與管理社會的單位，若是這個政治人物做得不好、執政黨表現不得民心，人民有權力將之換掉，以新的政府替代之。

與民主極端相反的大概就是獨裁政體了，施行獨裁方式的國家，全國資源集中於單一個人或政府，獨裁者控制全國人民與其產業發展，這種方式目前較不在世界盛行。

不同時期，不同政治管理機制會有不同的被偏好程度，政治制度是會隨著時代變遷而改變的，各個政體有好也有壞，或許將來的哪一天，世人會創造出更好的管理方式，將現有受歡迎的政治理念替換掉。

善用強大

從人類的大腦運作，我們看到了人類擁有絕佳的適應力與能力來面對各式各樣的狀況，就算能力不足，也能透過後天的學習來補足，人類利用自身強大的能力，締造了地球一個又一個文明，試圖透過自己的雙手打造讓人類生活更便利的世界，雖然也同時帶來了對地球的破壞甚至毀滅，但我們仍努力的彌補過錯，希望能降低破壞的程度，並透過好的管理制度來治理地球上各個國家。

在理解這一切之後，我們知道了對能力善用的重要性，既然手握「強大」，就該將之運用在對的地方。

能力愈強，責任與大

身爲地球上最具主宰力的生物，既然我們的能力足以改變自己、其他生物與地球生態，那麼，我們就必須肩負起保衛地球的責任，這就是所謂能力愈強，責任愈大。

但是，**到底什麼叫責任？要肩負的責任有多大？人類眞的有保衛地球的責任嗎？**以及，**我們眞的有在負責嗎？**

只要是同爲地球上的一員，對地球資源有所貢獻，同時也有索取的生物，基本上都正在履行自己的責任，不管這份責任是大是小。

有時候，當單一生物的能力重要性大到一個程度時，針對其能力的責任就隨之而來了，比如植物、藻類與一些能夠行光合作用的菌類，他們貢獻了地球上絕大部分的氧氣，這些生物的存亡影響到的不只是植物與藻類自身，而是全球對氧氣賴以維生的生物們，包括人類，隨著地球上生物的演化，這些行使光合作用的生物們便負擔起了幫助地球生物的重責大任。

那麼人類呢？對地球來說，我們的價值何在？

對我來說，人類不如同植物或藻類那樣地對地球帶來那麼明確與直接的重大貢獻，人類目前為止多半的時間都用在索取、消耗、利用，以此來養活自己的族群以及開發人類文明，從地球的演化來看，我們就是個專注在自身的自私生物，若是人類真的照料地球或是關懷土地及其他生物，常常是基於商業利益或是當人類的健康也面臨威脅時才會有所動作。

但同樣的，人類就是能力強大到足以毀滅那些善待地球的生物，因此，我們有責任管理與約束好自己，若是長期經營這片土地，必須維護生態平衡與多樣性，否則，人類就等於是地球上的毒瘤而已。

話說回來，既然人類的責任重大，我們有願意履行責任嗎？我們有在負責任嗎？老實講，以目前的人類自私程度來看，我認為人類還沒真正覺醒。

所謂**「覺醒」**，意思就是願意犧牲目前的成就，瞭解自己的自私，了解到地球上萬物存在的可貴，尊重自然界帶給我們的資源與財富，甚至是重新審視「財富」的定義，透過歷史教訓，以及對生命的認知，去思考對人類及地球最好的「方向」，這是個不容易探討的議題，但卻是人類需要面對的。

所以就這樣看下來，人類還沒真正意識到生命的可貴，意思就是還沒真正知道負責任的重要性與其意義，人們目前之所以會特別偏好某些植物，大量種植，多半是因為其經濟效果，可以成為糧

食或是製成藥品等等，動物也一樣，人們大量養殖可以販售的牲口，經濟利益較小的生物就容易被忽略，甚至滅亡也無人問津，人們影響自然界的生態平衡，不夠尊重其他生物，也不夠重視人類自身能帶來的影響，這就是對地球不夠負責任的證明。

少數人們已經開啟了認知，但是這沒有用，這需要喚起全體人類的共鳴，讓各地區掌權的實體協助帶來改變。

到目前爲止，所謂的「改變」聽起來還是挺虛的，可能是因爲我自己心中也還沒有個答案，到底可以從哪些地方帶來影響？如何讓人們意識到自己的能力有多強大，可以帶來多大的影響？又應該朝哪個方向走？也有可能我不夠資格告訴人們怎麼做，那也罷，不過，點出事情，將本書的角度讓世人們知道，可能就是屬於我的那份責任吧。

人類的覺醒

若要帶來改變，並利用人類所擁有的「強大」去撼動現有社會的認知與體制，以面對身爲人對地球的責任，要做到覺醒，覺醒的方向循序漸進，分爲四個階段，分別是對自我的覺醒、對生命的覺醒、對現有制度的覺醒，以及對認知的覺醒。

或許每個人對於覺醒後得到的認知不同，畢竟那是個人內心裡的聲音，但本書希望能能讓人們了解到，爲何應該對「強大」負責，以及覺醒後能開啟的「新強大」。

首先是對**自我的覺醒**，自我是指人類本身，第一步要**認清人類的自私**，自私就是以自己的利益爲優先，進而忽略其他人、事、物的利益，這是天性，難以去說其對錯，甚至屬於合理，但人們必須知道，在忽略其他事物的利益時，很容易因爲那些被剝奪或傷害利益者的後續結局，反過頭來影響到自己以爲美好的果實。

最簡單的例子，爲了快速大量的生產現代人所需物品，有的工廠黑煙不停排放，最後導致當地人不戴口罩出門都不行，這就是拿自己的健康去滿足他人的物質慾望。

而人類的可貴之處在於，我們能夠認知到自己曾出現自私的行爲，我們也知道這樣的行爲在傷害其他生命時，也會反撲到自己，因此就能進行下一步的覺醒。

再來就是**對生命的覺醒，每一個人的生命都是獨特且可貴的，而且人人擁有去創造的自由與想像，每一個人類的生命都有能力對地球帶來改變**。

除此之外，生命中除了自我（人類），世間上被定義爲生物的萬物也都是生命，地球上的生命歷經了前面幾次的大滅絕後，演變成了如今的和諧樣貌，各個不同的生命體在自己的生態系中成長與活著，**生態系中的生命彼此需要互相尊重，生態系與生態系之間的關係亦同**。

生命之間不管是競爭關係、食性關係、共生關係、寄生關係，自然有個平衡之道以維持生態系的健全，因此，當人類對生命覺醒，便能控制貪念與慾望，並對地球上的生命表達尊重，不過度取用資源與傷害生命。

而我的論點並不是說因爲生命可貴，所以永不殺生，我個人也沒有那麼的高的境界，在房裡遇到蟑螂，或是被蚊子吸血時，我也會希望他們消失在我眼前，講到這裡，想嘆口氣，這世界眞是矛盾，可能我自己也不夠理解對生命的覺醒。

對生命有了新的體悟後，下一步是**對現有制度的覺醒**，雖然以現代的人類史來講，不管是科技與思想都比以往更快速的變動，進而不斷影響社會運作的制度，但一般而言，一個人從出生就被父

母與教育者灌輸了他們餵給你的資訊與思維，這些被灌輸的思維很容易被視爲這世界運作的唯一法則，尤其是在涉世未深的時候，因此小孩子或年輕人比較容易被塑形，而較具年紀的人比較有累積的習慣性思維與角度。

在同一個文化與法治的氛圍下，人們容易就這麼相信自己一直以來遵守的定律，以及不喜歡跳出待習慣的框框，甚至認爲跳出框架，抱有不同角度與思維的人很怪異，甚至稱這些人「不守規矩」，**唯有以更高的視野來看待眼前的事物，才更容易幫助人覺醒，打破思維框架，並對現有制度質疑。**

人們需要做的，就是提出疑問，質疑目前事情的做法，儘管做法已經看似完美，仍有提出質疑的空間，例如法律條文，爲何某些行爲視爲非法，有的則不？爲何有的法律形同虛設，大家可以視若無睹？爲何有些被定罪的犯人可以利用金錢逃脫罰則？或是生活日常的習慣，爲何一天要吃三餐？爲何一週要工作這麼多天？爲何人可以拿紙鈔或是網路銀行裡那幾個數字換到各自想要的物質？教育亦同，爲何台灣的學生在學校要花大量的時間記起過去的歷史？爲何會有體育老師把上課時間借給數學老師？

在生活上的每一個領域都有太多值得令人質疑的點，但是當音量不大，或是現有體制不歡迎有人激起浪花時，提出質疑的人反而有可能被絕對多數排擠，這就是現實，然而，**眼前的現實，不永遠一定是對的，而且除了提出質疑，社會需要的，還包括更好的解決辦法。**

最後，便是**對認知的覺醒**，在對現有體制有了大量的質疑後，你會發現有許多的漏洞、模糊地帶、僵固、不解，甚至是錯誤，在這一刻你會知道許多事物存在假像，或是像個泡泡，隨時等待被戳破，例如有毒的情侶關係、名聲、財富、信仰等等，你能夠思考甚麼才是眞正對你人生所重要的。

更可悲的是，有些人類花時間從事的行爲，對人類無意義也無帶來幫助，例如「談論他人的八卦」，既浪費時間，也跟你的生活毫無關聯，也可能經由言語在背後傷人，更不能爲社會帶來產值。

有了對認知的覺醒，人看待世界的思維與價值觀會來個大翻轉，既有的認知成爲浮雲，你已不再被單一思維綁住，你達到眞正的「自由」。

實踐改變

若是以覺醒的思維來面對人生，並善用人類的強大，帶來眞正的改變，應該要如何做起呢？可以來想想有哪些強大的能力該被好好利用？該怎麼利用這些能力？這些能力又應該運用在哪裡或是誰身上？

在覺醒的世界中，需要的能力包括**自我反思、相信自己、對生命的尊重、提出質疑與解決方案，以及駕馭自由**。

就從**「自我反思」**這項能力講起，在前段人類的覺醒已經大概提到過對自我覺醒的意義，不過，並不容易眞正讓自己具備如此覺醒後的能力，以及對這樣的能力運用自如。

最簡單讓自己獲得自我反思這項能力的方法，就是親自品嘗自己種的果實。

還記得在小學五、六年級的時候，班上有位男同學講話比較不會顧慮別人的感受，很直接的就會講出讓人不舒服的言語，或是使用令人不悅的表達方式，或許這位男同學沒有惡意，但是他沒有自我察覺到，或是不在乎有沒有察覺到自己的言行能夠傷害到人，因此某次一群朋友在聊天決定事情時，對方剛好向我詢問事情，我逮到了一次機會教育的時刻，我特意向他說：「你知道如果我是你，我會怎麼回嗎？」，接下來我就學他說話的語氣回應他，得到的反應是他的沉默，從那天起，我再也沒感受到他使用一樣的方式向我說話，這就是一次獲得自我反思能力的時刻。

而這樣的自我品嘗，天天在人類世界上演，人類就是所謂的「不見棺材不掉淚」性格，要受到自己行爲的反撲後，才願意反思，並實踐改變。

要獲得這項能力不難，但還需要運用自如，而且總不能每次都得到反撲時，才開始改變，人們要從錯誤中學習，並提早在惡果發生前就自我察覺，自我省思，提前改變，若人人都能做到這樣的境界，是不是世界上能夠少一些駭人聽聞的案例呢？

人們可以試著練習，或是透過想像力，以如同對待他人、社會、其他生命的態度、方式來對待自己，來體會其他人、事、物的心境，然而，許多人可能已經習慣既有的待人方式，難以察覺到自己的言行有何異樣，因此，人們還需要假想自己站在對方的立場，再用同樣的方式來對待自己，感受必定不同。

舉個例子，如果今天你是海龜，你會希望人類把大量塑膠垃圾流進海裡，並棄之不顧嗎？其實想一遍就懂了。

再來是**「相信自己」**，相信自己的強大，相信自己的能力，以及相信自己生命的重要。

換句話說，就是擁有自信，當取得「高度自信」這項能力，你幾乎是無所畏懼，在你對自己的認知中，很少有達不到的事情，然而，並非每個人天生都具備這樣的特質，除了有先天上基因的元素，後天環境也具備很大的影響力。

在後天的環境裡，可以透過設定目標與達成的過程，提升「相信自己」的這項能力，當過程與目標愈困難，達成後的效果變更強大，而每個人具備強大的領域並不一定相同，這很大一部分會被先天的基因所影響，因此，當在自己能掌握的領域中成長茁壯時，「相信自己」程度會很高。

不過，若是可以在非擅長的領域有所突破，習得並領悟新技能，你則擁有跨領域的經驗與能力，其換來的自信更是強大。

當不斷的在不同領域間突破時，人便會知道這世上沒有值得畏懼的事物，只需要坦然面對，剩下的就交給面對後的自己即可。

然而在運用「相信自己」這項能力時，需要做到的反而並不是完全交給自信的自己，而是需要再加入另一個元素使自己更強大，那便是「謙遜、謙虛、謙卑」。

絕佳的自信是把雙刃劍，在開疆闢土的同時，容易因爲自滿而被蒙蔽雙眼，忽視了自身的弱勢，也看輕其他的強者，如此以來，儘管有閃亮的光芒在自身周圍，這樣的光芒也難以帶來光明與溫暖，只可能因爲過亮而傷到他人雙眼。

因此，自信與謙遜雙管齊下的發揮，能幫助人獲得更多、學習更多、變得更強，同時也能夠聚人心，使人信服你的能力，甚至是追隨您一起開疆闢土，你需要做的就是傳遞出好的、有益的價值，利用自身能夠帶來正向改變的態度去影響世界，這世界會因你更容易變得美好。

另一項經由對生命的覺醒後獲得的能力——「尊重生命」，在前面的部分提到了尊重生命的意義，在控制慾望的同時，對各個生命表示尊重，能夠換得生態平衡，這樣的行爲對人類來說，是利他又利己。

要習得「尊重生命」的價值觀，最快速與簡單的方式，就是從尊重另一個人類做起。在與另一

位生命互動的過程，有歡樂、爭執、合作、競爭等等不同的氛圍與角色切換，能幫助你不斷的換位思考，在這樣的互動下學習到的尊重，奠定了人們尊重其他生命的基礎。

當然，事實上不會因爲你尊重了其他人類，你對其他生命也能保持同等的尊重，這需要家庭、學校與社會的教育著手，「教育」對人類的價值觀帶來不可忽視的影響力，不管是教科書上、長者的以身作則、或是帶領學習者進入大自然、飼養不同種類的動植物，都深深的影響了一個人如何對生命展現尊重。

對生命的尊重常常需要與人類的利益與私慾抗衡，人類爲了自身的發展，常常需要面對兩難，是要滿足自身利益，還是要兼顧環境的永續，有時難以兼得，無法兩全其美，此時必定有一方需要做出犧牲，但也就是在這樣的時刻，更看出對生命尊重的重要性，以及人類實際上能多大的滿足承諾，這需要人們的智慧與遠見來看待。

世界的進步，不止在於遵守現有的最佳規範，而是在於針對問題、制度、認知提出質疑，甚至帶來更好的解決方案，因此，**「質疑與提供解決方案」**是另一項覺醒者就算身處在框架內，還能夠具備的能力。

要在一個大衆都遵守同一規矩與抱持相同視角的世界中，保持自我，並質疑現況，不是難事，人人都可做到，尤其是幼童，幼童對世界充滿好奇心，每一個第一次接觸的事物都是未知，同時也充滿疑問，對他們來說，生活處處可被質疑，但若是身處在認知疲乏的成人世界中，就沒那麼容易了。

對於成人來說，要保持質疑的心，可以試著暫時遠離安逸，安逸的生活使人舒適，舒適的環境會讓人想要久待，同時也會減少質疑，甚至是針對問題的解決方案，漸漸的，人們就如同被困在魚缸中而不自知的魚，直到死去，也難以有機會發揮自身強大的能力。

因此，相對於安逸者，生活中處處是壓力的人，或是被某種有形或無形的力量所壓迫到的人，更容易提出質疑，因爲他們不喜歡當前的狀態，他們想要改變，只爲了得到更好的事物或未來，要改變，解決方案也就跟著隨之而來了。

此處並不是在說只有給予自己壓力的人才有辦法提出質疑與解決辦法，而是從客觀的角度來分析這樣的現象，若要提出質疑，當然是因爲可能有更好的做事方法及結果，爲了更好的未來，就必須心存懷疑。

當然，最好的結果不一定達得成，若是已經達到階段性的目標，改而選擇安逸也是人之常情，畢竟身爲人類與身爲可貴的生命，何必搞得自己長期處在壓力與質疑之中，所以後續的階段性任務，就交給後世接著繼續完成，將使命不斷延續與調整。

最後的覺醒能力——**「駕馭自由」**，其境界是達到內心眞正的自由，不被眼前的畫面與思想控制，擁有絕佳的自我思辨能力，而且難以被外在的誘因與情緒影響自我判決，要獲得這樣的能力，其關鍵在於**「知死」**。

一個知道自己總有一天會死的人，最難以將之困住，因爲沒有什麼事情能比「死亡」更能將人囚禁，在這樣的前提下，現有的一切框架都是虛無或是浮動的，在有限的生命下，人只需要追尋對自己最重要的事情，其他的聲音與規範，都能被轉化爲稍縱卽逝的風，一切無關緊要的事物都如同隱形的存在，不需進到腦中。

而這樣的能力，在運用上就必須小心了，因爲「絕對的自由」，與「絕對的自私」，其實相去不遠，因此，能夠「駕馭」自由來得更加可貴，在追尋內心自我的同時，還能顧及其他人與生命的

感受，能屈能伸，才是眞正的駕馭。

對於駕馭自由者來說，他們理解自己要的是甚麼，會朝心之所向前行，對於地球來說，這些人懂得分辨善惡，理解地球環境與生命正遭逢的困境，或許他們不會主動出擊相救，又或許是能力上的不足，盡管如此，他們不會被利益所惑，而做出傷害生命的行爲，這就算是做到了對地球的責任。

第三章、自由與秩序

人生而自由

假想人類的社會還沒有建立對你、我的法律規範、道德約束、宗教約束等等使人不逾越某些事物的有形與無形之力量，我們擁有絕對的自由，這種自由經過多年的文明發展，已經客觀上的不被許可，因爲絕對的自由，會干涉到他人的自由，以及帶來一切的混亂，所以，盡管人生而自由，前面提到的「假想」其實就先不用想了。

不過就算沒有絕對的自由，在符合「常理」之下的行爲，都應視爲人生下來便無條件應該被賦予的權力與自由，身爲一個可貴的生命，在難以想像的機運下我們演化至今，經過一代又一代的繁衍，人人都是在其有限的生命內發揮價值與追尋目標，其所需要的力量，就是隨時隨地跟隨於你的那份「自由」。

接下來就以「思想」、「言論」、「行動」、「創造」與「選擇」等五種面相來詮釋人類所具備的自由。

思想之自由

在自我的腦袋中，可以實現超越前面提及的絕對的自由，不但無拘無束，甚至能在自我的想像中無所不能，而且無人可以剝奪、進入、竄改，不管外在的言論及行爲呈現出何種樣貌，在我們的內心世界中，能激盪出無限種可能，這就是思想的自由。

思想自由是一個人對自身擁有的最大掌控，沒有人有權力與能力去控制另外一個人的思想，若是有人希望能動搖、改變、控制你的想法，代表著對方心中有恐懼與不安，這個人或組織擔憂有人想法不一致，不一致的思想會擴散，引發不和諧，會破壞平衡，一連串的不可控連鎖反應都可能因爲一個小小的想法而引起，被引起的浪花不管是好是壞，都證明了思想的強大，也能被利用成武器，或許是自己最強的利器，也或許是被利用的工具。

思想自由的重要性與可貴之處在於**思考的角度與格局**，其能影響到一個人的一生，有句話是這麼說的「Fake it till you make it.」，意思換句話說就是，當你假裝及說服自己能夠做到某件事情，久而久之，你就能成爲你想要的樣子，這並不是一句負面的話，而是利用自己的腦袋來成功的方式，因此好好的善用自己的腦袋，成爲了人一生要學習與注意的學問。

所以說呢，自由的思想能夠做到甚麼？能夠達到多少不可思議的境界？

同一件事情，你可以選擇用不同的角度切入與詮釋，因此能創造出多種可能性跟解答，之前看到過某個小孩在學校的回家作業是看圖說故事，要根據圖中的情境去發想與推斷發生的事情，有個家長把跟小孩一起寫題目的過程拍下來發布到網上，在影片中，兒子講出的劇情發展總是讓人意想不到，富有創意，很明顯與有較多生活經驗的人思爲不同，然而，幼童的父親卻是求好心切的告訴兒子劇情「應該」是怎麼走，並認爲兒子的想像不妥，硬是要改正他的邏輯。

在我看來這是非常可惜的舉動，多此一舉，大人會無意間的使用自己僵化的思維去限制孩了的創意，不知不覺扼殺掉了創新思維。

自由的腦袋，創造了現今的人類社會，在不同時空背景之下的腦力激盪，不管是個人的自我思考，或是與他人的辯駁及交流，引起了許許多多的質疑，不管是對社會制度、環境保護、人生觀、

金錢觀，生活中大大小小的問題、解方與進步，都是因為自由的思想而來，就包括此時你閱讀的這本書，也是多虧了作者這顆小腦袋，才能將腦中的想法轉化為一句又一句的文字，並將內容分享給讀者。

那麼，要如何將自由的思想發揮其價值呢？不管想法多麼天馬行空，又或是多麼縝密的思維布局，都比不上付諸行動，不管是說出口，或是實際的呈現出與思維呼應的行為，都是將想法化為現實的第一步，而這些實際行動的幕後推手，就是擁有自由的思維。

言論之自由

正常情況下，人人的臉上都有一張自主掌控的嘴，在有了自由的思想前提下，你擁有暢所欲言的能力，不管是理性分析、具攻擊性的言語、諷刺性的言語、抱怨、平淡無奇的話語、讚美等等，你都有絕對的表達自由，同時也擁有絕對的緘默自由，沒有人有權力與能力能控制另一個人的思想及言論，只有你能主宰自己，換句話說，自己也得為自己說出的話負責任。

論言論自由的重要性及可貴，經歷過戒嚴時期的人，或是身處在極權或專制國家的人民是最為清楚的。在被不合理的法律控制之地區，人民沒辦法公開表達對政府的不滿，因為政府希望全國人民只有一種聲音，就是支持政府的聲音，政府的政策必須被服從，你尚有絕對的自由表達言論的能力，但是，在這種被控制的時空背景之下，沒辦法保障你言論表達後的自由，有異議的人可能會被懲處、有警察找上門、被限制金錢或人身自由，或甚至再也沒有親友能見到這些自由表達言論的自由追隨者們。

台灣就是曾經經歷了這段歷史的地方，在戒嚴時期，人人擔憂自己的言行觸犯法律，甚至還要擔憂有人舉報，這段期間又被稱作「白色恐怖」，許多無辜的人民在白色恐怖時期被冠上莫須有的罪名，坐了冤獄，甚至失去生命，這一切只爲了鞏固當時政府權威，幸運的是，台灣這樣傷害生命與自由的日子已經過去，而沒有經歷過這段日子的朋友們，是很難體會所謂的「恐怖」的，也因爲曾有過這樣的時期，使得台灣人民更珍惜現在的民主與自由，雖然目前的體制不一定最好的體制，尚有許多可以更好的地方。

言語的力量，可以比刀劍還利，也能看比陽光的溫暖，要如何使用言語，端看人的智慧，也因爲言語的力量在加總後能有如千萬斤重，才會導致害怕某些聲音的人或組織會千方百計的想要打壓，就怕這無形的力量帶來他們不希望看見的結果。

有智慧的言語，在生活中任何場合都適用，與家人之間的溝通，與父母及孩童的言語使用需要注意言詞與語氣的差別；在學校，老師可以選擇把學生批評的有如「孺子不可教也」，也可以循循善誘，試著找出學生的長處；在公司，管理者可以滿嘴批評抱怨團隊的表現不如預期，也可以用激勵的方式帶領大家往前；在情侶或夫妻的相處之間，可以選擇用一句話摧毀對方的耐心，也可以選擇耐心溝通，好好的說明事情。

言語可以造就文明，也可以摧毀事物，其力量不但不可忽視，也需要被認眞的管理。

表達言語的智慧，並非一朝一夕才能領悟，人人都擁有那張自由的嘴，但什麼話在什麼場合該說？什麼不該說？什麼話應該修飾後說？就是人需要控制的地方，我們都喜歡自由，感覺無拘無束，但同時我們也知道，自由並不是無限被利用，而是需要有智慧的運用，有人說「三年學說話，一生學閉嘴」，當你領悟了，才是眞正的在言論自由之間暢遊。

言論自由的眞諦在於，卽使我反對你所說的一切，但我會盡最大努力去確保你擁有說出這一切的自由，身爲一個幸運的人類，你也這樣認爲嗎？

行動之自由

除了嘴巴，人類還演化出了兩隻手與兩隻腳，除了言語的力量，雙手和雙腳讓我們有辦法實踐更多事情，雙手可以用來創造、破壞與修復，而雙腳讓人類可以踏遍天下，身爲一個地球人，我們擁有控制自己身體與行動的自由，我們能在平地過日子，能潛入海裡探索，也能打造出飛行工具在天空遨遊，我們不必限制自己的活動範圍，只要意志夠堅定，在能力所及範圍，你幾乎能抵達世上任何一個角落。

基本上，不應該有人有能力與權力去限制一個人的人身自由，但在目前世上對於破壞社會規矩者的處罰方式，其中主流的做法之一就是關進監牢裡，利用剝奪行動自由的方式來懲戒犯罪者，以確保社會安全。

身爲一個生來自由的人類，若是被剝奪了行動自由，那麼當人類其意義何在呢？因此，對於合理的法律規範，沒有必要去挑戰它，以免損及自己的利益，不過，若是秉持著「惡法非法」的觀念去衝撞體制而被剝奪自由，這些衝撞者需被視爲生命與人權鬥士，有了這些鬥士，才能換得更自由平等的社會。

以生理上來看，相對於思想與言論的自由程度，行動自由的能力有限，不一定能實踐任何腦中的靈感與天馬行空，而且這份行動自由，會隨著年齡的成長而有能力上的變化，從嬰孩時期一直到少年與少女，再到壯年，身體的能力不斷成長，這段期間的身體擁有最好的力量、爆發力與彈性，有辦法從事較高難度的動作與挑戰，然而在漸漸步入老年後，這份行動的自由就由不得你控制了，這時候就是由內心去聆聽身體，並可能得因爲年邁的身理現象而向行動自由妥協了。

以人的意志與權力來看，在許多國家，當你在法律上成爲完全行爲能力人時，你完全對自己的行爲負責，並在不妨礙他人利益的情況下，這個世界，就是你的世界，只要能力所及，你可以選擇在不同的城市與國家工作與生活。

你可以在身體生病無力的時候到健身房做重量訓練，因爲身體是屬於你的，要如何使用是你的自由。

你也能在天氣絕佳的時刻，在最適合出們享受乾淨空氣與陽光的時候，反而窩在家裡看電視，沒有人有權力幫你的行動做決定，你完全爲自己的行動負責任。

除此之外，再負面與極端的思維角度也一樣，我們不鼓勵任何形式的犯罪，也不認同任何人有權力去傷害他人的生命財產安全，但是，身爲一個自由的人類，你擁有破壞的能力，你的自由，是有辦法做到對他人的攻擊的，但必須爲自己的行爲負責任，並接受懲罰。

你有辦法隨地丟菸蒂，因爲你就是有能力做到，就算會影響市容，就算會被檢舉，被處罰，人們還是想盡自己亂丟菸蒂的自由，看看台灣的街道就知道了。

你甚至也擁有酒後駕駛的自由，就算可能因爲無法專注開車而導致家破人亡，就算會造成破壞與傷亡，並面臨罰則，在你決定酒後駕駛時，若是身旁沒人阻止，你還是有辦法做到，這就是人類所擁有的行動之自由。

從上述的內容來看，本書認同人類在相對於思想與言論之下，具備受限制但又能力極大的行動

自由，而這份自由需要受到合理的管控，若是濫用自由而導致他人受到傷害，是完全不被認同與許可的。

創造之自由

人類擁有創造或創作之自由，讓腦中的想法、思想與想像等虛無的東西具體化，經人口中講出的話語、詩詞、歌曲，或是經人手寫出的文章、雕刻出的藝術、紙筆畫出的風景、磚瓦蓋出的房子、剪刀剪出的髮型、創新的商業企劃、手機裡運算的晶片、用來攻擊人的砲彈、治癒疾病的藥物等等，都是因爲有了自由的思想而出現的創造，人活在這個世界上，擁有無窮的潛力，並能夠利用這股潛力不斷的將許許多多的不可能化爲現實。

若是今日有法律禁止人類自由將腦中的想法具象化，將手不合理的伸入人類的創作思想，逼迫世界只有同一種說話方式、同一種曲風、同一種表達思想的方式、同一種藝術風格、同一種建造房子的方法、同一種髮型、同一種賺錢方法、同一種科技的演進過程、針對某個疾病只有一種治療方式，這個世界會變得如何？

上述當然是極端的說法，但其實世界上部分地區正發生著壓抑表達與創造的現象，而人民面對這樣的情況，有的人只能表面上認同，有的人卻是認爲一切所被要求的事物皆是合理、皆是對人民有好處的，關於這點就需由各地區當地的人民自行想想與領悟了。

每個人有權力與自由去相信自己想相信的，而以本書的角度來看，**不應該因爲難以撼動某些不合理的現象，就說服自己來合理化過分的要求。**

創造之自由的意義，就如同維持生物多樣性，人類若是偏好種植某些經濟植物，或是只養殖具有經濟效益的動物來販售，並隨意獵捕陸、海、空各領域的動物，不在乎物種的存亡，那麼生物多樣性將降至最低，生態系統的關係也將瓦解，將這樣的概念放到創造自由上，若是掌權者偏好某一種聲音，只允許少數的事物與創意存在，其他的事物不准搬上檯面被曝光，那麼，在這樣社會之下長大的人民將失去色彩。

有了創意與創造的多樣性，才有不斷的驚奇與突破，也才有競爭跟進步。

而本書眞正強調的創造之自由，並不只是指在某一國家或地區的人民應該被法律保護的創作自由，而是身爲一個人類，我們能集結自己的想法與雙手，去創造與供給，不只是索取與要求。

我們眼前的一切，都是透過前人創造而來，包括你每天走進去的公司，它們並不是因爲你需要一份工作才存在，而是創辦人出於利益、熱情、眼光與理想等不同的原因而開啟的一份事業，這些人不確定會在市場中生存還是失敗，但是他們善用創造的自由與過人的勇氣，做出了不同於常人的決定。

換言之，或許時代不同，機運也不同，但是不只是那些公司創辦人能創造工作讓其他人來上班，你也有能力以相同或不同的形式創造出令人讚嘆的事物。

你需要做的，就是珍惜身爲人的機會，並相信自己，別太爲了他人的言語而影響自己，你是爲了自己而活，還是爲了他人而活呢？這點因人而異，但若是不想放過機會，並創造自己想要的人生，那就想想「何謂自由」，當你悟出了屬於自己的定義，你便能理解世界有多麼開闊。

選擇之自由

就如同多元宇宙的概念一樣，任何一個思維，其所導致的決定，都會是一條全新的故事線，意味著面臨同一件事情時，不一定只有一種做法，不同的處事方式也會導致有不同的結果產生。

身為一個人類，我們擁有選擇的自由，能夠以不同的角度來看待同一件事情，可以在內心糾結，也可以大而化之；在發表言論時，就算面對眞實，我們也有能力選擇說出實情、修飾說詞，甚至是隱瞞，人類做得到「想的跟說的不一樣」；除此之外，人類還能做到「想的跟做的不一樣」或是「說的跟做的不一樣」，這就是我們擁有的選擇之自由。

然而，選擇的自由是受限的，打從一出生，你的初始命運就須視你的父母或家庭狀況而定，這點任何人都無從選擇，但是隨著人的思辨能力增強，人人都至少有兩種對於人生的選擇之自由。

從第一個角度來看，就如同思想、言論與行動般的自由一樣，有**無限個可能性**。

你可以選擇早餐吃健康又營養均衡的食物，也可以一大早就喝個爛醉；早上天一亮，你完全有自主的選擇能力決定要去上班還是請假，又或是辭職不做了；看到路邊發生搶劫案，你可以選擇自保，完全不介入，或是直接過去替天行道，證明正義與人性的光輝；上一秒你決定跟女友或男友分手，下一秒你也可以改變心意，甚至是跟對方結婚。

在不考慮後果的情況下，這個世界充滿著無限可能，你擁有無限個選擇契機。

第二種角度需視能力而定，除了人生起跑點會帶來差異之外，後天培育的能力與經驗，也決定了人生選擇的自由。

當理解的事物愈多或與透徹跟專業，你就擁有越多的機會，你能夠從事其他欠缺相關經驗與能力的人所不能做的事情，相對有挑戰性的事情，也意味著能獲得相對豐富的東西，這些東西包括財富、成就感、人生經歷與視野，這些得到的東西都可以幫助你再獲得更大的選擇自由，在這個壓力緊繃的社會之下，這些所獲得的東西，還能夠使你換得時間自由，當你可以自由的在剩下的人生時光裡選擇方向，你便能眞正體會甚麼叫成功。

這個世界充滿機會，除了那些已經存在的廣大被選擇事物，你也擁有選擇創造新事物的自由，因此不要輕易畫地自限，雖然每個人的背景與能力不同，但大家住在相同的世界，呼吸相同的空氣，腳踏同樣的土地，可以將目光由上往下以俯瞰的方式看待生活，其實眼前的事物只是一個微不足道的小里程碑，人需要珍惜選擇，珍惜自由，暢游人生的海洋，等眞正品嘗人生到膩了，再來當個木頭安靜度日也不遲。

然而，選擇機會多，但是人生很短暫，需要謹愼對待每一個決定，不濫用選擇之自由，人生由自己負責，每一個小決定都可能影響一個人未來好幾年，甚至幾十年的生活樣貌，因此要尊重自由與時間，在時間是固定的情況下，並沒有太多讓人後悔的機會。

以人生的小建議來看，人們可以結合前面提到的兩種對於人生的選擇之自由，在認知到有無限個可能性的同時，多方嘗試，並培養專業的能力與經驗，領域不設限，但需要專業，當你踏上了不同領域的高峰，你將擁有更多的選擇之自由。

萬物的秩序

人類生活中處處充滿規則與秩序，人類社會建立了許多的規範來控制自己的社會，包括無形的道德觀與有形的法律，人們也將這些規範習以爲常，比如馬路時需要遵守交通規範「綠燈行、紅燈停」，除此之外，有許多的事物的秩序已經被人類本能性的遵循，比如天亮了要起床做事，天黑了就該好好休息，這一切到底從何而來？世間萬物都遵循著這樣的秩序嗎？

或許一切都得從宇宙的秩序觀開始，由外而內講起。

宇宙的秩序觀

宇宙的秩序從何而來？這就要從宇宙的起源講起，至今爲止，科學家們還在努力研究宇宙的起源爲何，爲何會有今日的宇宙？所有的星系、暗物質、黑洞、恆星與行星等等宇宙內部的超大量物質到底是如何演變成今日的樣貌？他們彼此又是如何獨立與協調運作？這些事物好像蒙著一個神祕的面紗，讓人難以全盤理解。

科學家對於宇宙的起源還沒有一個完全肯定的答案，而最令大家熟悉與接受的理論就是大爆炸理論（Big Bang Theory），又或是被稱作大霹靂，這個理論在一九三一年由比利時的天主教神父兼數學家與天體物理學家Georges Lemaître提出，在大爆炸理論中，宇宙起源於一個體積極小，溫度與密度都趨近無限大的一個點，宇宙的能量與物質都被壓縮在這個無比小的點，而這個點稱作奇點（Singularity）。

而宇宙的形成，就是物質從奇點不斷的碰撞與擴張，形成出更多的質子、中子、原子，再由於引力作用，形成了一個個的恆星與星系，直到今天。

而這一切的論點，又是基於一九二九年由美國的Edwin Hubble提出的哈伯定律（Hubble's Law），哈伯定律說明了距離我們愈遠的星系，會以愈快的速度遠離我們，這不但說明了宇宙內距離與速度之間的關係，也證明了宇宙是處在擴張狀態的，這樣的論述提供了大爆炸理論的依據。

那麼，基於這一切論述與我們實際觀察到的現象，何謂宇宙的秩序呢？目前爲止，人類對於宇宙還有太多的不了解，甚至是目前已知的一切，或許將來都有可能被新的理論或發現推翻掉，不過，對渺小的人類來說，目前能夠所及的範圍太有限，就先以我們所知的宇宙來看待宇宙的秩序。

目前的宇宙，它安靜中帶著危險，美麗卻又很狂爆，在宇宙之中，無時無刻發生著出生與死亡，一個恆星的誕生，是由宇宙裡的大量的氦氣與氫氣等氣體與塵埃形成的分子雲爲元素所組成，這些元素經由引力與重力聚集在一起，除了匯聚而成的巨大且高溫的物質，還需要再經由一些外力的影響才有機會變成恆星，例如其它恆星在生命末期形成的超新星產生的爆炸，其影響造成分子雲與其他物質重力坍塌，造成密度更高且更高溫的反應，最後發生核融合效應，一顆恆星就差不多誕生了。

這麼一個恆星的誕生，也有可能催生出其他的行星與衛星，進而形成獨有的恆星與行星間的系統，如同我們所在的太陽系一樣，不同的行星環繞著系統裡唯一的一顆恆星公轉。

與此同時，宇宙的某一處可能正發生著恆星壽命到達尾聲，不同質量的恆星可能有不同的死亡方式，根據專家Heino Falcke與 örg Römer的文章所稱，有的恆星因爲能量即將耗盡、壓力降

低，便整個坍塌，直到最終滅亡；有的在壽命到達尾聲時，反而大量釋出能量，膨脹自己，進而吞噬周遭的星球；有的質量巨大的恆星在臨終時會將氣體與電漿噴出，製造出宇宙中那漂亮的星雲，最後恆心的核心會成爲一個體積如地球般大小的高密度發光體，直到最後死亡；而質量再大一點的恆星在爆炸死亡後，會變成中子星或黑洞。

不同等級的恆星會發出不同程度的熱與光芒，照亮周遭的星球，若是星球在形成時擁有最剛好的元素累積，以及保持跟恆星在適當的距離，再加上莫名的各種運氣與原因，那麼，就有生命誕生的機會。

又或者說，有的生命不需要光、熱和空氣也能生存在迷一般的宇宙中，生命的形式不會只有我們所理解的地球規則，地球上的規則對宇宙來說如同塵埃，在其他的地方，或許正有著更高等的生命在窺視著我們，而我們渾然未知。

有了宇宙中許多基礎且重要的元素與概念，才有上述一切的存在，包括重力、電磁效應、核力、空間與時間等等，這些元素分別都是宇宙存在的支柱，彼此之間也相互依存，許許多多的神祕力量使一切發生，這其中又充滿著疑問，宇宙的空間到底從何而來？我們所遵循的時間能夠倒轉嗎？若少了重力，宇宙的樣貌還會如現在這樣嗎？雖然有許多的未知，但宇宙正依循著自己的運作方式帶來創造、毀滅與再生，以及提供生命一個居住的場所。

太陽系的秩序觀

太陽系是地球的家，過去所謂的「太陽系九大行星」，從以前就存在人們的認知中，書本上或照片上呈現著每一個大小與顏色不同的星球，令人心中充滿激昂，這些太空中的事物令人覺得神祕又嚮往，這九大行星從距離太陽最近開始講起，包括水星、金星、地球、火星、木星、土星、天王星、海王星與冥王星，直到二〇〇六年的八月，冥王星被國際天文聯合會排除在九大行星的行列中，因此造成太陽系只有「八大行星」一說。

不夠，在二〇一六年，又有新的潛在行星被發現在太陽系中，發現者爲Konstantin Batygin與Michael E. Brown，目前爲止這個號稱新的第九顆行星還沒被正式實證，而從前面冥王星被除名的原因來看，我們就可以找到一絲所謂太陽系的秩序觀。

冥王星之所以被排除在原本的九大行星裡，是因爲它被聲稱沒有達到一個大行星所應該有的三項要求中的第三項。

這三個要求如下，第一，行星必須繞著恆星轉，而我們的恆星就是太陽；第二，行星本身的質量必須夠大到能因爲本身的重力而使自己成爲球狀；第三，它的質量必須夠大到能夠因爲重力的關係成爲其運行軌道的主宰，並清空軌道上的其他較小的物體。在冥王星的運行軌道中還有其他物體的軌道，意味著其質量與重力不具備絕對的主宰力，因此後來被歸類爲矮行星。

從冥王星的故事來看，太陽系間那些其他繞著太陽轉的行星們有其運作的共同點，八大行星雖然彼此相異甚大，不管是地形、氣候、溫度、重力、氣壓等等都差個十萬八千里，然而，包括地球在內的各個行星在其「母親」的孕育之下，形成了以太陽爲首的太陽系。

若是要講太陽系的秩序觀，便要從太陽的運作與各行星、小行星、矮行星、衛星、彗星與其他圍繞太陽運行的天體的形成與規律講起。

太陽於四十六億年前誕生，誕生之初的太陽還只是一團高速旋轉的氣體與塵埃，它們彼此受重

力影響而互相碰撞，並逐漸形成一個又密又熱的核心，其核心在氫氣與氦氣不斷的核融合反應之下產生出源源不絕的能量，多餘的氣體與塵埃就逐漸脫離太陽，形成行星與衛星等星球，建立起我們的太陽系。

包括地球在內的其他星球，根據距離太陽的不同遠近程度，接受著不同程度的光與熱，據科學家指出，我們的太陽目前正在生命旅程的一半，至少還有五十億年的壽命，並持續爲行星們帶來能量，也孕育著地球上所有的生物。

行星們受太陽的引力影響，以太陽爲中心公轉，不同的行星也以自己的速度自轉，以地球來說，其自轉一天是二十四小時，使地球上的生物擁有白天與黑夜，而地球的兩極受到自轉角度的傾斜影響，會有永晝與永夜的現象，而地球繞行太陽一圈的時間大概是三百六十五天，也就是一年。

太陽系中自轉最快與最慢的星球分別爲木星與金星，木星自轉一圈等於地球的9.9小時，而金星自轉一圈需要大約地球的兩百四十三天，而各個行星對太陽公轉所需要的時間就比較好判斷了，距離太陽最近的水星，其公轉一圈的時間爲相對於地球的八十八天，爲太陽系中公轉時間最短的行星，而公轉最久的行星，非海王星莫屬，它需要相對於地球的一百六十五年才有辦法完成對太陽的繞行。

除了行星對太陽的公轉之外，許多的行星身旁也有較小的衛星對其公轉，例如地球與月球的關係，地球與月球互相受引力影響，也因爲月球引力的關係，導致地球的汪洋大海能掀起驚滔駭浪，也深深影響地球生態與人類行爲。

不只是地球與月球的關係，其他七大行星之中，只有水星與金星身旁沒有衛星的環繞，根據NASA於二〇二三年四月分的資料來看，火星的衛星數量比地球多一顆，木星爲擁有最多衛星的行星，目前已經發現的足足有九十五顆，而土星居於次位，擁有八十三顆位星，天王星有二十七顆，海王星有十四顆，而後來被歸類爲矮行星的冥王星也擁有五個衛星在環繞它。

在太陽系之中，以太陽爲核心來運作的物體與現象，不只是行星，也包括會週期性來到太陽附近拜訪的彗星，彗星的存在也與太陽的形成有很大的關係，就如同行星與衛星一樣，經由太陽形成之初的旋轉而產生，不過其質量就相對小得多了，根據NASA於二〇二三年四月的資料顯示，目前已知的彗星數量有將近三千八百六十五個，不過據估計，太陽系所存在的彗星數量可能達到數十億顆以上。

除了星球與定期來訪的彗星，太陽系中還有知名的小型星帶（Asteroid Belt）、古柏帶（Kuiper Belt）與歐特雲（Oort Cloud），這些帶與雲，分布在太陽系的三個區域，分別由一些大量且體積小的天體、碎石、金屬物質與冰涷物體所組成，並且對著太陽環繞。

小行星帶位在火星與木星之間，而古柏帶就位在海往星以外了，周期較短的彗星較多是來自這裡，其中這裡也是冥王星的所在地，再來是歐特雲，距離古柏帶又再更加偏遠的位置，每一個在這個區間的物體，距離彼此可以來到一光年的距離。

簡單來說，太陽的存在，孕育了整個太陽系的家庭成員，不只是創造了整個系統，甚至是系統成員本身的系統，例如地球內部豐富的生態系統與生命，每一個肉眼可見的生命中，又存在更細小的細菌或病毒生態，意思就是說，若是太陽是地球的母親，地球的生物生態係就是太陽的子子孫孫。

而讓人覺得奧妙的地方是，儘管太陽系已經有如此豐富的系統生態，其實，整個太陽係以太陽爲中心點，也正對著更大的銀河系的中心環繞，那又是另一個令人讚嘆的故事了。

地球的秩序觀

從宇宙的觀點，到太陽系的觀點，現在看回人類所居住的星球——地球。

地球大約在四十五至四十六億年前誕生，誕生之初的地球，跟今日完全無法同日而語，當時的地球，完全不像個適合目前生物居住的場所，並且不斷受到小行星與其他物體的撞擊，整個地球處在一個熔融的狀態，經過幾億年的時間慢慢冷卻的過程中，較重的物質往下沉，輕的物質則堆積在較上層，形成了地球由內而外的地核、地函與地殼的構造。

冷卻之初的地球，充斥著甲烷、氨、水蒸氣、二氧化碳與氫氣等氣體，而海洋的形成也與這些氣體有著重要的關連與影響。

根據研究與假說，最主流的兩種海洋形成方式有兩個，一種說法由NASA認定爲最被接受的說法，也就是在早期隕石與彗星等其他天體不斷撞擊地球時，也攜帶了冰或水，爲海洋帶來了早期水資源，除此之外，另一種說法是由地球內部自己提供的水資源，也就是透過火山噴發時一起被帶到地球表現的水蒸氣，慢慢地形成了初始的海洋樣貌，海洋的形成，吸收了包括二氧化碳在內的其他氣體，同時降低了當時大氣中的二氧化碳濃度。

海洋的形成，緊接著帶來的就是生命的起源，最初的地球生命估計在三十五至四十億年前誕生，他們只是極爲簡單的原核生物，這樣的生物甚至沒有細胞核，而且他們能夠在沒有氧氣的環境下維生，只靠一些化學合成作用維生，直到他們發展出影響地球生物未來幾十億年發展的「光合作用」。

所謂的光合作用，就是生物利葉綠體與光能來轉化水與二氧化碳，以此產生其他的有機物質，並儲存下來，利用這些物質來成長與繁衍，而氧氣就是在這樣的過程中被產出的附帶物。

第一個被認爲能行光合作用的生物誕生於大約三十五億年前，至今仍存在於地球，它便是藍綠藻，或稱藍綠菌，也在光合作用的盛行之下，孕育出了需要靠氧氣維生的地球生態系統，直到今日，包括人類在內的許多生物都需要氧氣才得以生存，很顯然的，並非所有的生物都具備光合作用的能力，因此我們需要這些植物、藻類、與菌類的存在以維持多數的地球生命。

不僅如此，生物鏈的形成，也將那些因爲光合作用被轉化出的能量，一階又一階地在不同的生物間傳遞，換句話說，光合作用造就了今日世界。

生命的出現，使這顆星球與衆不同，從原核生物發展到眞核生物，單細胞生物發展到多細胞生物，地球上的生物越趨複雜，甚至能從從渺小的菌類，演化成恐龍那樣的巨大，地球上不同時期的生物，也各自在不同的區域與氣候下，演化出各自的樣貌，地下面上、高山上、海裡、湖中、溪水中與天空上，有各自的生物特徵與習性。

現在，許多遠古生物已經滅絕，無法再見到，但仍然能透過化石去見證歷史，生物的起源被多數人認爲是在海中繁衍而出，隨著大氣層的形成，生物漸漸地能在陸地上生存，因此水域裡的植物繁衍到了地面上，而陸地上也開始出現爬蟲類生物，以及長出翅膀在空中翱翔的生物。

數億年來，地球經過了許多次的生物大滅絕，這些論述包括隕石撞地球、火山大噴發、冰河時期、缺乏氧氣、氣候的改變，或是海平面的上升或下降，難以非常確定的找到一個答案，但可以知道的是，我們在地球的歷史上學到，凡事都會改變，地球能帶來生命，也能滅絕生命，只有適應力最強的物種最有機會生存。

雖然目前的世界看似由人類這樣的靈長類主宰，但在面對大自然的力量時，我們不堪一擊，我

們不知道在未來會有甚麼樣的大事件等待人類的智慧來化解。

地球上的生物過著一年三百六十五天的生活，在春、夏、秋、冬四季間轉換生活方式，不管是動物或植物，我們遵循著相似的秩序生活，呼吸著相同的空氣，看著同樣的夜，感受相同的陽光。

海洋孕育生命，生命再繁衍生命，植物安靜生長，提供生物居住所需要的養分、氧氣、建材與甚至藥材等等，而動物或人類也與之互利共生，昆蟲可以協助花草播種，鳥獸的排泄物也幫助擴大植物領地，而人類也依循著經濟利益，栽種較具利益的植物與動物，世上生物彼此分不開彼此，彼此的生活環環相扣，在互相利用的前提下各自茁壯。

不過，這樣的協調與和平，已經在短時間內受到人類的破壞與改變，這需要有智慧的人們合作來維持地球之秩序。

人類如何建立秩序

渺小的人類，歷經地球億萬年的演變，在哺乳動物壯大後學會雙腳走路，並發展出更大的腦容量以處理更複雜的思考，時至今日，我們在許多方面已經超越其他生物許多，甚至足以改變整個地球生態，而人類又是如何在各自充滿私慾的人心之下維持秩序？我們做了哪些事情來幫助維持秩序呢？以及，人類爲何要維持秩序？

人類如何建立秩序——國家的角度

人類之所以需要秩序，是因爲希望有一個共同被遵守的有形或無形的規矩，目的在於達到更好的管理效果，也能夠避免不公，讓大家遵循同一個法則看待事物，同時形成凝聚力，當無視秩序或破壞秩序的人事物出現，便會有相對的機制來做出反應，以維持秩序。

回溯到國家的概念形成之前，世界上最早的文明出現在包括伊拉克一帶的兩河文明、印度與巴基斯坦、埃及、中國、祕魯與墨西哥等等，過去對於國家的概念不像今日那樣的有其定義，但是文明的產生，也表示他們各自擁有凝聚社會的默契與方式。

從部落、群體或國家的治理角度來看，人民之間往往會有統治者與被統治者，統治者維持秩序的方式不一定是合情合理，甚至是令人恐懼的，高壓的管制與一言堂的方式，是統治者最爲簡單的維持秩序方法，而世界上被認定最早的民主政府是西元前五百年的希臘，雖然當時的民主不如今日般的盛狀，例如當時的女人不被允許參與決策，不過，這也算是在人類文明幾千年的歷史中的一大步了。

以現代國家的角度來看，世上多數國家已經有較完善與人性的維持社會秩序之制度，以法治社會來看，國家有其內部制定法律的流程，從社會問題的發現、科技的進步與文化的改變等等要素的影響下，社會或國家會推選出具備提案與審定法律的代表，在其國家認證的流程下完成法律的制定，以維持秩序並解決問題，

而所有人民遵守正當程序下被制定的法律，以此爲生活依據。

不過，不同國家有不同的制定法律流程，可能是下對上，也可能是上對下的角度，所謂的下對

上，便是由人民的聲音匯聚而成，依照民意來評估法律的必要性與可行性，而上對下的作法，就偏向掌權者的決定，依照其偏好來維持其所認定的秩序應該要有的樣子。

要維持社會秩序，莫過於透過具有強制力的法律，或是具有極大影響力的文化與道德，文化或道德觀的影響力甚至能影響到法律的建立，例如有的國家是根據宗教經典來設定法律，可以在中東一帶信奉伊斯蘭教的地區看到這樣的現象。

伊斯蘭地區的各個國家針對其宗教影響法律的程度有不同的做法，比如沙烏地阿拉伯、葉門、伊拉克、伊朗、阿富汗、巴基斯坦與部分非洲國家，在國家治理的方法上是政教合一，伊斯蘭教在當地擁有至高的地位，不過，對中東以北以及非洲許多信奉伊斯蘭教的國家來說，就沒有讓宗教的觀念進入司法體系，但人們還是依據這些經典的規範來生活，伊斯蘭教影響了整個國家或區域的人類行爲。

除此之外，在西方世界也有實行政教合一的國家，梵諦岡，位在義大利境內的小國，天主教的最高領袖就位在此地。

社會對於某些行爲的偏好或厭惡程度，也會影響人類訂定相關法律來保持這份喜惡，例如面對吸毒者或毒販，不同國家有不同程度的懲治方式，例如新加坡是以嚴格法律出了名的，在二〇二三年的四月，有一位被叛販毒罪的男子被處以絞刑，原因是他被認爲走私大約一公斤的大麻，這樣的標準在新加坡已經達到執行死刑標準的兩倍，而在其他反對死刑的國家來說，可能會根據不同種的毒品或被捕次數來決定罰則，例如十年、二十年的刑期或終身監禁。

除了嚴刑峻法，社會也擁有獎勵或補助制度，尤其是針對企業組織，許多國家會針對特定產業的研發給予補助，爲了保護國內產業，也會有相對應的減稅制度，尤其是當國外產品大舉銷往國內時，政府會為了本土產業的發展而給予優惠，除此之外，當前國際間最熱門的話題，減碳與節省能源，若是企業能達到國家的能源要求，政府有可能給予補助，或是針對所需要購買的減碳設備給予其他補助，這些都是國家為了特定方向，使用誘因來加速國家發展的例子。

從非團體治理的腳步來看，人類發展出許多統一的標準來維持社會秩序，例如「時間」，地球上各地區的人民從古至今，頭抬起來看到同一顆太陽與月亮，漸漸的理解出所謂一天的時間觀念，古人就使用日晷來利用光與影的變動來計算時間，在古代的埃及、希臘、羅馬等國家都出現了日晷的使用，時至今日，人類已採用統一的格林威治標準時間，將地球劃分成二十四個時區，不同地區還會視政治或經濟考量，配合不同地區的時間來生活，全球人民在同樣的認知下行事，維持地球秩序。

不僅如此，在許多地方皆能看到諸如此類的秩序，例如「價值交換」，可能是用等值的物品來做以物易物的交易，或是使用當地的通用貨幣，不同國家進行國際間的交易時，也認可他國的貨幣；或是「度量單位」，早在中國的秦朝，秦始皇統一中國後，實施著名的商鞅變法，統一了中國的度量單位，例如長度、重量等等，現今世界各國也盛行幾乎統一的衡量方式，只不過在不同地區保有不同的使用偏好，例如公斤與磅、攝氏溫度與華氏溫度、公里與英里等等的不同，在許多地方可以看到人類為了簡化溝通與理解而促進統一標準的例子，這些作為都是人類為了避免混亂而維持秩序的方式。

政治、法律、文化的多樣性，創造了不同地方的秩序，各地方的人民也知道透過統一的標準或方法來簡化溝通的困難，在不評判哪個制度好與不好的前提下，我們看了人類的有趣與自私之處，人類會學習、犯錯、改進，或是一錯再錯，不管如何，這都是生命的寫照，也都是歷史的一部分。

人類如何建立秩序——國際組織的角度

秩序在地球上遍地開花，各國除了互相學習，也自成一派，根據當地的特性形成自己的秩序，但是在科技的進步之下，各國與各國的距離不再遙遠，也因此成立了許多國際組織來爲了全球或區域性的共同利益與秩序安穩而合作。

世上的國際組織衆多，成立的原因與名目不外乎是出於政治性、經濟、軍事、科技、能源、人權與環境等等與人類息息相關的重大議題，而同一種類別的國際組織之間，彼此也可能有不同的角色與功能差異。

比如有的組織由各個成員國組成後，此組織成爲一個一致對外的共同體，並且能代表全體成員國與其他國家對話與合作，歐盟（EU）就像是這種類型的政治及經濟聯盟。

另一種區域性的政經組織，一樣是爲了經濟發展與政治目的而成立，但運作方式卻不像歐盟般的團結一致，甚至是統一貨幣或開放邊界，比如東南亞國家協會（ASEAN），簡稱東協，儘管如此，東協的成員國之間能夠進行許多貿易協定以降低貿易上的障礙，促進商品與其他經濟活動發展，除此之外，也包括爲了區域穩定的政治對話，或是環境與能源上的保護與發展等議題。

世界上第一個國際組織的存在，是一八六五年成立的國際電報聯盟International Telegraph Union（ITU），創立聯盟的成員國包括阿根廷、奧地利、比利時、丹麥、法國、德國、希臘、匈牙利、義大利、墨西哥、荷蘭、葡萄牙、俄羅斯、塞爾維亞、西班牙、瑞典、瑞士、土耳其、英國與美國。

ITU成立的宗旨在於推動國際統一的電報標準、包括設備、流程、電匯等等，以確保這種遠程溝通方式能在各國之間有效的進行，這樣的合作除了在技術與流程上達成合作，也開啟了國際組織運作的架構與模式，而隨後，國際電報聯盟也在一九三二年更名爲國際電信聯盟 International Telecommunication Union（ITU），並在溝通技術上納入更多的可能性，直到一九四七年，ITU成爲了聯合國 UN旗下的機構，負責全球電信領域的技術與標準之發展。

而聯合國的存在，更是看到了全球政府爲了全人類的共同利益、健康、和平、安全、永續發展、人權等等議題而努力的現象，雖然因爲政治因素，導致就算是爲了全人類福祉而存在的機構，也有許多弊病、虛假與不信任。

那麼聯合國又是怎麼來的呢？之所以意識到要爲了和平而努力，它代表著曾發生的非和平事件。聯合國在一九四五年的十月成立，當時正值第二次世界大戰結束，各國爲了避免重複這愚蠢又殘酷的戰爭，決定成立一個國際機構維持全球和平穩定，也避免發生如同聯合國的前身曾經對其使命的失敗。

聯合國的前身是國際聯盟 League of Nations，成立於一九二〇年一月，目的就是爲了避免剛發生完的第一次世界大戰再度發生，但很顯然的，國際聯盟的運作無法達成其目的，它並沒有軍隊，也無法眞正做出決定，再加上當時的強權之一美國並沒有加入，更好笑的是，在期望和平穩定的同時，歐洲強權們在亞洲與非洲尚有許多殖民地，在總總因素之下，這個聯盟自然是無法在一九三九年爆發的第二次世界大戰做出有效的防範與控制，並且於一九四六年，國際聯盟正式瓦解，被聯合國取代其使命。

國際上的國際組織衆多，但從聯合國的運作上，更能看出人類好笑的一面，因此這裡繼續以聯合國爲例子。

聯合國的主要機關包括大會、安全理事會、經濟及社會理事會、託管理事會、國際法院、祕書處，以及其他針對特定議題而存在的組織，只要是在國家主權上沒有爭議的國家或地區，基本上都是聯合國的成員，總數一九三個，不包括於一九七一年退出的創始國中華民國或是現在的台灣。

根據聯合國官網的簡單介紹，聯合國大會的主要任務爲審議和決策，由所有的成員共同組成，針對國際的議題來討論與發表意見，大會的角色還包括根據安全理事會的建議任命祕書長、選出安全理事會的非常任理事國、批准聯合國預算等等的工作。

安全理事會有責任負責維護國際和平與安全，其組成包括五個常任理事國，與十個非常任理事國，常任理事國由英國、俄羅斯、法國、美國及中國組成，這些國家都是在一九四五年第二次世界大戰中獲勝的聯盟國，他們具有重大的維護世界和平的責任，不過現在的俄羅斯與中華人民共和國，已非當時的蘇聯與中華民國了，而另外的十個非常任理事國會於每年選出五國，任期爲兩年，每一個理事國都擁有投票權，以做出聯合國的重大決策。

然而，只要任一個常任理事國否決，其決策或建議都無法通過，這就是聯合國中弔詭的地方。首先從投票與否決權來看，就知道這是一個權力不公的國際組織，雖然聯合國的創始會員國有其正當理由，並說明這是當時的時空背景之下造就的現象，然而看看今日世界，這五個集權力與實力於一身的常任理事國是如何對世界和平做出貢獻的？

勢力的分裂明顯，西方世界與中國及俄羅斯的對立，讓安理會的決策機制與所謂的世界和平成了令人詬病的笑話，更不用說俄羅斯於二〇二二年二月對烏克蘭帶來了軍事上的進攻，這個現象中，我們看到了人類在合作中又暗地競爭與互相不認同，明知世界和平的重要性，各國卻不斷在各個海域與空域實施軍演，不但爲世界帶來不安與恐懼，也令人看清人類就是記不起教訓的笨蛋，讓人覺得內心沉重又無奈，不知道下一場戰爭會不會發生在自己的家園。

除了聯合國之外，世界上許許多多的國際組織爲了維護世界秩序而存在，目的只是爲了讓人類社會或地球環境與生物能有個更好的未來，身爲地球上的一份子，一切的事物都與我們息息相關，過去人類的努力與破壞造就了今日的我們，我們在前人的經驗與教訓之下，應該要更知道如何改進與創造更好方式來維持世界秩序。

很明顯的，人類還不夠聰明，總是製造麻煩給自己與他人，但許多人與組織正努力的往更好的方向走，希望在未來幾十年或幾百年的日子裡，能有更多的人類覺醒。

人類如何建立秩序——組織或企業的角度

國家內部與國際之間，有其維持秩序的手段與難度，參與的組織或國家越多，在管理上就越不容易，要考量不同者之間的政治、歷史、文化與利益等等的糾葛，並盡量保持公正與謹慎，有時候也因此較難達到高效率與高效能的秩序管理。

不過，單一組織或企業的情形就不同了，在管理個人上，組織擁有更大的管控能力，並利用不同的機制與手段來使組織內的成員朝單一或數個目標前進。

以一般企業來看，企業又有分大與小，一般來說，組織較小的企業通常業務量較小，可能每個人要一人分飾多角，在整個組織的運作上也較容易擁有系統性的思維，組織的管理與溝通上也較爲簡單，在變動與調整上較爲靈活，其維持組織內部秩序的方法與手段會比大型公司來得更直接，也可能更具人情。

隨著業務量增加，獲得更多客戶青睞，也需要更多人力來滿足市場需求時，組織會變得更加龐大，每個人的權責也會更加分明，這時候也更能看出人類如何在複雜的人與組織之間維持秩序，不亂套。

以一般大型的科技公司爲例，其組織架構若依「功能別」劃分，基本上會分成人力資源、業務開發、工程研發、品質驗證、生產製造、供應鏈管理、行銷、產品管理、專案管理、採購、資訊、財務、法務等等，再更大型的組織，會根據專屬的市場與客戶成立多個事業單位，這些事業單位各自擁有自己的業務、產品、專案、研發、驗證，甚至是自己的採購與行銷團隊等等，透過完整的功能別劃分，讓組織非常有系統的運作。

通常一個產品的出生至末期，需要各團隊彼此協作與解決問題才能完成，而在當前世代，還沒進化到每個人都是機器人，因此各團隊的領導者與成員就是讓組織向前的重要推手，也攸關到協作的效率。

除了功能別的劃分，企業也會根據被雇用者的能力與資歷來做「權責分級」，權責分級可以讓更多經驗的人利用自己的長才與管理能力來領導年資較輕者，提升公司的戰力，更重要的是經驗的傳遞與延續性，新血擁有的滿腔熱血再加上創新思維，有了前輩的指點，便能幫助公司擴大戰場，以及延續公司壽命。

規模越大的公司，其層層分級的架構越複雜，也可能導致溝通的效率降低，不過對於高層人員來說，只需要指揮底下的主管們，不需要一次面對底下的大軍，也沒必要這麼做。

繼續從大型的科技公司來看，階層的分級從上到下，大概會是董事長、副董事長、各個董事會成員、執行長、總經理、財務長、技術長、資訊長、法務長、營運長、資訊長、行銷長、人資長、製造與供應鏈長、各事業單位資深副總、副總、協理、總監或處長、副處長、資深經理、經理、副理、主任、資深專員、專員，再一直到助理、實習生等等。

可以從名稱去看出權責的差異，在前面人類的「管理與控制力」章節中的「政治」部分也有略為提到這樣的形態，資歷愈淺者，其角色愈功能化，職權愈高者，其角色具備更多管理責任，在每一個公司的功能單位中，都會有各自的權責分級，比如採購專員，再到採購經理，或是直接叫經理，或甚至到策略採購長等等。

要在這麼複雜又龐大的組織結構中維持秩序，就不可忽視管理制度的重要性，管理方式有很多種，有透過條款寫下來的「硬性制度」，或是彈性的「權變管理機制」，又或是因人與團隊而異的「領導與管理文化」。

何謂硬性制度呢？比如將獎懲制度明確規範，當達到設定的目標時，可以獲得多少的獎勵，而這份獎勵針對高階經理人與資歷淺的員工們肯定不同，公司可能會利用配發股票的方式來獎勵高階管理者，也能夠過這樣的方式讓管理者們更為了公司的未來而打拼，畢竟誰不希望自己手中的股票價值能提升呢？

而針對一般員工，多數會有明確規定的配發獎金的月分或時間，這份獎金得根據設定的績效目標來配發，為了讓員工們努力為公司付出，金錢的使用確實是一個很具效果的激勵方式。

相對於獎勵制度，也會有懲罰機制，尤其當公司面臨重大危機，或是營運不順時，也可能以減薪、降級、裁員的方式來敦促經理人們做好備戰準備，這種方式的效果就因人而異了，有的公司能在這樣的時刻死灰復燃，而有的經理人可能因為扛不住的巨大的心理壓力而離開公司，使公司陷入更深的泥沼。

何謂權變的管理機制呢？簡單來講，就是沒有一套適用於任何場景的準則，通常有些需要主管做決定的流程或時刻，在緊急時刻，前線的人沒有太多時間回報並等待處理，這個時候，主管可以授權讓前線的人根據經驗與知識判斷，並做出決策。

又或是回到獎酬制度，除了前部分提的績效獎金，公司也可能因爲營收的成長，配發分紅，慰勞公司同仁，可是每一年的業績不一定能穩定控制，有時候面臨市場需求放緩，導致公司營收銳減，這時候公司當然可以選擇發少一點點的獎金，或是選擇不發，做彈性的調整。

再來就是各個團隊的風格與文化了，團隊的風格容易受到主管的風格影響，例如在有的主管領導下，團隊形成肅殺的戰戰兢兢氛圍，隨時繃緊神經，不在每一個時刻鬆懈與疏忽，除了希望達到好表現，同時也害怕犯錯，犯錯的後果可能是換得一陣謾罵或冷視。

有的主管以不同的方式帶人與帶心，除了給予團隊壓力，要求好的態度與成績，但較能理解與包容錯誤，並非無條件的包容，而是透過引導的方式幫助團隊成員成長，從犯錯中學習。

有的團隊氛圍和樂融融，主管與同事們打成一片，工作上可以輕鬆，但又不隨便，團隊向心力十足，大家除了是同事，也像是家人與朋友。

團隊的文化與風格在不同的產業或時期可能略爲不同，其維持組織秩序的效果也不同，有時團隊氣氛冷漠與高壓，可是組織能力強，業績長紅；有時團隊充滿笑容，但其實沒有實際的產出，而這些文化會根據組織的成長與營運而被影響，慢慢形塑出適合組織的團隊文化。

那麼，爲何公司需要有其秩序呢？從組織內部的功能區分、權責分級，再到管理制度，都是爲了讓組織內部各個大大小小的齒輪維持滑順度與穩定度，在齒輪協調運作的情況下來創造出滿足社會需求的產品與服務，換得收益、滿足股東期待，也替國家培養人才。

更重要的是，在這激烈動盪的時代，公司必須長久立足於產業，需要不斷的創造出競爭優勢，當沒有進步時，就是退步，因此，透過組織內部秩序的維持與調整，能使組織更順利地邁向更遠的未來。

人類如何建立秩序——社會與個人的角度

何謂社會與個人的秩序？個人秩序的建立與維持，其實與社會期望有極大的關係，一個社會有其明文規定的與較不成文的期望，就算單一個人想要特立獨行，使用著自己訂定的規則度日，也難以逃離社會的規則與期望。

明文規定的期望很容易理解，以台灣來說，法律規定學童至少要接受九年的義務教育，汽車與機車在路上行駛時，要禮讓行人，不可以誹謗跟作奸犯科等等，一個適合居住的社會透過大家遵守合理的規範而被建立，這種時候，社會的期望就被個人拿來要求自己，形成自己維持秩序的標準。

那麼，何謂不成文的規定？不同的文化與地區，會形塑出屬於當地特性的要求，有許多這樣的要求是行之有年的傳統與價值觀，既然是「傳統」，那麼放到現代社會必然會引起波瀾或衝突，以我所待的亞洲來看，這些不成文的規定包括「職位高權重者一同上車時，要讓位階最高者坐在汽車右後方」，「對父母要盡孝道，服從長輩說的話，而且不要頂嘴」，「守規矩，當個乖小孩，不亂發言」，還要「好好讀書，如果不好好讀書考上好學校，就不能出人頭地」，「禮尚往來，逢年過節要買禮物送人」，有的國家或地區還有所謂「鬧洞房」，新人結婚時會有一群男人對女方做出不尊重的行爲，上述有些莫名其妙的不成文規定被我寫在一起，聽起來確實挺莫名其妙的。

當然有許多出於良善且合理的不成文規定，這些規定也不被認爲是「規定」，而是一種「因爲知道是好的事、對的事，所以想做」的文化，例如「互相尊重」，而且是不分輩分、性別與職業的對待，是基本的人與人之間的尊重，我們尊重對方的發言、表達的自由、靈魂、職業等等，還有「禮讓」，搭乘大衆運輸時，遇到眞正有座椅需求的人，不分對方年紀與外表狀態，將位子禮讓給需要的人坐，以及大家很有感的「排隊」，在等待很想要的事物時，就算你的內心非常迫切，但當前方已經有等候者們時，就該耐心等候，而不是插隊，傷害他人的權益，諸如此類，就不一一描述有哪些事例了。

上述舉了這麼多的例子，主要是在說明人們基於慾望或信仰，會希望將自己所相信人該有的特質，套用在他人身上，當有些私慾會侵害到他人時，就需要控制，當社會出現主流的聲音，社會規則就會因應而生，不管是透過法律要求，還是文化的形塑，都是一樣的。

而除了與社會息息相關的秩序，在完全屬於個人的時間時，更能看出每一個人的差異與獨特。每一個人有屬於自己的生活準則或習慣，在自己的世界裡，你就是規則制定者，以及自己世界的主宰者，以極端的例子來看，對他人進行誹謗，會被判處有期徒刑或罰金，但若是你一個人在家，盡情批判他人，就算是是非不分、胡言亂語，在無其他人聽到的情況下，法律根本就不成立，在這樣的時刻，社會規範被徹底抹除了，而你定義了屬於自己的秩序，那些被世俗認定的脫序行爲，在你自己的規則裡，完全不是這麼一回事，你的世界有你的規則，你說了算。

從這麼一個無視規則的例子來看就知道，擁有好的「個人原則」是多麼重要，有多麼強大，當一個人深信自己的原則，並且執行之時，那麼就算沒有旁人在，沒有監視器在，一個人還是能做出自己相信對的事情，舉一個輕鬆的例子，當人在外與朋友聚餐時，會爲了形象，優雅並安靜的吃飯，但是在家裡時，就可能比較放縱而大口吸吮，再翹個二郎腿，完全不知道何謂優雅，但是，眞正追求優雅吃飯的人，豈會因爲自己在家就毫無形象的吃飯，這些人會在外與在家時保持一貫的態度，時時刻刻維持一樣的原則，那麼就不會有所謂的僞裝存在了，因爲你時時刻刻都是你自己。

自我的秩序與原則，由自己定義，當自己做自己的時候，其秩序的決定與彈性，遠勝於宇宙、銀河系、太陽系、地球、國家、國際組織與企業組織等等，但是人類也因此容易受世界的動盪影響，要在這麼充滿誘因的世界保有個人原則，需要靠自己強大的意念，並加以鍛鍊，相信自己的決定，堅持做對的事，你便會更加相信自己，甚至喜歡自己。

不過有時候，人們會遇到需要打破自己原則的契機，這也是由彈性帶來的現象。

比如過去許多的亞洲父母認爲教育孩子就是要使用打罵教育，只要讓孩子嚐嚐幾次藤條或巴掌，孩子就能照父母的期望做好分內的事，要是幾次藤條或巴掌不夠，那就再加個幾次就可，簡簡單單，會如此的原因有可能是這些父母過去也是接受這樣的教育長大，認爲這樣的體罰非常正常，也不會受外界干擾，甚至有「法不入家門」的觀念，然而，隨著時代改變，資訊傳播更迅速，法律也跟著被改得更加嚴格，人們對於每一個個體漸漸有了更多的尊重，而不是將孩子視爲自己的所有物，於是舊時代流傳下來的原則被打破，父母們在時代的過渡期更願意嘗試向孩子表達愛與諒解。

像這種對人方式與態度的改變，常常需要當事人「覺醒」，透過內在改變的力量是遠遠超過外力的，因此比起社會影響個人的秩序思維，人往往是被自己束縛住居多，人很容易用框架來限制自己，或是因爲心魔而難以跨出自我限制，有句話說得眞好，「解鈴人還需繫鈴人」，完全就是這個意思。

秩序存在的意義

從宇宙的視角再到地球上的人類，我們有發現甚麼秩序上的相似處與相異處嗎？爲何秩序會存在？又爲何秩序需要存在？秩序帶來甚麼樣的好處，又帶來甚麼樣的束縛呢？在接下來的部分就來探討秩序存在的意義，以及秩序的重要性。

從宇宙的運作與秩序中，我們可以發現萬物之間彼此協調運作，才得以催生秩序，對宇宙來說，秩序就是不斷的新生與死亡，宇宙中充滿不同生命週期的天體，一個恆星的誕生，可以孕育許多系統中的星球，恆星的滅亡也可能將這些被孕育出的星球帶向毀滅，這裡有新系統誕生，可能在另一處正有星球與系統正走向生命末期，一處的滅亡，也可能將其能量影響到其他處的氣體與塵埃，導致新的恆星誕生，這就是宇宙帶來的**生命輪迴**。

除此之外，天體的出生與死亡，需要恰到好處的太空元素組成與運作才能達成，尤其是最難以被看見的微小因子與能量，例如組成物體的原子、電子與質子，以及肉眼所看不見的重力等等，有了這些元素與力量的堆疊，才能使宇宙間萬物的輪迴能順利進行。

從太陽系的秩序觀中，看到的其實是一個類似「獨裁」的中央控管機制，不過，各個天體甘願的被太陽所控，日復一日，夜復一夜的繞著太陽運行，天體們不但受到引力的牽引，同時需要太陽帶來的光與熱，尤其是充滿生命的地球。

對太陽系中的天體們來說，**太陽不但是獨裁者，也更像是個母親**，從天體們誕生之初至今，就持續受到母親的關懷，利用母親帶來的能量來孕育自己，對地球來說，我們甘願受到太陽的控制，地球是如此，地球上的生命更是如此，這就是太陽系秩序所帶來的意義。

再來是地球的秩序觀，在地球上，我們見識到了何謂生命大熔爐，也見識到生命的可貴，地球上生命的輪迴與協作，也如同宇宙間的天體一樣，一個生命的死亡，同時也由另一個生命來延續生命的使命。

地球上的生物流傳著相同的基因，以及高度相似的身體系統，雖然人類、狗、螞蟻，各個擁有不同的生活習性，但我們一樣有著一張嘴，有方便活動的肢體，有排泄的系統等等，甚至，動物與植物的基因代碼擁有共同之處，因爲我們來自於共同的祖先，地球上的萬物彼此本是一家人，互相依賴彼此維生，萬物都是維持秩序中的重要螺絲釘，需要協調運作，創造多贏局面。

至於人類社會的秩序觀，可以看到人類如何在充滿私慾的環境中形塑秩序，規範與管控自己，因爲人類知道若是缺乏管控，這世界會因爲人類的愚蠢、貪婪與自大給毀滅掉。

從小組織、大組織、社會運作，再到自身國家的管理與各國的政治與經濟往來，人類不斷犯錯，卻也不斷嘗試在錯誤中學習，設計更新、更好的制度來在人類各方面的經濟發展中達到制衡，從過去看到現在，人類生活從簡單到複雜，從原本的純樸與無知到現在變成自大又無知，很顯然的，或許我們需要在經歷過幾次痛心的體悟，才能認知到錯誤，並創造更好的國際與社會運作制度，而且同時達到快樂與平和的目標。

從宇宙的運作到人類社會，有許多相似又帶著差異之處，相似之處在於有了秩序的維持，在個體壽命耗盡前，可以持續的運轉，生生不息，雖然世界充滿動亂，但世界又在動亂中找到秩序，並保持穩定運作，穩定的運作機制可以讓個體或生命有時間慢慢孕育與成長。

而最相異之處，莫過於地球上的生命那不安於現狀的特質，尤其是人類，我們短時間內打破和平，製造混亂，隨然可能帶來滅亡，卻也因爲這樣突破的精神，帶來創新與無限可能，小小如塵埃

的人類就是這麼令人又愛又恨的生物。

那麼，爲甚麼秩序會存在？沒有了秩序，宇宙或人類社會便會出現混亂，這裡也可以探討，**或許不斷的失序，也是一種秩序象徵，當失序變成常態，那失序就不是失序了**，不過這裡先暫時不針對此點做延伸討論。

在本書的認知中，**秩序是一種隨著環境動盪與改變，而漸漸與之呼應的反彈與自我調節現象**。在宇宙中，各個物體與現象根據我們所熟知的物理定律而運作，所有的物質與能量透過共同遵守定律來保持秩序。

除此之外，許多系統經過多年的演變與適應，會自然而然地出現屬於自己的規律與反應，比如當地球的溫室氣體增加時，地球溫度上升，這個時候，氣候會自然而然的自我調節，由於氣溫增加，海洋的水氣大量蒸發到空中，形成雲，雲就可以將陽光反射出去，幫助地球降溫，不僅如此，海洋也能吸收過多的二氧化碳來幫助調節，而這樣的秩序，是有了經年累月的地球演變慢慢形成的機制，許多的秩序也是經由相似的過程被塑造出來，因此，**秩序是需要同一個環境中的物質或各體共同協作來維持的，不僅人類或生物，非生物的環境亦同**。

我們也可以從秩序存在的原因與意義而了解，秩序所帶來的好處。

首先，一個功能全面與具備經驗的系統，除了能維持系統內穩定，更能根據不同的狀況來調節，例如身體的免疫系統，平時幫助人類抵抗外在病菌或疾病，身經百戰的白血球憑藉著自己對抗的經驗，以及對敵人的認知，在訓練（打疫苗）與休息足夠之下，就算有沒見過的強大外敵，還是有辦法與之對抗，並獲得勝利。

秩序的存在，使系統內的個體能安心做好自己分內的工作，減少對外在與內在動盪所導致的擔憂，比如有了設計精良的馬路交通號誌，以及願意遵守交通規則的市民，大家只要看到綠燈往前行，看到紅燈停下來，最終都能安全如期的到達目的地，但若是出現了一位規則破壞者，就可能導致遵守規則的良好市民受到安全威脅，因此，秩序的維持雖然帶來安定，但也需要大家時時刻刻共同維護，秩序的存在才有意義與價值。

相反的，秩序雖然帶來安定，但同時也代表著束縛，秩序的存在創造了全體麻痺，遵守秩序的個體們會漸漸在體制內形成既定習慣，甚至有可能反對帶來創新的個體（此處的個體以人爲主），這樣有可能使得全體人民難以進步，人們甚至還曾因爲保持傳統精神沾沾自喜，並非說傳統精神不好，世間的種種都因有了傳統文化與知識的建立與傳遞才有今日的世界，但是只會墨守成規是難以見識到井以外的世界的，從世界上最早的傳統強權之落寞就可見一斑，而曾經落寞的強權，也可能因爲打破秩序而再度重返強權寶座。

秩序的存在使得世界、社會與個人能在安定的情況下成長，渺小的人類也暫且不必擔憂地球會因爲失序而偏離繞行太陽的軌道，導致生物漸漸失去陽光的能量，老實說，根據專家所示，由於太陽質量的流失，引力受到影響的緣故，地球正以每年不到十公分的距離遠離太陽，不過，我們也可以從這個現象看到，**再怎麼安定的力量，也都有可能正以難以察覺的方式脫離秩序，或者說，持續的慢慢脫離秩序，就是一種秩序。**

秩序觀的延續性與更替

以人類世界來說，秩序的建立是爲了安定、穩定，以方便管理與治理，然而，秩序並不一定會

永恆的維持，在當下以爲多麼完善的制度，都有可能隨著時間的推移而受到動搖。

以物品交易或貿易爲例就很好說明這個現象，早期的人類社會並沒有通用貨幣存在，各個地區有其交易的規則，比如說以物易物，雙方持同樣價值但不同的物品來做交易，據估計大概在公元前六千年至三千年間的美索不達米亞地區就出現了人類的以物易物，以物易物的交易方式邏輯簡單，但卻難以衡量物品價值，比如我拿一袋米跟你換一隻鴨，雖然雙方拿到了各自想要的東西，但不確定這樣的交易是否公平，因此，通用的交易貨幣就出現了，也就此打破舊有的交易秩序。

以中國爲例，根據歷史記載，大概在夏商周時期就出現了貝殼與布料來做爲交易媒介，而銅錢的出現大約在商的時期出現，人們開始逐漸以標準化的錢幣來做交易，隨著時間推演，又出現了銀幣、金幣、紙鈔等等交易媒介，這些都是因應當代的需求而生的產物，比如天然貝殼的稀缺，或交易媒介的價值訂定與方便性等等，每一個時期所創造出的秩序都有其意義，但秩序終究會隨著環境動盪而出現重大更替。

到了現代，交易媒介已經是實體錢幣、紙鈔與電子的形式並存，人們在金錢的轉移上只需要動動手指就能在點子裝置上調動現金到任何帳戶，也能用一張嵌著晶片的塑膠卡轉移現金給對方，甚至是虛擬貨幣、加密貨幣的產生，不知道未來的交易形式會不會再度發生秩序性的破壞，並出現新的主流交易形式，不管如何，我們見識到了秩序的更替性，雖然目的是同一個，然而方法卻可以千變萬化。

有個很有趣的現象是，既有的制度與規則建立了良好的秩序，大家也都盡心維護得來不易的秩序，而且既然這樣的秩序那麼的美好，照理說人們不會想要以其他的方式來取代原有的制度，但，再美好的秩序，不知爲何總會面臨到被改變的那天，到底是爲何呢？如果秩序使某些事物穩定運行，難道不應該持續保持嗎？

其實有的時候，秩序的美好是個假象，可能是經由某個具有影響力的操弄者特意操作而發生，通常資訊與知識量越少的國民或人群，越容易被假象所蒙蔽。

尤其是國家的治理，不同政治理念的人或團體會爲了讓市民抱持與治理者擁有同樣的價值觀，而透過更改學童的教育書籍內容，尤其是歷史與國家認同，這點難以說明其對或錯，若是治理者爲專制政權，那麼資訊的更改會毫無公正性，若是治理者爲民選政府，那麼某方面來說也是多數國民認同的價值觀，總而言之，資訊的操弄與給予，讓國民從小就具備某角度的政治思想，隨著根深柢固的記憶累積，這些思想會成爲人們心中的秩序，心中自然而然有著誰對誰錯的評判，雖然這些評判並不一定完全符合歷史的眞實性。

長期積累下來，這些思想成爲信奉者的圭臬，認爲這個世界的樣貌就是所學習到並且認知到的，直到與不同的聲音發生碰撞，接觸到外來的不同資訊，這些資訊才會慢慢滲透到人們腦中，對於稍有年紀的人來說，要改變立場並不容易，因爲那是他長期相信的東西，而要否定自己，更不容易了，所以年輕一代的世界新人更容易因爲不同的資訊而讓新秩序萌芽。

除了接觸到新資訊而促使的新秩序發酵，也有可能人們在原有假象的美好秩序中受到了權益受損而不自知，直到不知道哪個契機發生時，開始對自己所相信的事物產生質疑。

舉例來說，假設台灣的許多路段規定機車騎士需要在十字路口左轉時，先在待轉區等候，並等待綠燈時才能往前，這又稱兩段式左轉，人家一直以來都乖乖遵守，但是久而久之，有的人發覺有的時候直接左轉，安全、快速又省時，實在沒必要兩段式，因此開始質疑一直以來遵守的事物，此時秩序就受到動搖。

此處並沒有偏頗任何立場，只是形容一種秩序受到質疑的可能性。

所以，當新資訊湧入原有秩序，或是秩序內部有質疑產生時，就會發生衝突，面對這樣的情況，**秩序中的跟隨著與制定者又該以甚麼樣的心態面對衝突？如何捨棄？以及如何擁抱新思想？**這都是人類長期以來不斷面臨的常態，同時也是很需要智慧去面對的現象。

自由與秩序間的平衡

在「自由與秩序」這一章中，已經探討了人類所與生俱來的自由之能力，包括自由的思想、言論、行動、創造與選擇，而與之相對的是管理的秩序，爲了與絕對的自由相抗衡，人類依循著宇宙所給予的秩序觀，創造了許多自我規範的生活規則，就如同使用繩子綁住一隻想自由飛翔的鳥，在擁抱自由的同時，卻選擇將自己束縛住。

那麼，該如何在自由與秩序之間得到平衡？人類該有多大的權力去抑制人的自由？又該如何設計秩序的規範以避免過度侵犯自由？所謂「過度侵犯」又是該如何判定？這就是這一個章節所要探討的內容。

人類該行使絕對的自由嗎

既然要探討「自由與秩序間的平衡」，就必須先聊聊「絕對的自由」，才能體會秩序存在的意義，而絕對的自由又包括對「**除了自己以外的人、事、物**」行使的自由，以及對「**自己本身**」行使的毫無節制的自由，從本章提到的自由之「思想、言論、行動、創造與選擇」來看，讀者您覺得有哪一點是最能被接受的？又有哪一點萬萬不可被毫無拘束的濫用呢？

對於這個世界來說，最大限度能夠包容的，就是絕對的思想自由（不過若是未來有簡單看出他人思想的科技又是另外一回事了，這裡暫且不提），基本上，一個人的思維再怎麼誇張與充滿傷害

性，只要沒有將想法轉化成言論或行爲，那麼就沒有人能夠知道這個人的心思，也完全毫無評論的機會，這就是無人能干涉的絕對自由，並沒有一個外部的規範能眞正將思想控制住。

然而，對自己本身而言，就不太一樣了，以你與我爲例，你喜歡放任自己毫無拘束的對一切事物進行無限思考嗎？乍聽之下沒什麼問題，天馬行空，充滿想像，有何不可？可我認爲，自己需要將秩序帶入自己的思維當中，思考的過程與目的並不是毫無章法，想了半天想不出一條路，又或是胡思亂想，搞得自己不但事沒做成，還不小心被自己毫無秩序的思維給帶偏了。

毫無節制的思考既可怕又富有力量，並非人人都能控制得住自己的思想，尤其是忽略自我催眠的力量，比如當一個人物慾很強烈，但實際的積蓄並不足以負擔得起高額的商品，這個人每天思思念念要將這個商品帶回家，由於自己沒有適時的提醒自己有更遠的目標要看，而不是貪圖一時歡愉，最終這個管控不了思維的人不但一事無成，還再也沒有能力購買自己喜歡的東西，此時就能看出整理思維秩序之重要性。

反之，若能好好利用思維的秩序，便可以引領自己走向目標，可以向他人的思維與談吐學習，若是剛好遇到難得一遇的好思維，更可以加速你在學習的過程中，建立起屬於自己的思維模式。

年輕的時候不需要設限，可以多方嘗試，若是找到了自己的**秩序方程式**，便可以依靠這樣的方程式闖蕩人生，並且視情況調整方程式的參數，思維可能直截了當，也可能縝密的多方設想，這些都歸因於對思想自由設立秩序觀。

相較於思維之自由，言論的表達在現今社會似乎就無法享有絕對的自由了，只要是面對自己以外的人，在言語上或是網路文字上，都必須注意不能踰矩，因爲多數地區認定的自由，其存在的前提是不侵害他人，若是揑造事實，對他人進行誹謗，那麼就必須爲自己的言行負責，並好好面對法律制裁。

任何的言語暴力亦同，言論自由並不包括可以對他人口出髒話，或是性騷擾，若是用詞不當而讓他人心理受到威脅與恐懼，都可能受到社會秩序來維持和平。

有些地區對於言論自由的定義又更加狹隘，就算是語氣和緩的點出事實，只要是言論不受當地政府喜愛，那麼表達言論者會受到特定秩序的制裁，這就是現今地球實際發生的現象。

不過，若是在自己獨處的空間，人人都擁有絕對的言論自由，完全無人有能力與權力去干涉另一個人所表達的任何字句，這算是大多數平民百姓目前能夠享有的一片自由天空。

那麼，是否該存在絕對的行動自由？很顯然，這是需要受到秩序所管理的。

絕對的行動自由太過強大，若人人都行使絕對的行動自由，可能會出現一個特別的世界，這個世界裡，人人都具備高執行力，卻不一定承擔得起責任，大家心裡所想到的，都透過雙手與雙腳實踐，其結果的好壞完全視當事人的心思而定，雖然絕對的行動自由釋放了人的無形枷鎖，讓人幾乎成為完全自由人，但是這樣的自由，有極大可能去妨害到他人的自由，這是不被普遍大眾所接受的，所以直接定案，絕對的行動自由很讚，像是飄在空中一樣自在，但是它需要受到秩序的控制，在有限度的情況下被行使。

而對於獨處者來說，絕對的行動自由又該存在嗎？這個問題，我想是值得爭論的，我沒有資格給出一個答案，這取決於人類如何審視生命與責任。

當一個人面對自己時，他應該擁有對自我管理上的最大主控權嗎？聽起來該是如此，但實際上社會似乎不認同，比如在不會傷害其他人的情況下，這個人可以傷害自己嗎？可以攝取會讓自己成癮的高危險物質嗎？這邊是一些比較極端的例子，但是讀者您認為這樣的自由該存在嗎？人人是否

可以擁有對自己的絕對掌控權呢？

至於絕對的創造自由，應該存在嗎？我認爲其能夠被許可的程度要大過於行動之自由，有了衆人的創意發想與實踐，世界才能不斷革新，出現一個又一個令人驚豔的事物，在這樣的認同下，我鼓勵人們認知到創造自由，並大大的發揮它，這個世界會因爲創造之自由而精彩豐富。

不過，絕對的創造自由，應該也受到秩序的擁抱，因爲除了美好的事物，人們也會利用這份自由來侵害他人，比如一個安定的社會，不允許一般市民製造槍枝、毒品，或是不實的新聞，這些被創造出來的事物會造成社會的不和諧，並非說不和諧是壞事，而是面對不和諧的社會，社會自然而然又要發展出一套與不和諧相抗衡的知識與能力，比如若是能夠隨意合法的創造槍枝，社會或許就需要多的警力與更震懾人的法條來避免憾事，若是隨意播報未經查證的新聞屬於合法，人民就必須培養更深厚的媒體識讀能力，但聽起來還是會天下大亂，由此可見，人類社會該擁抱創造自由，但不是濫用這份自由。

另外一方面，其實絕對的創造自由還是能存在於個人，就算是法律不核可，只要個人有能力，而且不會侵害到其他人的自由，在沒被發現與舉報的情況下，這個人都具備絕對的創造自由。在此完全不鼓勵犯罪，而是說明身爲一個人類，其所具備的自由力。

最後是絕對的選擇自由，在「選擇」這個行爲上，人們幾乎不管是在對待自己以外的事物還是自己本身，都具備絕對的自由，「選擇」是一種「行動」發生前的「決定」，每個人的人生道路完全操之在己，或許會有許多自己以外的聲音試著控制你、影響你或改變你，但每一個選擇與決定，都在你的腦中發生，它控制了你後續的行爲，這是人類所擁有的超強大能力，卻也往往被這世界所**忽略，因爲世界不一定希望人人擁絕對的選擇自由，這樣會更難製造階級社會，進而更難控制人**

民。

選擇的道路，能深深影響個人與世界，因此，就算是擁有絕對的自由，仍須透過思維之秩序來加以管理腦袋，以避免做出令人後悔的重大決定。

人類有權力抑制他人自由嗎

從前段的內容來看，人類雖然具備絕對的自由能力來思考、發言、行動、創造與選擇，但爲了他人的利益與自身的管理，需要有秩序的介入，那麼問題來了，既然人類具備這樣的自由力，爲何需要壓制？這個問題前面有稍加解釋，爲了社會的安定，人類需要受到秩序的管控，那麼下一個問題，人類有資格與權力去限制他人的自由嗎？這一部分，就來探討這個問題。

今天先排除不同地區的文化與法律要求，就全人類的角度而言，該如何思考這個問題？其實，秩序的介入是一個自然而然發生的現象，比如有人發現了一塊沒人使用的地，於是將他買下來，並蓋起自己的房子，其他人看到之後，也對這塊地產生渴望之情，想方設法想將這塊地取走，於是有人透過搶奪與威迫的方式逼使土地財產持有人離開，並要求轉讓給他，面對惡勢力，土地持有者默默離去，失去了財產的他，只好再去搶奪他人的財產以維持自己的生活。

若是沒有秩序的介入，這樣的情況會不斷輪迴下去，人們爲了避免這樣的蠢事不斷發生，於是約法三章，規定不可任意搶奪他人財產，並且成立執法機關來維持社會安全，秩序一下子就建立起來了，就好比一雙看不見的手，社會自然有一套自我調節的功能存在。

地球上不同地區的居民，面對「自由」，有多元的見解與對待方式，以人類的天性來說，應

該是嚮往自由的，然而，一但一個地區的規則被建立起來，就算是不過度的限制自由，在地區內的人民也難以脫離掌權者的控制，除非是特別允許國民透過正當法律手段取得合情與合理之自由的地區。

在限制特別嚴重的地區，更容易激起「人類有權力抑制他人自由嗎？」的疑問，不過，**若是過度限制到人民連「自由」的意思也不了解，那麼就不會意識到自己受到限制了。**

從自然而然的演變角度來看，本書支持也認同群體人類的自由需要受到一定程度的管制，但若是超乎常理的惡性管制，是完全不可以被接受的，每一個人類在遵守一個群體基本規範後，應當享有與生俱來最基本的權利與自由，沒有一個人喜歡打從一出生就被不合理的規範控制到最後，這完全無法體驗到生命的意義，是生命的損失，同時也是掌權者的盲目。

目前世界各地的國家幾乎都具備了一定程度的法律系統與社會規則，要在一個國家內享受絕對的自由，並非人類眞正所嚮往，除非建立一個自由國度，在這個國家內的人民可以以更寬鬆的角度來審視自由的秩序。

例如可以根據思想、言論、行動、創造與選擇等等自由的劃分來調整，從目前世界上最追求自由的國家之法律再調整爲更寬鬆的法條，人民在國度內要能接受他人毫無根據的言論、擾亂秩序的行爲，以及沒有道德的發明等等，只要在一個可接受的範圍內設計法條，或許這麼樣的世界能夠實現，若是不受人民喜愛，那麼就讓它自然被淘汰也行。

生命自然會找到出路，任何單一個體人類與掌權者，應該體認到生命的價值與可貴，自由或許該受到管制，但到底多大程度上的管制才是公平，這需要人類透過多年的智慧與經驗，並思考如何在尊重生命的前提下制定規範。

何謂過度侵犯自由

如何公平又合理的抑制自由？這個回答根據每個人可能會帶有客觀與主觀的想法，在面對這個問題之前，不如先來看看，何謂過度的侵犯自由？從這樣的角度或許更容易審視到自由的可貴，一樣從思想、言論、行動、創造與選擇等五個方向來探討。

何謂過度侵犯自由——思想

從「思想」來看，每個人的腦袋在運轉的過程與產物，都應當是屬於個人所擁有的東西，別人既拿不走，也無法強行改變，但是，思想自由的侵犯卻時時刻刻在發生，不管是在家中、學校、公司，乃至國家，無所不在。

思想過度侵犯的現象很容易發生在權力不均的團體當中，例如老公與老婆、父母與孩子、老師與學生、老闆與員工以及政府與人民，權力不均可以是自然發展的正常現象，這沒有問題，然而，利用權力不均來強行侵犯思想，是對個人的傷害。

從有毒性的家庭來看，有些家庭經濟核心成員，可能是男方或女方，因爲是家庭的經濟支柱，便會利用自己的權勢來傳遞自己單一的價值觀，對於多元的思想一律無法認同，多年下來不鼓勵發言，只單方面的指導另一半與孩子甚麼路該走，甚麼事物不要碰，例如告訴另一半不要出去工作，因爲不希望對方能夠經濟獨立，又或是告訴孩子人生只有好好讀書才能夠成功，這些都是常見的家庭思想侵害，並非有這些言論就是思想侵害，而是透過單方面的思想傳輸，打壓其他想法，這樣的

影響對於思想被灌輸者而言，有可能會是一輩子的。

再從學校來看，老師與學生處在明顯的資訊與權力不對等狀態，而且老師的職責很大一部分包括了資訊與價值觀傳輸，學生的責任就包括了學習、理解與應用，在學生接觸的資訊量還沒那麼多的時期，很容易相信位高權重者所傳遞的資訊，若是老師傳遞資訊不公，在學科範疇外刻意灌輸過多個人信仰與價值觀給學生，而不是以多元立場爲角度進行教育，年幼學子容易帶著學習到的思維成長，這樣的價值觀有可能影響受教育者一生的走向，所以，不公的教育，屬於思想侵害。

再來從公司的環境來看，思想侵害容易發生在上司與下屬之間，有時很難界定何謂侵害，因爲職場上經驗較少者，可以從有經驗者身上學習到知識與技巧，但也往往在這樣的時刻被上級或前輩灌輸了不該有的思想。

例如因爲派系鬥爭的緣故，有的前輩在新鮮人面對其他同事前，就先被告知他人的壞話，因而讓新人帶著分歧的眼光面對被鬥爭者，這樣的現象等於剝奪了一個人從頭開始視人的機會，除此之外，有的職場前輩容易被自己的經驗與階級綁住，導致難以聆聽多元的想法，只以傳統單一想法教育新人，在某種程度上也要注意會不會扼殺創新的思維。

最後，從國家的角度來看，思想侵害如何發生呢？這也是個敏感的話題，不管是民主國家或是專制國家都有可能面臨到，從專制國家來看，人民受到思想侵害的機率又更高了點，因爲整個環境只允許單一政府認可的思想，從教育開始，再到新聞媒體，一般人民所接觸到的資訊都是經過嚴格審查後才發行的，政府也以此過濾掉不希望人民接觸的資訊，在人民相信自己所接觸的資訊後，要破除思想侵害就更加困難了。

民主國家也很好笑，不同陣營的人可能以不實資訊抹黑對方，並透過新聞媒體傳遞極端的思想，各派陣營思想分裂，更造就了分裂的社會，這就是民主的亂象。

何謂過度侵犯自由——言論

言論自由的侵犯，比起家庭、學校與公司，更容易發生在國家的規模，這一部分就直接從國家的角度來探討。

人類懂得讚賞，也懂得批評，言論自由的侵犯，大多數時候發生在對他人、事物或國家批評的時候，甚至不一定要以批評的角度來看，連講出「事實」，也可能被判定犯法，又甚至是對於國家不認同的理念，在對其表達讚賞的時候，都可能因爲觸犯了敏感話題，而被強制要求安靜或撤銷在社群平台上的發言，上述這些都是眞眞確確發生在地球上的現象，許多人將這樣的現象認定爲侵犯了言論自由。

在有些專制國家或地區，只要在社群平台或溝通軟體上表達被政府規定不可提及的事件或事實，當事人就可能被平台禁聲數天，甚至有警察找上門來，邀請去警察局聊聊。

對於實施高壓統治，要求人民只認同政府言論的政權，本書希望上位者能換個角度思量，人民對於國家的批判，是有助於國家成長的，面對不合理的法令，人民便會反彈，這是正常現象，政府組織便該針對這樣的現象進行分析，爲了人民的福祉，是否該調整作法，以符合當代或未來的社會運作。

沒有人民會希望自己的國家滅亡，每一個人的聲音都是幫助政府做出改進的參考方針，整塊土地由廣大的人民所占有，聲音具有多元性，爲何會有政府認爲自己少數人的聲音就應該被全國各地

區人民接受呢？人民是國家的主人，也是建設國家的資源，更是將知識傳遞給下一代的媒介，政府應該與人民合作，多聽聽不同的訴求，才能避免被自己單一的思維給綁住，或是不小心以爲人民都接受這樣單一的聲音，其實是人民因爲害怕而不敢說出口而已。

除此之外，民主國家的政權也須注意自己的法令控管，得保持公正的治理態度，並避免因爲不同政黨之間的鬥爭而透過媒體釋放出假訊息，甚至是打壓自己不認同的聲音，以此拉高自己的聲勢，這樣的做法也屬於言論自由的侵犯，因此需要時時刻刻提醒自己，身爲人類，你爲何而活？

何謂過度侵犯自由——行動

針對行動自由的侵犯，這一部分就以家庭與國家兩個角度來看，從國家的角度上，有許多在國際社會上可以見到的例子，然而家庭帶來的行動自由侵犯，不但時常發生，卻又容易被忽略，因此特別在這個部分加以敘述。

在家庭中，行動自由的侵犯就如同思想侵犯，往往發生在權力不均的家庭組成上，可能是夫妻，可能是父母與子女的關係，從夫妻的角度來看，支撐家庭經濟者，有時會透過自己的影響力，要求另一半扮演他或她該做好的角色，以傳統的社會來看，多數被要求者爲女性，他們被規定該在家相夫教子，若是想出去與朋友社交、工作，甚至是學習知識，都會被另一半所限制，這就是權力不均與資訊不對等所產生的現象。

再從父母與子女的角度來看，通常行動自由的侵犯發生在孩子未成年時，或許是出於保護心態，父母會過多的限制孩子外出時間，只要待在家裡，父母能看得見才安心，除此之外，年輕的幼童正是充滿好奇心的時期，任何事物都想嘗試與學習，但是，有的父母爲了讓孩子專心於課業，剝奪了他們從事娛樂以及團體生活學習的機會，並認爲乖乖在家學習，或是上補習班、才藝班，才能在未來有更好的成就，爲了孩子的學校成績與表現，犧牲童年是應該的，這樣的思維甚至在傳統社會是常態。

基本上，對有些家庭而言，孩子是父母的產物或所有物，他們不被視爲地球的孩子，就是因爲有這樣的思維，行動自由的限制才容易發生。

再來從國家的角度來看，人民最有感的應該是居住、遷徙、集會與結社等等的自由侵犯，不同國家對於上述幾點有不同的自由度認知。

在有的國家內，人民所購買的土地與房屋，並不屬於人民，而是屬於國家的，只要政府要求某地居民離開，居民若是不就範，政府便派人前來拆屋，在這之中充滿了不公，甚至補償計畫不是沒有，就是不合理。

以遷徙來說，有的國家對於市民從一個城市搬到另一個城市，有著嚴格的限制，或許可以外出工作，但若是要成爲當地合法居民，就沒那麼容易了，不過可能是出於資源分配問題，在資源有限下，而做出這的決策，實際上這樣的做法是否過多侵犯行動自由，讀者們可以有自己的評判。

最後是集會與結社自由，不管是民主國家或專制國家，對於這樣的自由權，其實一直都存有不同方向的聲音，比如說罷工遊行，很常見於民主社會，工作者因爲在職場上沒有獲得期望的待遇之類的原因，因此發起抗議遊行，走上街頭發表不公，這樣的遊行往往會癱瘓交通，導致其他市民某方面的權益受損，有些市民能認同這樣的作法，因爲未來若是輪到他們遇到不公而需要上街頭遊行時，當然也希望受到其他市民的支持，因此多數人民都支持這樣的抗議遊行，雖然有部分人民認爲

抗議的頻率過高，已大大影響生活，因而無法完全認同這樣的行爲。

那麼在專制國家，要見到這樣的遊行並不容易，政府爲了控制社會，並強制他們妥協單一傳達的政令，會竭盡所能打壓抗議，甚至在教育上就不傳達人民有反應不公的權力。

那麼當人民有冤難申時，該如何是好呢？當然，並不是只有上街遊行才是唯一能抗議的作法，但這是最能引起社會關注的方式之一，當有天人民對於國家法令再也認同不下去時，抗議還是會發生，這也是個政府需要好好思考的點，到底管束的意義是甚麼？爲何那麼擔心人民表達自我意識？是否該重視生命，讓生命更加自由的綻放呢？

何謂過度侵犯自由——創造

創造自由的侵犯，其實也無所不在，不管是發生在家庭、學校與國家，而以企業的角度而言，受雇者本就該根據公司交付之任務行事，就先暫時不在這探討過度侵犯的創造自由。

從家庭來看，創造自由的侵犯容易發生在父母對孩童創意的壓制，年幼無知的孩子一拿起畫筆，就容易在家中的牆壁、地板或家具上開始創作，父母因爲乾淨的家具被塗鴉而感到心疼，有可能因此對孩童斥責，讓孩童不明所以的受到心靈重擊，進而減少對創作的興趣，父母應該理解到孩童的認知不足，或許可以換其他方式或空間讓孩童持續創作，並多以鼓勵代替責罵，保護好幼童那股純眞與創意。

除此之外，許多年輕大學生或研究生在求學階段便想嘗試在學校讀書之餘，進行自己的創業，希望利用學生時期那充滿衝勁的熱忱來擴大人生選擇，然而，身爲學生監護人與學費主要來源的父母，或許是出於保護心態或是其他原因，習慣阻擋兒女的夢想，看見自己的子女不好好把時間花在課業上，成天天馬行空，甚至是花錢投資未來想創造的事業，便勃然大怒的要求兒女停止，生怕小孩會因此人生毀滅，這些父母希望避免看見自己的小孩失敗，然而，換一個角度想，這樣是不是剝奪了小孩失敗的機會，以及從失敗中成長變得更強的機會呢？

那麼學校又是如何過度的侵犯創造自由呢？比如在寫作表達上，老師或學校或許有期望學生使用老師規定的寫作方式來論述，若是偏離了特定模式，便會被認定爲寫作風格怪異，而且無法獲得讚賞，不過在擁抱多元思維的現代，這些應該算是少數例子了，除此之外，在數學答題上，偶爾也會遇到學生使用不同於老師所教的算法來解題，有的老師鼓勵這樣的做法，有的老師卻會不予計分，因爲已經超出課本內容，這樣的做法等同於只鼓勵學生使用同一種角度來審視題目，變相扼殺其他的思維與可能性，會有點可惜，雖然我也能部分認同老師的想法。

最後以國家的角度來看，許許多多的創造會透過法律來禁止，有些是出於保護市民與國家，有的情況是出於保護政府，在有些專制社會，只要人民的創作被認爲帶有隱含的揶揄或抨擊政府的文字、圖像或歌曲等等，一律視爲犯罪，創作者還會受到懲處，對讀者您來說，這樣算是過度侵犯創造自由嗎？其他創造自由被侵犯的例子就不一一敘述了。

何謂過度侵犯自由——選擇

選擇自由的被侵犯，就等同於雙手雙腳被上了鐐銬，身爲一個人類，世界應該海闊天空的，若是前進的方向被規定與限制，甚至是難以逃離鐐銬，那麼這樣的人生，只能以「可惜」來形容。

我們已經從前面幾個部分知道家庭與學校等等環境，容易出現自由選擇的過度侵犯，那麼，這一切的背後之根本問題又在哪裡？我想，或許是「文化」的關係吧，文化會被傳承，父母與老師過去也曾經是嚮往自由的追夢者，但在過去環境的文化影響下，他們向命運低下頭來，甚至是不敢跨出自由選擇的那一步，由於自己是這麼對世界認知的，便希望眼前的孩童也跟隨這樣的模式，有的家長想法偏激，還會出現「既然我不曾有過，我的孩子憑甚麼能追求」的想法，如此的想法化爲行爲，就成了他人在自由選擇上的侵犯。

在少數國家或地區，過去有職業承襲的文化，例如印度，種性制度在大約西元前一五〇〇年前被建立，由當時占領印度的亞利安人由於當時的歷史因素而發展起的階級區隔制度，人們被劃分成婆羅門、刹帝利、吠舍、首陀羅等四個等級，細節就不在這裡多說了，三千年來，印度也習慣了這樣的制度，這樣的制度成爲人人生活的一部分，不同種性的人之間禁止通婚與從事相同職業，雖然印度在一九四七年脫離英國統治後將種性制度在法律上廢除，但要在廣大的土地上改變那數年下來的生活習慣與認知，還需要人們的努力與時間來慢慢調適與轉變。

我個人並未親自在印度旅遊與經歷這樣的現象，因此沒辦法準確表達目前的國民認知，但就「選擇自由」這件事來看，上述歷史無疑是侵犯了人類的選擇自由，人類的近代史跟過去相比實在太短，我相信人類在經歷過錯誤的決策與成長後，未來的幾十、幾百年後，會創造出更佳的社會認知與制度。

而就印度的例子再延伸出去，就是人類無法遺忘的全球大殖民時代，尤其是當西方世界發現美洲新大陸與東亞的未知國家或土地之後的那段時期，戰爭與掠奪，帶來的就是恐怖的選擇自由侵犯，被殖民的國家，被迫更改國籍，土地不再屬於當地人，原始政權消失，一夕之間，人民所認知的一切將由他人說了算，你的財產也不再屬於你，這些悲慘的過往必須化爲追求進步的教訓，那些自由被剝奪的切身之痛，只有眞正經歷過的人與其家人才能眞正體會。

本書之核心就在倡議珍惜與尊重生命、發揮生命價值、追求快樂與擁抱自由，從人類的歷史來看，過去那段野蠻的殖民行爲完全與之背道而馳，令人無法忍受的人類行爲必須成爲歷史，並締造更好的未來。

除了針對人類之外，若是把視角放得更廣，人類有尊重過動物與植物的選擇自由嗎？又或者說，人類需要給予尊重嗎？要或不要，分別又是什麼原因呢？

從實際的人類行爲來看，人類從對大自然予取於求，到追求環保與永續，確實在意識上有進步，但是追求環境永續的原因不在於尊重動物或植物的選擇權，而是某種出於自私的心態，不只是爲了人類下一代的可使用資源而煩惱，也是出於對生態多樣性的維持所努力。

此處並不是在說自私是一種錯誤或可恥行爲，而是在表達一切的想法，還是大部分圍繞在人類自身的利益，而不是去意識到或探討動物或植物是否擁有選擇的自由，而這個問題，目前就暫且不往下延伸了。

如何合理的抑制自由

從前面各個段落來看，我們探討了人類在思想、言論、行動、創造與選擇上是否該擁有絕對的自由，答案在這五個領域上都各有不同，其分別在對待他人與自己時，所具備的絕對自由程度也不一樣，簡單來說，人類在某些領域上擁有別人無法也無權剝奪的自由，例如思想，但當思想化作具

體行爲時，是需要受到管控的，例如言論或行動等等。

雖然自由需要受到某種程度上的限制，但世間上存在著過度侵犯自由的事例，因此我們了解到，抑制自由，必須具備合理性、公平性與正當性，這一部分就來探討，該如何合理的抑制自由，以達到自由與秩序間的平衡。

既然問題是「如何」做到，那麼首先第一步，要先確認人類與生俱來理應享有的自由，以及後天社會普遍不能接受的自由爲何，再針對不能接受的部分來做抑制，抑制上，必須秉持著兩個原則，**第一點，珍惜與尊重生命，第二點，人類在合理範圍內應享有最大程度的絕對自由。**

已經知道了「如何」，那麼又該怎麼定義「合理」呢？每個地區或文化對於合理，會有不同的詮釋，但往往就是因爲不同的詮釋與理解，才會創造出看似合理，實質上不公平又不合邏輯的自由抑制。

所謂的合理，其基石之一就在於「公開、透明」，只要能坦然面對一切，答案會呼之欲出，換句話說，**當掌權者想要隱瞞某些實情來控制自由時，就代表著「不合理」可能存在。**

例如不讓國人接觸到國外的網路資訊，避免看到外面世界的人民是如何捍衛自己的人權，看見它們是怎麼大聲向政府及世界表達訴求，透過網路資訊的限制，來減少自己國人對於人權與自由的意識，少了這份意識，人民就會以爲政府給予的資訊是合理的，因爲難以與其他的現象做比較。

組合合理的其他要素還包括「公平與公正」，要達到公平與公正，代表掌權者必須擁有一套準則，這套準則說明了面對不同的場景之下要如何去做管制，除了制訂出準則之外，更重要是執行，在執行上不能有差別待遇，這樣所謂的「理」才會被「合」。

除此之外，要有合理的判決與準則，其前提是「合乎邏輯」，可以先看看甚麼叫不合邏輯，例如當有人爲了社會的進步，說出了政府做錯的實情，希望大家正視錯誤並改進，結果說出實情的人從此消失在衆人眼前，此人再也無法在任何平台上發表自己的想法，甚至是被執法單位帶走進行思想教育，嚴重者被判處好幾年的刑期，相反的，若是幫助執法單位舉報那些爲了國家好而說出實情的人們，導致眞正幫助國家的人被消失，支持錯誤政策的人反而因爲舉報行爲而受到表揚，這就是一件令人覺得匪夷所思的現象。

現在，就以難以抑制的思想自由來舉例，合理的抑制，才稱得上自由與秩序上的平衡。

首先，沒有任何法律之力量能侵犯思想，因爲思想屬於無人能看見與聽見的東西（測謊機等相關儀器不在考慮範圍），因此人類應該享有絕對的思想自由。

下一步，找出有哪些思想是普遍被社會所無法接受的，其實非常多，包括害人之心、犯罪動機、滿腹怨言與批評、不公不義的思想等等，這些例子都是一般大衆不希望身邊的人具備的思想。

再下一步就是針對這些思想做抑制，抑制時，秉持兩大原則，「珍惜與尊重生命」以及「人類在合理範圍內應享有最大程度的絕對自由」，要合理的抑制，必須保持公開透明、公正與公平，並且合乎邏輯，從以上資訊來看，該如何合理的抑制那些不討人喜歡的自由思想？

原則上，每個人的存在都很可貴，每一個生命能夠存在，並具備思想之能力，是必須被珍惜與尊重的，而且，只要負面思想只存在於腦中，在沒有轉化爲行爲之前，都應享有絕對的思想自由，每一個人都需要被如此的對待，不管其思想爲傷天害理，或是充滿善意，思想自由就是思想自由，必須保持公平與公正的對待，盡管你再討厭那樣的思維，也不應該侵犯其腦袋，強制改變想法。

不過，這個社會還是有對於這樣負面思維的因應之道，例如自我遠離，遇到充滿負面思維的人，那麼遠離之就可，不讓自己受到影響，或是透過教育手段，從小就做好品德教育，鼓吹正向思

考，又或是透過極端一點的手法，公開批評哪些思維是不受歡迎且須要避免的。

不僅如此，社會也會透過關懷的力量來緩和具有負面思維的人，人與人之間的溫暖，就是一種治癒良藥，方法有很多種，就算人類沒有權力侵犯他人的思想，但還是有幫助人與社會變好的方式。

第四章、觀點決定人生

看待世界的角度

觀點決定人生，當你覺得這個世界海闊天空，你的目標與觸角擁有無限個可能，你便會感受到自由，相反的，當你覺得生活像牢籠，幸運之神總是忽略你的存在，處處都是阻擋你前進的石頭，那麼，你身上那無形的牢銬就會一直存在，使你更加難以逃脫束縛，因此，看待世界的方式與角度若是不一樣，可以帶給你截然不同的人生，許多機會也會因爲視角的轉換而被看見。

接下來的部分就從一個人如何看待眼中世界的地域範圍、每天生活所著重的目標、他人在自己眼中的態度與評價、發展機會與時運，以及世界的美與醜等等領域作爲切入點，來看看若是以不同的視角來看待之，世界會有何不同。

眼中的地域限制

人眼中的地域範圍，在這個部分劃分爲「自己所生長的土地」、「區域性國家的土地」，再到「全世界」的範圍，一個人眼中的世界範圍若有所限制，那麼就算世界無邊無界，對他們來說也只是外部資訊，只要不影響到自己的生活圈卽可。

從地域的角度來看，許多人的世界就是從小到大生長的土地，一切的生活起居、生老病死都在同一片土地上發生，就算世界之大，有許多不同的人種、語言、景色，對這些人來說只要在電視上或網路上看看就足矣，不需要踏出國門去做眞實的接觸，平日所關心的事物只侷限在熟悉的土地與人群，對他們來說，離自身最近的事情才是最該關心的，其他的世界動盪，遠在天邊，只要戰爭不要波及到自己的土地，那就看看就好，置身事外也是正常的。

有一個無人不知的中國成語叫「井底之蛙」，意思在講井底的青蛙抬頭所看到的天空，只有井口那麼大，卻以爲那就是整個天空了，這個成語若是拿來對人使用，就是在表示這個人格局不夠大，內涵不夠多，卻以爲自己已經對事情很全面性的了解了。

並不是說前面所形容的這一類人有如井底之蛙，世界之大，每一個人有權力選擇要如何看待自己眼中的世界，而這裡是希望能透過這個成語作爲警惕，若是沒有實際的踏出自己熟悉的土地，是難以眞正體會其他土地的文化的，更需要警惕自己的就是，不要成爲不夠理解他國文化就妄自評論的人，許多事情的理解，並不是從他人口中聽到，或是網路上看到，就是你眼中的全貌。

另外一種人，視角會更寬廣一點，雖然還不是含括全貌，這些人以區域做爲一個範圍，這個區域由相同地理位置、文化或語言等等元素所構成，比起不同的文化，這群人更偏好跟自己更相像的事物。

以亞洲爲例，有的人對於黃皮膚的血脈更加有認同感，因此同一片區域的鄰近國家會更容易被自己視爲同一掛的人，並且願意到這些地方走走看看，聆聽他們的音樂，儘管文字與語言上不同，但由於歷史因素，其實有許多相似之處，例如中文、韓文與日文，若是在自己的國家遇到來自同樣區域的他國人民，更會視爲自己人或是熱情款待，這就是以區域作爲自己眼中之世界範圍的人會發生的事。

而這一類人的特質就是，在遇到來自其他區域的人民時，就會顯得隔閡，或是在身分認同上就直接認定爲不是同一掛的，例如有些亞洲人遇到西方人，難以接受他們看待自由與開放的態度，或

是其他看待事物的角度，那麼乾脆不要接觸，只需要跟自己所認同的區域內人民互動就夠了。

再下一類人，就將自己視爲世界公民了，對他們來說，不需要國界的區隔，大家都應該爲這個世界的美好、和平與繁榮所努力，換個角度說，這個世界的人類沒有任何區別，人類卽是人類，本是同根生，相煎何太急。

尊重、友善、包容與理解，這幾個要素是成爲世界人的基本核心，有了這些要素，就能減少歧見與排斥，世界人面對來自不同地區的人與文化，心中帶著尊重，身爲踩著同一片土地的人類，彼此對彼此友善，遇到再難以理解的事物或行爲，也能夠包容，並理解對方行爲背後的原因與意義，更可貴的是能夠放下，正視歷史曾發生的過錯，原諒，並擁抱彼此，這是世界人所具備的高度。

對世界公民來說，地球另一邊發生的事，就如同是自己家園的事，當有的國家面臨戰爭、飢荒、天災、人道問題、生態災害等等問題時，他們一樣感到心疼，因爲家只有一個，就是地球。

對自己眼中的世界抱持著不同的視角與高度，對於個人的人生來說，會有很大的影響嗎？老實說，影響不大，不管眼界是大還是小，每一個人還是能夠在自己的世界裡追尋自己的目標與幸福，但是眼中世界的範圍是如何被影響，或許是出自於自己的決定，又或者是因爲環境因素，導致有的人難以接觸到更寬廣的世界，也因爲少了其他未知事物進到自己的眼中，進而失去了體驗不同人生的機會。

相反的，自詡爲世界公民或眞正成爲世界公民的人，因爲多了更多機會與意願去探究未知，也間接的透過這樣的視野與好奇心促使了全球經濟的往來與發展。這些不安於現狀的人幫助自己與其他人開啟了視野，不只是關心世界議題，更是離開了地球，探索更未知的太空，因爲他們不願意將自己只侷限在腳踏的土地或是眼前的事物，大量新的資訊就這樣被世界公民所發現，進步就隨之而來。

而再換個角度來看，只關注自己所在區域的人們，腳踏實地，或許對其他領域少了那份好奇心與求知慾，但是他們努力的使身邊的環境變得更好，專注在眼前，創造讓自己願意長期居住的社會，在更好的環境下孕育下一代，下一代的人再自由選擇繼續深耕這塊土地，或是到其他的土地上探索。

不管是保持著什麼樣的眼界看待世界，都一點一滴的影響周遭，每一個人的不同，就是這世界最美的事物，也因爲這些不一樣，才有了健全的多工社會與世界。

每日的生活目標

講完一個人看待眼中的世界範圍，現在將視角轉換到每個人每日的生活目標，每天的重心放在哪裡，長久下來，人生就成了甚麼樣子，這個部分可以幫助你與我探討「你爲何而活」。

讀者可以同時問問自己，我每天到底在忙甚麼？投入這麼多時間在正在做的事情，其意義爲何？這是我要的生活嗎？如果這不是我的生活目標，接下來該怎麼做？我的時間該如何分配呢？諸如此類的問題看似簡單，其實卻能大大的幫助你審視人生，透過跟自己對話來幫助自己找到那條願意一直走的路。

接下來就從「工作」、「家庭」、「興趣愛好」、「當前工作外的事業目標」、「重視當下或未來」等等的生活領域與思維來探討，許多人把時間都花去哪裡了？而把時間花在這些地方是否眞的值得？若是轉換思維，重新分配時間，又會如何呢？

每日的生活目標——工作

一開始就從多數人每天起床必須面對的「工作」談起，在你獲得財務自由或時間自由之前，多數人是逃離不了工作的，那麼人爲甚麼要工作？最基本的爲了謀生、爲了照顧家庭、爲了培養一技之長，有的人不缺錢，工作是爲了探索世界、體驗人生，有的人工作是爲了學習產業知識，將來自行創業，有的人工作是透過薪資來資助自己想從事的投資、興趣愛好等等。

不管目的爲何，工作的本質就在於透過幫助老闆達到目標，老闆給予金錢等等形式的東西作爲報酬，幫助老闆不斷達到目標後，產業及社會便會不斷往前邁進，推出更好、更新的產品或服務，受雇者也因爲有了薪資報酬而具備達成各種個人目標的初步條件，也因爲能利用金錢購買東西，促進了整體社會的金錢流動，使社會各個齒輪能良好運作，並創造更多工作機會來招募勞動力，這樣的循環就因爲有了「工作」而能持續下去。

因爲有了雇用與受雇的關係存在，每一位受雇者有其責任與義務在規定的時間內將時間投入在工作事務上，除了規定的時間內，也有很大的可能性超過這段時間，或許是被迫加班，或許是自發性加班，工作都幾乎是人類在這世界上占據最多時間的事情，換言之，若是選擇的工作做起來不開心，那就像是每天待在監牢一樣。

然而，這世上有許許多多的人做著不喜歡的工作，抱怨著生活，卻還是離不開這樣的環境，每天帶著一身疲憊回家，睡醒後又是面對一樣的工作環境，難以脫身，形成日復一日的痛苦，會有這樣的情形，其主因或許就在於「你眼裡只有工作」。

有另一種人一樣眼裡只有工作，但心境不同，這種類型的人，又被稱作「工作狂」，或許是出自於熱愛自己的工作，又或是出於高度的責任感，這群人把大把的時間投入在工作，希望能把事情做到完美，並在職場體系內成長茁壯，往上爬到自己想要的位子。

對於那些熱愛當前工作的人，我替他們感到開心，因爲每天都能開心地追求自我突破，非常義無反顧的學習與付出，而且每一絲付出的努力與時間都被利用在對的事物上，每一天都在自己所想待的世界裡活著。

從上述提及的現象再延伸出來看，該如何看待自己的工作呢？是因爲需要維生、賺錢、獲得成就感等等有形與無形的原因而做，就算同事有毒，而且每天被壓力壓得喘不過氣，還得爲了比別人高一點點的薪資而奮鬥？還是說應該爲了開心而活，就算薪資不一定在主、客觀來說都很高，但是工作環境使身心靈愉悅，可能是個人能力能好好發揮於工作，可能是老闆與同事很好相處，讓人每天能帶著笑容回家，無壓力的從事自己想做的個人事情，再開心迎接隔天？

這個問題其實會導到**「金錢重要還是感受重要？」**，答案很簡單，所謂快樂的感受，是做甚麼事情都很快樂，若是快樂是人生終極目標，那麼你無時無刻都是達標狀態，而金錢呢？有錢，可以眞的很快樂，但有錢，也不一定能獲得眞正想要的快樂。**「有錢」是一種「能力」，而「快樂」是一種「狀態」，你是爲了能力而活，還是爲了狀態而活呢？**

每日的生活目標——家庭

對另外一群人來說，工作不是生活重心，一切的努力都是爲了「家庭」，這些人明白工作的最終目的不是賺錢，如何使用賺到的錢，才是他們在乎的事，而他們決定把大部分的金錢跟精力投入

在自己的家庭中。

所謂家庭，可能是注重與另一伴的小情侶或夫妻生活，定期規劃好兩人的假期，一起從事不一樣的活動，這些時刻帶給他們開心；也可能是單身生活，把自己的一人家庭過得舒舒服服，在工作外的時間享受自己的單身生活，打理好一個人的家，自己外出吃飯、看電影，都讓人感到愜意放鬆；也可能世上有老、下有小，需要成爲家裡的經濟支柱，養育小孩，供他們吃、住與教育等等，看著自己的小孩快樂長大，也看著自己的父母能好好養老，這就是這群人的快樂了，對於「家庭」的定義，每個人不一樣，這裡主要講的就是下班後，自己所居住的地方，以及互相陪伴的家庭成員們。

注重家庭的人，比較不願意被公司事務綁住，只要沒有重大急事，就沒有必要多爲公司付出那幾分鐘，進而壓縮陪伴自己與家人的時間，人的壽命有限，每天多工作一個小時，你的家人就少跟你互動一個小時，假設每個工作天都加班一個小時，一年下來，你的家人就少了兩百多個小時見到你。

對家庭順位比工作前面的人來說，爲了工作而忽略家人是不符合道理的一件事情，而這群人其實也不一定會因爲以家人爲重就忽視工作，反而有可能爲了有更多時間陪伴家庭，更加有效率的完成工作事務，反而比時常加班的人更加會善用時間，只要做好時間分配，知道事情的輕重緩急，就能好好的安排人生。

每日的生活目標——興趣與愛好

除了自己的家庭生活，當然「興趣愛好」更是少不了的生活調味劑，比如有些人從小立志成爲畫家，但因爲父母或老師的影響下，只好專心唸書，畢業後找了個還過得去的工作，對這個人來說，工作是用自己的時間與付出來換取能養活自己的金錢，但在工作之餘，畫畫與創作才眞正能燃起對生命的那股熱情，快樂的泉源從這個地方來，使自己持續保持動力，用力的工作與生活。

這個情況在說明，人們很清楚知道自己想要做的事情是甚麼，希望能花更多的時間在某些讓自己感到快樂的領域，但是，在這些領域獲得成就前，不一定能有穩定的收入，而且人們也容易受到旁人價值觀影響，認爲興趣愛好不能當工作，於是選擇從事主流大眾認爲正確的路，在這些因素的影響下，興趣與愛好漸漸變成只能用更少的時間來觸碰的事物。

所以值得探討的問題點來了，**既然某個興趣是人們非常情有獨鍾而且能夠長期從事的，在「人生短暫」這個認知前提下，是否應該追尋內心的渴望，將大部分的時間放在這個領域？還是爲了符合某些社會期望，選擇跟大家類似的路，找一個前景好的公司，爲公司努力付出，直到退休？**

這個問題比較難有標準答案，每個人會根據自己的判斷來分配時間給自己眞正想從事的工作外興趣，畢竟，不是每一個人都能靠興趣來維生，以打籃球爲例，有多少人能因爲實力夠強而加入職業籃球隊？因此人們需要有穩定的經濟基礎時，才更能維持與興趣之間的羈絆。

興趣與愛好的存在，提醒了每一個工作者，這世界上有許許多多的事物值得探索，若是沒日沒夜的工作，可能會不小心忽略掉那些有趣的事物，而時間是固定的，一去不復返，所以請讀者好好想想，這麼努力的活著，是爲了甚麼？

每日的生活目標——當前工作外的事業目標

前面提到過工作占據了人生許多的時間，在生命短暫的認知之下，選擇一個能做得開心又能累積財富的工作是一件非常重要的事，而除了選擇工作之外，有的不畏懼風險的人，會創造工作。

世間上所有的工作都是被創造而來，這些空缺向你招手，等著你進去蹲，若是沒有前人創造職缺，就沒有這些充滿壓力、成就感、快樂、毒性等等的工作，換言之，既然職缺都是被創造而來，你也能爲自己或他人創造工作。

因此，有的人雖然身陷在當下某一個固定工作之中，卻在下班時間或工作之餘默默耕耘或醞釀屬於自己的事業，或許是研究市場或鑽研技術，這些不願意被當前工作綁住的人們心裡很淸楚，世界很寬闊，若是沒有遇到完全適合自己的工作環境或待遇，那麼就由自己來創造，等到心意已絕的時刻，便可能會兩邊事業同時進行，或是直接離開當前的工作，不給自己一個回頭的機會。

有時候不一定是因爲當前的工作環境不好，而就只是想好好把握人生，挑戰未知，因爲人生沒有甚麼好輸的，光是「活著」這件事情，就已經是極大的幸運，若是能創造自己的產品或服務被世人所用，其帶來的成就感就算是很成功的上班族也很難體會，只有親自做過才能知道，當然，若是挑戰失敗，也可能賠掉過往的積蓄或人脈，不過，如過創造一番屬於自己的事業有那麼容易，我也不必在這講東又講西的。

所以說，看待事業的視角不同，其人生就不同，你是專於於眼前成就的人，還是眼望未來，不安於現狀的那一類人呢？

每日的生活目標——現在與未來

從當前工作外的目標來看，可以知道將目光鎖定在現在或未來，會型塑出不同的人生，包括人生的過程與結果，都可能截然不同，而不同的角度，不一定有好壞之分，畢竟每個人有不同的生存之道，各自的目標與需求也不同，所以不能說只有那些將目標放很遠的人，才是有遠見與相較思維更縝密的人。

所謂的專注於現在，從某一個角度來看，相比與專注於未來的人，他們更重視眼前目標，也可能更聚焦於眼前的細節，或許也因爲能不斷達成眼前目標而容易感到滿足，與其思考未來三年、五年、十年的規劃與可能的發展，不如好好的解決眼前的事情，磨練技能來克服當下的困難。

隨著時間累積，在三年、五年與十年之後，其實，專注於眼前的人擁有了極度專注與充實的十年，未來的發展也可能受益於這些年專注於當下所獲得的經驗。

專注於現在的人，在另外一個角度來看，也是「人生短暫、珍惜當下」的擁護者，就是因爲知道生命的珍貴，與其想著未來的豐功偉業，不如享受當下的刺激與快樂，畢竟等到最終時刻，大家都會面臨到離開世界的那天，那就好好珍惜當下陪伴在身邊的親友、當下的成就感與當下的笑容。

不過，只重視當下的人，也可能會因爲這點而無法笑到最後，從反面的角度來看，有些人過於貪圖眼前的愉悅，不願意面對未來可能的動盪與挑戰，就算完成了今日的任務，卻可能因爲不願意扛住壓力在充滿競爭的社會中突破，最後成爲原地踏步或退步的那一類人。

由於缺乏對大局勢的判斷，以及對自身人生長期的規劃與目標設定，就難以不斷創造眼前的快樂，以成就長期且持續的快樂，這就是專於於當下的人可能會面臨到的危機。

現在來說說那些眼看未來的人，有些特質可以在這些人身上看到，從「個人」面來看，包括財富累積、追求時間自由、擅於設立短中長期目標、時常想像未來自己身在何處，但也可能因爲過於擔憂未來而產生更多壓力，並且知道未來的成就需要靠現在的實力累積，因此難以怠惰。

從「非個人」面來看，專注未來的人，比較容易在乎永續發展，以及關心人類的未來，而不是急於眼前利益而忽略未來的人類社會，這些人能夠意識到現在與未來可能發生的災害，並從現在就著手投入資金與資源，希望減少環境汙染，並建立起適合人類與其他生物居住的環境。

從未來的角度來看世界，眼前的許多惶恐與擔憂，都會變成不足掛齒的小事，比如說，有的島嶼國家未來可能因爲海平面上升而滅島，擔憂國家發展都來不及了，難道他們的國民還需要在意昨天男友沒幫我提包包而破口大罵？這只是一個小比喻，想要表達比起未來的成就，有些當下的雞毛蒜皮小事都是不太需要花過多精力去擔心或使情緒波折的。

眼中的他人

除了眼中的地域限制與範圍，以及每天活著的目標與角度，「人」更是人類社會幾乎每天必須接觸的，而在你眼中的他人是甚麼樣的樣貌與態度，你的世界也會跟著充滿這樣的氛圍，換言之，思維決定了你眼中的他人。

同樣的一個人，對方講出來的字句與表達，在每一個人眼中都可能呈現出不同的樣子，也會有不同的感受，當有人表達稱讚時，在不同人眼中看到的可能是「誠懇」，可能是「虛假」；你也可能覺得這個社會很「友善」，但有的人反而覺得大家都戴著「邪惡」的意念；一句話、一個表情或是一個手勢，有人看了充滿「熱情」，有人看了，是「冷漠或平淡」；看待他人、朋友、親人同事等等，你可能盡量往好的一面看，覺得對方很「優秀」，在專業的領域或態度上令人想讚許，但你也可能從其他角度來看，覺得對方事情都做不好，眞是「差勁」。

接下來就以幾個例子來說明，讀者也可以自我審視，在自己的眼中，其他人是甚麼樣貌。

眼中的他人——誠懇與虛假

從「誠懇與虛假」的角度來看，小孩子天眞無邪，很容易相信其他人說的話，對他們來說，所接收到的話都是實話，每一個人都是誠懇的，直到漸漸長大，觀察到謊言，學會了說謊，也知道如何用善意的謊言來包裝字句，見識了一些虛假的面貌，也開始懂得分辨誠懇與虛假。

但，能夠分辨是一種「能力」，而用甚麼視角來看待是一種「選擇」，不過，如果是「不能分辨」，進而覺得大家都很誠懇，或者大家都很虛假，這就決定了當事人的世界面貌了。

先從選擇來看吧，在有能力分辨對方態度爲前提下，通常只有在對方言語虛假時，我們才需要自己選擇以誠懇的角度來看待，通常不會見到對方很誠懇後還選擇相信對方很虛假。那麼，從上述來看，能夠做到「選擇」的人，是「大器」？「愚笨」？還是「有智慧」呢？

或許答案都是，大器的人，選擇不跟虛假的人一般見識，就算知道對方帶著目的性而前來，還是能夠與對方相談甚歡，因爲自己知道自己的底線在哪裡，聽一聽又何妨，就別計較了。

那麼愚笨的人，其情況又是如何呢？這類人或許過於善良，明明知道有詐，卻硬是相信對方不是眞的那麼陰險，最後很可能正中對方下懷。

有智慧的人，又是如何呢？他們知道每個人說出的每一句話都帶有目的性，當對方帶著需求而來，或者是暗裡藏著需求時，有智慧的人會詢問對方問問題或表達某件事情的原因爲何，並在對方表達後，不做過多的個人意見陳述，因爲對方就等著你的個人意見，想從你的字句去擷取他或她需要的部分，因此智者會回個很大方向的回應，並利用對方有需求時，反問對方自己的看法，或是順勢跟對方要求自己也想得知的資訊作爲交換，給予的同時也能得到一些東西。

再來看看那些不太會分辨他人心中動機的人，通常會有難以分辨的狀況，取決於個人的人生經歷或個人價值觀等等，當你心中正直與誠懇，你看待任何人都是溫暖、可愛且誠懇，當你心中滿是恨或虛假，任何人的言語在你耳中都會是酸的，久而久之，帶著不同思維的人，其散發出的氣質就會越來越不同。

正向的人平易近人，使人願意多花時間親近，負面的人反而會把身邊的朋友推得越來越遠，畢竟沒有人喜歡善意的對待他人時，被認爲虛情假意。

眼中的他人——友善與邪惡

類似於看待他人是誠懇還是虛假，「善與惡」也影響著人們如何看待這個世界，世上充滿著善，同時也充斥著惡，在這複雜的社會，人們漸漸的建立起對彼此那透明的一道牆，不敢輕易的相信他人，尤其是來歷不明的陌生人，用「拒絕」來回應陌生事物，成了人類社會的正常現象，原因就在於與其相信他人都是友善的，不如假設他人心中都帶有一些些私慾或惡念，這樣才能更加的保護自己。

上述的說法其實就是一個很好的例子來說明，若是心中覺得他人是邪惡的，會如何對社會做出反應，用不同的角度來看待世界與他人，人類就會有不同的行爲與後果。

有的人活得開心自在，原因是覺得人類社會很友好，自己願意在看見他人需要幫助時給予援手，也相信大家會在自己有難時前來協助，同時也並不覺得自己會被傷害或陷害，就算眞的有人做出違反社會規範而損害他人利益的行爲，在這群「善」的擁護者中，也深深相信那些壞人心中還是有柔軟的一面，而且可以透過教育來感化，使人重新回到善的世界。

有的人處處提防，不輕易相信他人，再嚴重一點，甚至會覺得接近他們的人都帶著惡意，或是認爲他人的言語或行爲容易侵犯到自己，不管是實體上的侵犯或思想上的侵犯，都會使得這些人心裡不舒服，就算對方只是無心的一句正常的話，也可能被解讀爲具備攻擊性或嘲諷。

被嘲諷的人可能會內心更加厭惡世界，自己默默無限輪迴的思考，使自己越加不信任社會，也可能不願意接受他人的「惡」，而進行反擊，就簡單的一句無心的話，導致了社會的混亂，這都是看待他人爲「惡」時，實際會發生的狀況。

換個角度來看，雖然心中充滿善，看世界都是善的，雖然心中滿是不信任或惡意，看待他人也是如此，不過，人性會改變，心善的人也可能在遭遇重大事故後改變對人性的看法，轉而更加深信這世界是邪惡的，因爲自己一直以來堅信的事物被改觀，所背後影響的力量是很大的，

另一方面，認爲世界充滿邪念的人，也可能因爲帶著這樣的思維而強化了自己，使自己更加強大，達到難以被摧毀的境界。

所以，每個人根據自己的信仰而活，自己跟隨內心，照自己對世界的理解過活，活出自己的路最重要。

眼中的他人——優秀與差勁

每一個人存在於這世界上都有其價值與意義，整個社會都是靠具有不同背景與知識的人所建立起，因此職業不分貴賤，每一種工作都是使社會穩定運轉的重要齒輪。

然而，每一個人的家庭背景不同，資源不同，思維不同，從教育開始就有了分級制度，將不同程度的學生依據考試成績來決定能選擇的高中、大學以及後續的研究所等等，出了社會後，社會再根據新鮮人的學識背景與經歷來決定用人與薪資，進到公司上班後，再根據能力與年資來調整階級與薪資福利，一階又一階的管理制度，使得人們容易用成績、經驗、能力、階級與薪資等等作爲評判人的依據，並用這些事物來斷定一個人是否優秀。

但是，一個人的價值，往往能在許許多多看得見與看不見的地方體現，從上述的評判依據來看，或許只能在某些特定領域作爲標準，它們難以被用來界定一個人優秀與否，比如一個企業要招募員工，雖然有的人名校畢業，在校成績好，或者是擁有過在知名企業工作的經歷，但這些經歷不代表能看見這個人的責任感、團隊合作態度、正直心、魄力等等難以被量化的人格特質，若是前來面試的人員做事習慣留下爛尾給人收拾，就算學識背景再強，這樣的人還能夠被稱爲優秀嗎？

相反的，許多企業喜歡招募剛畢業的社會新鮮人，就算他們經驗不足，許多事情都須從頭學過，但是，往往這群人能爲公司帶來衝勁、活力與創新，與資深的職員搭配下，往往能互相牽動，創造具備經驗、實力與動力的團隊，並有效達到目標。

就算被招募者並非本身具備工作相關知識，或者是出身名校，也能有這樣的效果，其效果跟名校畢業的新鮮人不一定有明顯的差距，甚至中、後段學校畢業的新鮮人爲了證明自己，可以發揮出更加大的意志力與決心，我想，這群人肯定不應該在校成績較差就被歸類爲差勁吧。

人很容易被自己身在的環境與旁人價值觀影響，進而僵化自己審視人的角度，他人在許多領域上的傑出，或許你看不見，但不代表不存在，因此，在評判他人之前，最好三思，因爲你所講出來的話不一定是事實，也不一定包括全貌。

當你能處處看見優秀，你就時時刻刻都在學習與成長，當你眼中只有輕視，那麼你很容易會陷入停滯或思想退步，觀點決定了人生。

發展機會與時運

地球雖小，但對人類來說還是相當大的，一條路不能通，總會有另外一條路能讓人前往目的地，問題就在於，你的眼中只有眼前的那條路，還是能看見其他的機會呢？

對有些人來說，這世上處處是機會，不管在任何領域或任何時候都總有辦法抓住機會，或是遇到貴人，似乎不擔心時運不濟的問題，就算整體社會面臨經濟低谷，他們還是能在低谷中穿梭，找到發光的那條路；相反的，有的人比較容易抱怨自身能力不足，或是局勢不好，看不見機會，想著自己總是倒楣，似乎這世間就是要跟自己作對，限縮自己的發展空間。

這兩類人爲何會有如此的差別？是甚麼樣的原因導致兩者在思維上與際遇上的不同？眞的有一方不受老天眷顧嗎？這兩種不同的思維，又會導向何種人生呢？

從原因來看，首先可能與成長背景與家庭教育有緊密的關係，再來就是對人生五大關鍵要素的認知差異，分別是**「認知」**、**「把握」**、**「動機」**、**「能力」**與**「快樂」**。

從「家庭成長背景」來看，父母的身教與言教在長期的耳濡目染影響下，孩子在思考的邏輯與性格容易呈現類似的風格，除此之外，父母對孩子的思維與行爲管束方式，也容易造就小孩在成長過程中，形塑出開放或壓抑的思維。

對於認爲生活處處是機會的人來說，其成長過程中可能被鼓勵發言，可以盡情的表達自我感受，同時長輩也願意好好的溝通與引導，孩子在這種能充分表達思維的環境中長大，會更容易對所見之物表達欣賞或爭辯，也更有機會去挑戰與嘗試不同的思維角度，也因此較有意願與能力察覺不同的可能性，並將察覺到的事物表達出來。

在經年累月之後，這樣的人能夠練就一番找尋機會的功夫，由於腦袋與視角是自由的，不容易受到框架的限制，也因此總能找到自己出路。

此外，還可以從另一個角度來看待那些容易在社會找尋機會的人，恰巧與前面的生長背景不同，這群人是基於受到侷限與壓抑，進而激起想突破束縛的能量。

例如有的家庭對小孩設有門禁，規定每天晚上十點前必須回到家中，在數年來的束縛之下，小孩認爲這個世界是安靜又規律的，直到有一天小孩到外縣市讀書，在門禁這個指令不管用後，年輕人發現了夜晚的美好，反而大肆夜夜不歸，總要與朋友到各個地方流連忘返，甚至因爲報復性的補足過去所失去的，這樣的行爲可能會維持非常久的時間。

從這個例子來看，這樣子內心的突破，給予一個人更多的好奇心，使人更願意也更能夠在處處找尋人生的機會。

而總覺得時運不濟，處處找不到機會的人，從其成長背景來看，可能發生在家長過度的壓抑，當孩子充滿著想像力與活力，想要挑戰自己與世界，說出了很多遠大夢想時，父母直接叫他們洗洗睡，或是直接說出「浪費時間」、「為甚麼不實際一點？」、「你那樣的腦袋還想成事啊？」之類的話語，想要澆熄年輕人成長的慾望。

孩子在這樣的環境之下，若是沒有如同前面所說的那種「突破」，那麼就容易被父母牽著走，成為一個怕失敗、不敢嘗試的人，而且完全沒有跨出框架的經驗，久而久之，世界上的許多機會就容易被忽略，或是找不到，缺乏了跳躍的思維與經驗，其人生會相較更風平浪靜。

除了家庭背景因素外，其他會導致對世界的機會有認知差別的原因，其實又會回繞在前面「發揮價值，利用時間」與「設定人生目標」章節提到過的幾個關鍵要素，**「認知」**、**「把握」**、**「動機」**、**「能力」**與**「快樂」**，每一個人對這五大要素的掌握度不同，便會形塑出對世界不同的認知。

從「認知」來看，關鍵點在於**「能意識到自己此時此刻的存在，並認知到自己的存在是個奇蹟」**，既然能知道自己是奇蹟的象徵，能夠在無限小的機率下成為人類，這種事情都能發生了，難道世間上還能沒有機會嗎？你、我眼中的這一切，除了大自然，幾乎都由人類的雙手所建，機會是被發掘與建立出來的，自己的每一個動作都是在創造奇蹟的歷史，只要這樣想，便會發現世界與機會的廣闊。

再來是「把握」，其關鍵在於**「知道生命短暫，時間寶貴，少做令人後悔的決定」**，在時間有限的前提下要度過這個人生，需要把握珍貴的每一天，如果沒有意識到時間的流失，便可能使人多懶散一天，不那麼切身感受到身邊的機會，反之，若是把握每一分與每一秒，便會更願意幫自己找到目標與路徑。

而「動機」呢，其關鍵在於**「當目標背後有著能讓你不斷燃燒能量的動機，你會知道這是你要**

的」，換句話說，看不到機會，可能出在於你沒有找到心中對某一件事情的熱忱，當熱忱與動機不足，便難以針對這個目標強力執行，就容易覺得這世上的事物都不是你要的，也因而錯失了許多機會。

至於「能力」，關鍵在於**「不對自身能力設限，提升自身能力以達到目標需求」**，基本上，能力在很大程度上影響了你能不能把握住機會，當能力不足，或是準備不夠時，就算機會來到了眼前，也只能眼睜睜看著它逝去，「機會是留給準備好的人」，這句話聽到膩了，可是卻是最實際的一句話。

最後是「快樂」，要記住的是**「擁有快樂，你就擁有一切」**，若是感覺懷才不遇，再怎麼努力還是沒被看見，找不到屬於自己的舞台，那麼請回頭問問自己，你所追求的事情是真正能讓你感到快樂的嗎？

如果是，那不用怕，這就是你追求的終極目標，請繼續堅持，在這個過程中，汗水對你來說不算甚麼，嘗到果實的那一刻便會感受到成功有多麼的令人興奮，相反的，如果所追求的事物其實根本不是你的心之所向，就算達到了目標也不一定能讓人感到快樂，那麼感受到懷才不遇也是正常的，可能得找到真正讓你快樂與感動的事物，並奮力一搏。

世界是美還是醜

「世界不是缺少美，而是缺少發現」，這句話大家耳熟能詳，大家秉持著不同的眼光與角度看待這個世界，對有的人來說，路邊的野草是那麼高挺與翠綠，而對有的人來說，沿岸邊的夕陽，也只是每天都會見到日落罷了，這個世界是美還是醜，取決於自己理解事物的角度，你是擅於欣賞與誇讚，還是經常批評或忽視呢？世界是如何被你看待，你就會身處在什麼樣的世界。

爲何同樣一件事物，有的人能找到它的美，知道如何欣賞它那獨特的迷人之處，而有的人卻是雞蛋裡挑骨頭，好像不批評就渾身不對勁？

或許就如同前面的章節「發展機會與時運」，審視事物的習慣受到了從小生長環境的影響，習慣以正面的角度來觀看其他人、事、物的人，過去受到誇讚的機會相比上可能比較多，並更多的被鼓勵從事各項發展，而且也更頻繁的看見長輩對他人或事物的讚美，他們容易心懷感激，謝謝一切的美好，謝謝出門玩樂沒下雨，感受世間的點點滴滴，在耳濡目染之下，在這樣環境成長的人也漸漸成爲了容易感激與欣賞的人。

同樣的，總是嫌惡事物，加以批評的那一類人，小時候大概少不了被他人批評，過去所受到的家庭教育成爲了將來再施加於他人的養分，他們學習了如何從負面的角度來看待事物，並透過將負面的思維表達出來，顯得自己相較更加高尚，這樣子利用講述他人之惡來彰顯自己之好的行爲，也是會透過家庭教育傳給下一代的，久而久之，這些人眼中的世界成爲了醜惡大熔爐，而且是他們的思維讓自己住在這樣的大熔爐中。

除了家庭背景，有時候是因爲工作因素，促使自己成爲了懂得欣賞事物的人，或易於評判的人。

舉例來說，室內設計師、軟裝設計師，建築師、木工師傅等等因爲長期身處在建築相關的設計產業，更容易從細小且不易察覺的角度來對房屋進行設計或改造，每一個角落都是能納入思考的點，從管線設計到玄關、客廳、餐廳、廚房、浴室、臥房、陽台與房屋外觀等等地方，根據不同的

目的與意義，設計師能透過對美的察覺與經驗來賦予建物生命，這就是基於工作因素而更知道如何欣賞美的例子。

至於易於評判的人，有時候會發生在企業組織的主管階級身上，為了維持公司的營運與獲利，企業主管們必須點出問題，要求組織成員不斷改善並達到目標，而且這樣的循環是永不停止的，由於產品或服務具有生命週期，需要不斷推陳出新，面對市場需求，解決問題，滿足客戶期待，在這樣的思維與環境之下，變得需要保持腦袋敏銳，分析出問題並改善，這樣的態度容易被連動到平時工作外的生活，形成了看到問題點都要評論的習慣。

確實這個社會的建立，許多層面上多虧了那些知道問題點在哪裡，願意批評與改正的人們，有了嫌惡，糟糕的法律才能被改善，市區的交通能更便利，病患能有更好的醫療照護等等，但別忘了，每一個人的時間有限，在短暫的生命裡，多一點對美的發現，就能多一些快樂的時間。

自我審視與認同

從看待世界的角度，現在轉移到對自我的審視與認同，在這世界中，你是如何審視自我的呢？你的世界，會因爲對自我審視的不同，而呈現不同的樣貌，你覺得自己是個什麼樣的人呢？在他人的眼中，你是甚麼形狀？甚麼風格？甚麼行事態度？你有呈現出自己心中認爲自己該有的樣子嗎？

這個章節將以「自我存在認知」、「自我身分認知」、「渺小還是強大」以及「自由還是受制的」等四個方向來探討人們對自我的審視與認同。

自我存在認知

你是誰？或者問，你覺得你是甚麼？對多數人來說，你就是個如同大家一樣的一般人，是上班族，是社區成員，也可能是他人的父母，對有些人來說，他們將自己視爲人類，與其他生物平行，或有階級之分的一種關係，我們是其中一個存在於地球的種族，而對另一些人來說，我們與其他生物並無太大異同，所有居住在地球上的生物只有一個稱謂，那就是地球生物，彼此承襲相同的基因，互爲一體，而最後一類人，將自己視爲一個生命體來看待，我不只是人類或生物，我是個具備生命的個體。

這四種自我存在認知，會造就出不同的價值觀與人生觀，也導致出不同的人生，接下來就以「一般人」、「人類」、「地球生物」與「生命體」等四種認知來探討，不同的存在認知，會有甚

麼樣的人生差別。

自我存在認知——一般人

所謂的一般人，還沒有那麼強烈地感受到自己是個人類，為何這麼說呢？因為意識到自己是人類的人，就會知道這得來不易的奇蹟有多麼可貴，能夠成為人，擁有與眾不同的智慧與能力，可以達到許多超乎極限的目標，但是，若是沒有意識到這一點，人，就只是個在過日子的人。

一般人打從出生，就以被設定好的人生路線為基石，朝著路線前進，你知道要吃飯才不會餓，你知道要學習，才能在考試拿高分，你知道要學才藝，才能看似比別人多會一點東西，你知道要找工作賺錢，才能養活自己或家人，你知道要拼命的在職場上獲得成就，受到賞識，才能獲得更大的報酬，你也知道要退休，因為大家都一樣，而且政府也會規定適合退休的年紀，你知道要養老，所以會存些錢，以備老年時期需要的花費，**這些事情你都知道，你也會實際行動來達到目標，但是，你過的是你要的人生嗎？**

一般的人跟著社會規則走，或許偶爾會打破一些規則，幹一些壞事，這些都是會在市井小民身上看到的事，基本上，一般人不會思考過多的精神層面議題，而是好好地把事情做好，或是好好地扮演自己的角色，不管這個角色是要做壞事等警察抓的壞人，還是要去抓做壞人的警察，大家遵循著各自角色該做的事，成為一個個讓社會運作的齒輪。

對自我的存在，認知為一般人的人，或者沒察覺自己將自己設定為一般人的人，目前可能習慣於當前的生活模式與價值觀，也不願意改變了，就這麼專注於眼前的世界，相比於想太遠的人，雖然多了很多眼前的煩惱，但也少了那份摸不著的人生思考，就好好地在這世上當個一般人。

自我存在認知——人類

不同於一般人，將自我認知爲人類者，其目光已經跳脫人類生活圈，而且會特意的意識到自身與其他物種的區別，這樣子的區別讓自己認知道自己存在的幸運，既然擁有這樣的幸運，就該把握生命，發揮自身價值。

不過，既然會意識到與其他物種的區別，「優越感」有時候就成了這種區別的衍伸物，絕對的優越感會使人不在乎其他物種的境遇，畢竟自己是地球的主宰，只要爲了人類的利益好，其他的動物或植物只好被犧牲，成爲人類經濟的貢獻來源。

不過，既然人類有辦法成爲高智慧物種，代表著我們具備自省與改進的能力，盡管自私的心難以改變，我們仍舊能透過法律制定或道德勸說的方式來管控自己，使自己有限度地使用大自然資源。

除了優越感，有了這種比較心態，也更使得意識到自己是人類的人，能夠更加珍惜能以人類的軀體來使用這百年上下的壽命。

人類會思考自己所擁有的時間有多少，在這時間內設立各式各樣的目標，可能一個接著一個，也可能同時並行，這些目標的設立，首先必須讓自己得以生存，在最基本的溫飽與安全得以滿足後，人類會找尋陪伴，或許是原生家庭，或許是朋友，也或許是伴侶，然後在剩下的生命裡不斷突破自我、發揮價值，還有累積資源，使自己在死亡之前活得有尊嚴且瀟灑，然後甚麼也帶不走的離

去。

身為人類的你，又是如何安排自己的人生的呢？

自我存在認知——地球生物

在認知到自己是「人類」這樣的幸運物種後，有些人得到了另一層體悟，這層體悟超脫了原有的優越感，讓人理解到再怎麼不同，再怎麼具備智慧，對渺小的人類來說，我們與地球上其他生物其實沒有太大的差別，彼此都需要養分或能量來存活與繁衍，我們共同居住在這顆星球上，我們都是地球生物。

對自我的存在認知為地球生物的人，相對來說顯得更謙虛，因為不覺得人類有什麼了不起，我們需要動物或植物，而其他生物倒好像沒什麼地方需要人類呢！

保持謙虛的態度，才能更加感受這個世界，使自己與其他生物為舞，這樣的人不只能與人交流，也能感受動物，理解動物的需求，從動物身上悟出處事之道，例如團結合作，或是靠蠻力取得目標，除此之外，也能感受植物，尊重這些安靜且優雅的物種，與之共存。

身為一個地球生物，這類人還更多出了一份責任感，由於將自己與其他生物視為同一個族群，地球發生的事或是其他生物發生的事就會是自己也無法置身事外的事，因此有責任維護這片土地，並不斷帶來更好的保護，促進共榮，而這些事情的前提是「地球並不屬於人類」，只有在這樣的基礎認知下，人類才能減少那份狂妄與自以為是。

不過，很顯然人類具備比多數生物更強大的創造與破壞能力，所以就算是基於「地球並不屬於人類」的論述，我們也應該秉持著能力越強，責任越大的態度來幫助地球，領導地球，當個稱職的地球生物。

自我存在認知——生命體

不同於一般人、人類與地球生物，自我認知爲生命體的人，其人生態度將會不同凡響。

「生命」，在學術界中，或許沒有一個共同的定義，而我所認爲的生命體，就是排除生物種類，不管是有形還是無形（一般地球上所見的生物都爲有形），或是有無世俗認定的意識與心智，對我來說，一個生命可能具備以下幾個特徵，包括能夠成長、繁衍等等，就算是高如一百多公尺的大樹，或小到可以致人於死的病毒，在宇宙中，都是一種生命的存在。

而人類，只是在浩瀚的宇宙中的某一個強悍又微小的生命，就如同地球上的其他生物，或宇宙間那些尚未被發現的生命體們，我們在宇宙間被形成，再自行繁衍並演化，對自我認知爲生命體的人，又是如何審視自己與人生的呢？

首先，當意識到自己是個生命體後，許許多多的疑問就隨之而來，爲何宇宙會塑造出生命？宇宙是甚麼？我們的存在有意義嗎？繁衍至今的我們，到底是爲了甚麼而活？我們每天過著眼前的生活，賺錢與維生，再到生命終結，這段過程有甚麼意義嗎？爲何生命會有極限？爲何有生、老、病、死？

有了這些問題，人們其實不一定能眞正找到答案，有時候反而陷入膠著，被無止盡的思考卡住，思索自己的人生意義何在。

而有的人知道了生命的可貴，因此更珍惜當下，每一個當下都是無可替代的珍貴體驗，同時也知道能體驗人生的時間有限，那就做能讓自己快樂的事，想要甚麼，就努力去取得它。

老實說，在寫「自我存在認知——生命體」這一部分，讓人內心充滿徬徨，因爲身處在充滿競爭與動盪的年代，存活都不容易了，並不是每個人都有充分的時間來探索自己的生命意義，明明知道自己想要的是甚麼，卻還是容易被社會的牽絆拉住，這一部分也是自由與秩序之間的拉扯，在這個社會要享受自由，除了徹底放棄規則，胡亂作爲，否則，就得付出一定程度的努力，來換取在這個社會下所令人渴望的財富自由與時間自由。

身爲一個生命體，你又是如何審視自己人生的呢？

自我身分認知

自我存在的認知，是個值得細細思考，再根據內心答案做出行爲的議題，在那之前，每個人在現今社會的自我身分認知，其實也略有不同。

這裡所謂的身分，包括自我性別認同、種族認同與老或少的認同。對於有不同性別認同的人而言，除了生理性別外，有的人因爲基因或其他因素，會認爲自己應該屬於另一個或第三種性別；有不同種族認同的人則是覺得自己應該是別的膚色的人，但是被困在了當前的軀體之中；而不同的老或少之認同，是一種心態上對自我年齡的認同，例如有的人才五十歲，就覺得自己已經是個面面俱到的長者，已經經驗豐富，足以訓斥他人，有的人年紀高達八十歲，卻像個孩子般的探索世界，樂愛學習與分享喜悅。

接下來就以「性別」、「種族」、「老少」等三個方面來探討世間人的自我身分認知。

自我身分認知——性別

你是男生還是女生？一個簡單的問題，能夠延伸出許許多多的自我認知探討，從最直接的角度來看，每個人出生的生理特徵就是判定的依據，性器官的不同，就是大自然演化出的結果，異性因爲互相吸引，再利用互相吻合的性器結合，享受歡愉，再延續生命到下一代，然而大自然的規則，可不只是這樣而已。

在明顯的身理特徵下，有的人感受到自己是個被放錯軀殼的靈魂，自己的行爲舉止，喜歡的穿著打扮，或是聊天的話題與日常行爲等等，明明比較偏向具有另一種身理特徵的人，但由於自己被關在了自己難以認同的軀體中，因而產生性別錯亂，若是父母或生活周遭的人對於自己的性別有主流的單獨期望，更是會把有性別混亂的人推向難以表達的深淵。

而除了覺得自己屬於男或女的其中一種性別，還包括第三種以外的性別認知，例如無性別、雙性別、流動性別、酷兒或雙靈等等，如此多的性別認知存在於社會，各個看似相似，實際上卻是不同的概念。

所謂「無性別」，就是不被男性或女性這兩種性別所設限，你可能自認爲男性，是女性，或是雙性，沒有一種性別能定義你；而「雙性別」就是一個人認爲自己是男性也是女性，或許在某個場合爲男性，下個場所爲女性，甚至是兩者同時存在；至於「流動性別」，與前面提過的雙性別很相似，但流動性別除了雙性外，更加廣泛的包括其他的性別，一個人可以在這其中任意切換；「酷

兒」則是一個所有非主流二元分法的性別概念，跟流動性別相似，但酷兒更有一種挑戰社會認知，不願接受社會分法的味道；那麼「雙靈」呢，這是個源自於北美印第安族群的詞，意思是在體內同時擁有男性及女性的靈魂，而在過去的部落環境，只有被視爲雙靈人的身分才能進出只有單一性別才能進出的場所，其代表的意義與雙性戀別者有些微的差異。

總體而言，基因上的先天因素，爲主要促成超越男性或女性的身分認知之主因，除了從個性上或喜好上能看出端倪，有的人是從生理上就超越一般認知，例如同時擁有男性與女性的性器官，這樣子的人著實是不能被死板的框架所定義。

也有些人是在非先天基因的強烈動機下打破自己的性別身分認知，這些人在後天環境下認爲自己不該被出生時所既定的性別所綁住，甚至因此做了變性手術，不過也有人在手術後多年改變思維，並希望改回原始的樣貌。

自我身分認知——種族

在探討人種前，我必須提及現代社會對於人種的認知是有歧異的，過去以來人們習慣以明顯的外貌特徵差異作爲人種分別，例如黑人、白人或黃種人，而某些人士認爲人類不應該做種族的區分，這些分歧來自於科學的角度或政治的角度等等，在本段落，我會以不同明顯的外觀特徵差異作爲人種的區別。

一般種族上的身分認知就不像性別上那麼多的歧異，畢竟自己屬於哪一個人種，擁有何種膚色與外貌特徵，是一個極好分辨的事情，而一般認知上，地球的人種包含幾大類，不管是白的、黑的或黃的，然而，根據不同地區的獨特演化，又能再細分出更多的特徵差別。

例如身在亞洲的中國人、韓國人與日本人，雖然同爲人類，又是膚色與身體特徵極爲相似的族群，但在亞洲人眼裡，常常一眼就能識別出國家的差異，例如從眼睛的外觀、鼻子的特徵等等都是判斷的依據。

回到自我種族身分認知的探討，你有質疑過自己的種族嗎？雖然有著跟身邊人一樣的膚色、一樣的聲調跟一樣的眼珠色，但覺得自己格格不入，似乎靈魂裝錯身體了？還眞確實有這樣的事件，這個事件的主角，是爲非裔美國人，名叫Treasure Richards。

二〇一八年，當時十六歲的Treasure上了美國當地知名的節目《Dr. Phil》，在節目中她面對自己的親生母親及兄弟，大言不慚的說出自己是個不折不扣的白人，聲稱自己的五官跟黑人的特徵不同，除此之外，並公開批評所有的非裔人士不如白人，這些聲明震驚社會，不過，Treasure的家人也說到那些只是爲了讓自己走紅的言論而已。

另一個會讓人自我種族身分認知出現歧異的時候，就是父母來自不同種族的孩子，混血的人們具備了單一種族之外的身體特徵，不管身處在父親的族群還是母親的族群，都獨樹一格，這樣的人們會如何看待自己呢？是屬於某個族群，還是因此而使得自己看得更廣，相信自己就是人類，人類不分族群？這要當事人才更有感覺了。

而一切的種族，包括膚色極爲相反的黑皮膚人種與白皮膚人種，在科學與考古的根據上，目前相信其起源皆來自於非洲，或許不是單一某個族群的人突然在某個時間點進化成現代人類的祖先，或許是許許多多的族群不斷混血下產生了現代人，不管如何，在這充滿歧異與分裂的世界，大家身體內其實同時擁有了自古以來的許許多多族群的基因，人類不需要那麼分裂，更不用說人類們最早

也是從其他的物種演化而來，大家都是地球生物。

自我身分認知——老少

正在讀這段文字的你，請問你覺得自己在現階段的年齡，是個年輕人？中年人？老人？你是如何定義自己的老少呢？會不會覺得自己的思想或行爲不如同其他同齡朋友呢？是不是感覺比其他人更成熟一點點？又或是相對來說有著更年輕的心態呢？這個部分就來探討人們對自己的老少認知。

就先從一個職場新手的角度來訴說一個有趣的現象，在職場新鮮人剛進入公司上班時，難免會有許多年紀認知浮動的時候，這個浮動甚至可以從還在面試階段時就開始，舉例來說，人在面試時，爲了增加被錄取的機率，難免會積極表達自己過往的相關經驗，並證明自己具備足夠的能力與資格來勝任眼前的工作，就算這位求職者只是位剛畢業不到一年的年輕人，人還是會表現出自己沒那麼資淺的心態。

若是面試順利，最終成功進入公司，又可能出現不同的心態。由於開始接觸到陌生的領域，許許多多的事物都需要時間來學習與累積，才能成爲獨當一面的有經驗人士，爲了向老闆及同事買到更多的時間來學習，新鮮人們會利用自己最大的優勢——「新鮮」，這個時候，同樣的一位年輕人反而可能會展現出比其他人資淺的心態，因爲如此才更有顏面提出簡單的問題，或是擁有相對更大的犯錯空間，不過若是新鮮人對自我要求高，就比較不會利用新鮮人的身分了。

從上述例子來看，人們會因爲不同的情況，產生出不同的自我年齡老少認知，那麼，擁有不同自我認知的人，又會產生哪些行爲差異呢？

其實，在講行為差異前，我要先訴說這個問題不夠準確，因為行為差異的根本原因，不在老或少，而是「經驗」，並不是年紀較大的人，就等同於經驗豐富，甚至是更加聰明，相對的，年紀較輕的人，也不一定代表沒有深刻的事情經歷，或是無法對事情有一番見解，但通常越年長的人，其閱歷自然而然容易多過於年輕人，過去的所謂「大人」們，也時常對年紀相對小，但實質上不小的人們說出「你也老大不小了，該……了吧！」之類的話語，所以人們在自我的老或少的認知上若有差異，也會連動影響其行為。

覺得自己年輕的人，可以容易在他們身上聽到「我還年輕啦」、「年輕就是本錢」、「我很嫩」等等的說詞，從這些話來判斷，其實能夠看出很多層面的背後因素，這些因素甚至不一定相似，例如「我還年輕啦」，這句話可能代表著當事人覺得時間充裕，就算現在慢慢來，也不會影響後續的規劃或發展，但同時也可能代表著當事人熱血沸騰，想利用年輕的身體與體力來闖蕩人生，開疆闢土。而「我很嫩」這句話可以表示當事人真的對某個領域很不熟悉，需要多多學習，也可能其實這個人是個經驗老道的高手，但是謙虛的表示自己的能耐。

有的人自覺年輕，但反而擁有這樣自覺的人時常比同齡人看得更廣，因為代表著謙卑，更願意接受新知，也喜歡跟人學習，無意間在他人眼中，這些人反而被認為成穩，也更受人尊敬。

那麼，覺得自己年長的人，我們可以從這些人口中聽到「我都一大把歲數了……」、「我已經沒多少時間了」、「這身體已經不行了」、「我吃過的鹽比你吃過的飯還多」，甚至是「你懂得敬老尊賢嗎！」，或者是直接告訴較年輕者「幫我怎樣怎樣」、「請你怎樣怎樣」。

從這些話語，你聽出了些什麼？當然這些言語不代表所有自我認知為年長的人，但是可以感受到許多人自認已經體驗了人生許多事物，已經比許多人懂得多，而且不必再花過多的力氣去探詢或

了解未知的領域，不僅如此，還可能利用較有經驗的態度來教育或使喚他人，不過，這些是聽起來較負面的例子，肯定也有不同的角度。

有一類人不一定在實際年紀上年長，但因爲生活的境遇，在經過某些事物的洗禮後，會展現出與他人不同的成熟風範，並因爲有了這些見識後，顯得對世事處之泰然的態度，胸襟更廣闊，更冷靜，也更不執著，因爲不知不覺間站在了更高的位置。

那麼，你又是如何審視自己的呢？

渺小與強大認知

說到「自我審視與認同」，這裡直接與第一章的「人類的渺小」與第二章的「人類的強大」呼應，我們清楚的知道了人類既渺小又強大，我們在宇宙中有如砂礫，就算世界毀滅也不會爲宇宙帶來甚麼鋪天蓋地的影響，而且人類生命短暫又脆弱，就算是萬幸中的萬幸降世爲人，在轉瞬間就會化爲塵土。

而同時，在這顆渺小的地球上，人類靠著渺小的腦袋一步步的突破極限，透過這片土地上的資源，以及自我的反思與改進能力，創造了一個又一個文明，加速人類彼此連結的時間，增加生活的便利性，發展出日新月異的科技，也能關懷社會，觸碰人心。

那麼，對於你來說，是如何看待自己的呢？你是以渺小的心態在度過生命？還是覺得自己無所不能，能夠改變世界？這個部分就來探討對自我認知不同的人，會有甚麼價值觀或行爲的差異。

渺小與強大認知——渺小

從「渺小」來看，小等於小嗎？覺得自己渺小的人，是因爲自卑、恐懼或是眞的爲弱者嗎？其實不然，相反的，少數能夠自知渺小的人，是站在高處的，具備更廣的視野，也更洞悉一切，就好比當麥穗越飽滿時，頭會彎得越低，代表著人有著更深入的生命認知，在了解自我後，不管能力強或弱，都能夠謙虛，這樣的人便會自覺渺小，同時也能夠吸收得比別人還多。

那些因爲謙虛而自我認知爲渺小的人，是具有智慧的，也因爲有了如此的認知，他們更珍惜每一個開心的時刻，以及能夠成長的機會，同時也不執著於對生命無意義的爭論，因爲已經「看淡」。

因爲渺小，能夠在有限的生命裡與朋友歡笑，一起打個球，喝杯咖啡，聊聊人生，晚年能有健康的身體與餓不著的肚子，就覺得足矣。

因爲渺小，也更容易因爲渺小的事物而受感動，家人的成功，自己在目標上的突破，或是路邊綻放的花朵，都能夠勾起這類人的心，他們願意停下腳步，品嘗世界的好。

在短暫的生命裡，人生因爲有了目標而更有意義，有了目標，就會達標、突破與成長，不管是事業上的成就、自我追求的興趣、養育孩子的成果等等，爲了讓生命更有價值，這些渺小者會把握機會將手上的事情做好，而且好還能夠更好。

而「看淡」，更是一個令人景仰的境界，可以單獨再寫一本書了，看淡的人，少了那份執著，生命已經如此渺小，人生該追求甚麼樣的事物，他們心裡清楚，是該把時間用在與人計較，搞得群體不和睦，自己也心疲力盡？還是好好享受生命，遠離紛紛擾擾，好好追尋自己人生的意義？答案

已經呼之欲出，就只差實際的作爲了。

以上的角度，是因爲眞正站在高處的人才具備的渺小思維，在其他的角度上，也有不同的群體自覺渺小，但在思維上與境遇上就不相同了。

其他自覺渺小的人，可能受到很多的因素影響，而世間上有太多的例子能夠表達這樣的感慨，例如從原生家庭成長期間，就不斷受到親生父母貶低與批評的兒童，或是在生理體格上比他人矮小，影響了自信心，也可能是身處在某個主流思想的環境裡，而自己偏偏具備與多數人不一樣的思維，不但難以爲自己發聲，也會在人群中顯得微小，再來就是自己認爲在事業上的成就不如人，可能是出於能力不到位、志不在此，或是出於內向的性格，比較不會爲自己表達。

在上述的情況下，人可能會有三種發展。

第一種是「小者恆小」，因爲被困在框架裡，不管是他人給予的框架，或是自己限制了自己，渺小的人被思維給控制住，顯得越來越渺小。

第二種是「穩定改善」，也就是說意識到了問題，也願意試著改變，利用一些方法讓自己慢慢脫離框架，比如說與原生家庭和解，或是照著自己的想法做事，不因他人的貶低而自卑，若是體格矮小而在某些領域無法發揮，有的人也能靠腦袋與嘴巴的說話能力得到許多人的敬意。

第三種，「一飛衝天」，人在底部待久了，積累了許久的能量，就等待一個時機點，來個大突破，衝破體制，徹底改變，翻轉人生。

渺小與強大認知——強大

如同自覺渺小者未必一定渺小，那些自我認爲很強大的人們，也不一定實質上強過於他人，許多人高估了自己的能耐，以爲憑藉自己的經驗與知識足以領導他人，或是出去與人抗爭，實際上肚子沒料，只是聲音大了點，誤判形勢，最後不但重重摔下，還失信於人。

這一類人看得比較沒那麼遠，當自己學到了一些皮毛，就覺得無所不能，換句話說就是不夠謙卑，自視甚高，虛張聲勢，急功近利，想要快點展現自己的實力，雖然這樣的做法沒有錯，但若是被這一類人的言論牽著走，往往不會有好下場。

套回那句「能力越強，責任越大」，那些自稱強大的人，可以捫心自問，自己說出口的話可信度有多高？自己呈現出的表現品質有多好？以及出狀況時，自己扛得住壓力嗎？有膽識是好事，無所畏懼的心能幫助人成長，但若是能力還不到位，就虛心接納自己，磨練自己，當有需要一展長才的時候，機會就是你的，「強大」就會成爲你的形容詞。

以上是對自我認知強大者的一個提醒，認同的人便會認同，而除此之外，當然也有些人是眞正的強大，不但強大，也意識到自己很強大，那麼，這些人的強大又是如何造就的呢？

強大的因素，許許多多，在先前的章節已經提過，而要打造強大的自己，絕非一日可成，強大的領域也因人而異，而從強大的因素探討上，又不難發現，這其實可以再跟人類所擁有的**「思想」**、**「言論」**、**「行動」**、**「創造」**與**「選擇」**自由有所呼應。

由於擁有絕對的思想自由，生命的目標與意義由自己所認定，「思想」就是強大的源頭，它可以賦予人力量，同時也能輕鬆將人摧毀，思想使用的重要性超乎你我想像，欲成爲強大的人，端看

利用思想的智慧，有了這樣的第一步，逐漸變強大的計畫在腦中嘎然而生，目標被設定，路線被規劃，而你需要領導自己走向目標，並審視成果與過程。

有了想法，要實踐強大，就是將想法轉變爲「言論」與「行動」，在實際跨出那一步前，可以先大聲透過說出自己夢想或目標的方式來激勵自己，強者敢說出口，不管是對自己與他人，可以將虛無的思想化作力量，爲實體社會帶來影響，有了言論後，再以實際行動一步步往目標前進，若是沒有行動，餅畫得再大都是吃不到的，因此眞正強大的人不會空口說白話，並且將行動持之以恆，有行動不難，能堅持到最後的人才是眞的了不起。

接著是「創造」，強大的人與一般的人不同之處在於他們不等待他人給予機會，他們自己就是機會創造者，有了絕佳的實踐力與對自己的承諾，強者不但打造自己的人生，甚至幫助了其他人的人生，有的企業老闆就是這個樣子，自己賺了錢，增加了工作機會，養育了社會，同時也做公益回饋社會。

最後是「選擇」，強者知道時間與生命的珍貴，每一個決定都影響著後面的好幾步，因此謹愼選擇，可以大膽思考，但小心抉擇，一旦抉擇好的事情，就啟動強大的執行力來貫徹，執行期間不斷分析成果，若是成果離原先的目標相差越來越遠，強者仍有能力改變方向，或是大刀闊斧得直接停止動作，避免資源與時間浪費，接著再整合資源，朝下一個目標前進。

所以，總結的來說，自覺渺小的人，其實有極大可能是強大的，若是眞的處處受到限制，也有可能因爲一個覺悟而觸底反彈，一飛衝天；而自覺強大的人，可以自行想想，是否太高估了自己，若是保持謙卑，會不會變得更強大？除此之外，眞正強大的人，能將思維化爲現實，並持之以恆，這就是強者與一般人最大的不同。

自由還是受制的

觀點決定人生，你覺得自己是個自由人，還是個手腳受到鐐銬綁住的人？這個部分或許與章節「看待世界的角度」中的「發展機會與時運」相似，但其實不一樣，不同於由自己看到世界的樣貌，這裡需要讀者審視自己，並探討**自己是如何允許自己享受自由，又如何限縮自己的自由，而自己開放了多大的「自由權」**給自己，這會影響一切的行為，以及自己的人生。

自由還是受制的——你正在限縮自己嗎

想請教讀者，有甚麼事情是你想做，但是卻一直遲遲不敢動作的嗎？有甚麼力量正在阻擋你嗎？這股力量又是來自於他人還是你自己本身呢？

面對這個問題，你的心中應該已經出現了那個懸掛已久的事物，你知道你很想做，告訴自己遲早要做，但是一日又一日的過去，你還是不為所動，之所以會如此，是因為被限縮了，而限縮你的永遠只是你自己。

咦？為甚麼限縮你的永遠只有自己，難道其他人阻擋我，輕視我，不願意給我資源，這難道不是別人的問題嗎？嚴格說起來，答案叫做「不是」，因為人人得為自己的人生負責，你是要向自己交代，還是要向別人負責呢？如果你聽了別人的話而放棄自己的目標，或是在還沒嘗試前就怨東怨西，這都是你個人的決定，別人的言語及外在的事物，你可以選擇忽略，或是找尋替代方案來度過眼前的難關，因此，能夠限縮自己天空的人，永遠就只有自己。

既然知道了在阻擋自己的人只有自己，那麼該如何跟自己對話，影響自己，甚至是說服自己呢？

第一步，**「限縮負能量朋友」**，與其讓其他人來影響你的決定，不如遠離那些不信任你、潑你冷水、忌妒你成功的人，改變交友模式，對自己有毒的人們就好好地斷捨離，你會發現，接觸眞正支持你的人，能夠爲你帶來多大的改變。

第二步，**「面對心魔」**，老實說，這並不容易，心魔與你所想嘗試的事物或許壓根沒關係，但心魔更加難以克服，要面對過去那個使你不敢接觸的人或事情，好好的和解，簡直要你命，但是，若是你眞的有能力好好的面對恐懼，不管是直視曾經傷害過你的人、在人群面前演講、打針、鼓起勇氣與人表達情意等等，當你發覺連心魔都能克服，那這世上就沒什麼事情好怕的了，與此同時，束縛你的其他事物就會變得更加容易被解開。

第三步，**「認清秩序爲何存在」**，社會的秩序從古至今不斷修修改改，人們奉行同一套制度過活，可是，你有質疑過其存在的意義嗎？大家到學校上課，學會了服從與技能，是爲了甚麼？一般企業要求你每天到公司上班八小時，每個月給你一次酬勞，若是績效好，還有額外獎金，因爲大家都是這樣做的，所以我也跟著進入這個體制，這樣最開心快樂嗎？當你認淸秩序存在的意義，或許你會發現許多不可思議的決定，而且這些決定限縮了人的靈魂。

第四步，**「自定秩序」**，秩序是人訂的，只要認淸到這一點，便可以開始訂定屬於自己的秩序觀，在不違反現行法律爲原則下，以自己的價値觀爲圭臬，由自己告訴自己下一步該怎麼走，若是成功，就持續遵循這套模式，若是不可行，就逐步改善，自己就是自己的立法院與審判長。

以上四個步驟，其目的在於幫助你過濾負能量、增加勇氣、看淸世界以及專注於自己，這是我給予的方向，而具體的實際做法，完全由讀者自行決定，或是完全不採納我的說法也沒問題，只要能幫助你解除對自己的束縛。

自由還是受制的——你允許自己挑戰未知嗎

當沒有枷鎖在自己身上時，你就敢往前踏出那一步了嗎？有時候，還眞是不一定。

比如說，有個人要創業，心中有個偉大目標，希望可以將腦中的產品化爲現實販售出去，但是沒有資金，沒有團隊，甚至沒有商業模式，只要擁有這些元素，這個人就能好好的放手做，不需瞻前顧後，此時有個人跳出來說「我給你錢，再找你需要的團隊成員給你，甚至當你的顧問幫你思考商業邏輯」，結果，這個人卻拒絕了對方的好意，這到底是爲什麼呢？

這個人的行爲或許你似曾相似，好像自己也有過這種經驗，明明前面海闊天空，就算失敗也沒有損失，但腳步卻沉重的停在原地，原因可能出在於**你根本還沒下定決心**，如果今天你鐵了心要成事，就算有各種束縛環繞，也奈何不了你，對吧？好，開始回推，爲什麼有件事你明明好想做，但條件都存在時，卻沒辦法下定決心？原因有幾個，第一，**怕承擔不了失敗，想回頭時，原有的一切也回不去**；第二，**對目前的位置還有所眷戀**；第三，**對現有的處境已經太過於安逸與習慣**；第四，**你很想做的這個事情，根本非必要，就算不做也不會對現況帶來壞處**。

假設你意識到了自己符合上述四點中的其中一點，又該怎麼面對下一步呢？

針對這點並不容易給出建議，最簡單的應對方式就是「跟著心走」，你知道做那些事會讓人充滿抗拒，也知道哪些事情會令你感到興奮，如果以「追求快樂」爲人生目標，那麼答案之一呼

之欲出，那就是先維持現狀，現階段的任務尚未完成，而且所累積的成就感還不足夠，想繼續在原有的領域琢磨，從另外一個角度來看，就是這個目標目前的「拉力」，還無法勝過脫離現狀的「推力」。

但是，你的心值得你信賴嗎？跟著心走，最後會走到你眞正想抵達的地方嗎？有時候，人會被自己的內心給帶偏了。

人類有惰性與慣性，若是想突破自己的極限，就得不斷持續與這兩個習性抗衡，所以，一個讓你追尋的內心可能不夠，**你需要爲自己建造第二顆心**。

第二顆心的用意在於幫助自己沉思與執行，在現階段思考，比較當前的事件在現在與未來的發展，以及另外一個事件在現在與未來的發展，在有了明確的比較後，開始對自己實施「推力」，讓自己從原有的位置上站起來，開始著手進行另一件你一直期望達成，卻遲遲不動作的事，有時候，還需要一點推動自己的心理工具，例如在第一章中提到的「幫助自己達標的方法」，我提到了「5秒法則」，想像自己就是個在五秒後會往上升空的火箭，事件的執行立即在這五秒後發生，只要有個開頭，事情就能慢慢越做越大，越走越遠。

人們要不是恣意妄爲，就是給予自己過多的束縛，我們當然不鼓勵胡作非爲，但是人們很容易侷限自己，明明能力強大，思緒過人，卻選擇當一個乖小孩。

我感受到一個現象，人們習慣在挑戰未知時，將大部分時間放在「減少束縛」，而不是「追求與擁抱自由」，爲甚麼呢？**因爲束縛帶給人的感受更加強烈**，一有人限制你，可能就渾身不對勁，可是那自由呢？當你呼吸到乾淨的空氣時，你會有「哇！這是新鮮的乾淨空氣，我要好好珍惜這一天」這樣的想法嗎？大多數人應該是沒有的，因爲**自由不容易被感受到，就算已經放在你面前**，因此人們汲汲營營要擺脫枷鎖時，願意花很大的力氣，但是面對自己的夢想，卻不願意用力追求。

讀者你又是用甚麼視角還看待自己身上的枷鎖與眼前的自由呢？

對世界塑造觀點

從前面的章節「看待世界的角度」與「自我審視與認同」中，我們發現到，就算身處在同一個世界，面對同樣的畫面、身處的環境、白天與黑天、周遭的人們、機會與機運等等，在一樣的條件下，人們會有不同的認知與觀點，同樣的，在面對自己時，每個人對自我的存在、身分、強大或渺小、自由度等等也有不同的觀點，這些觀點的差異，會塑造出每個人不同的人生。

從每個人不同的人生經歷與結果來看，我們可以判斷出抱持哪些價值觀在生活時，可以創造出更令人嚮往的結果，既然如此，你可曾想過人類可以透過「塑造觀點」來改變世界？

世間上流傳著不同的價值觀、宗教觀、政治觀、人生觀等等人們生活仰賴的精神支柱，有沒有可能人類願意爲了自己的未來與下一代的未來，創造出一個或多個更值得推崇或遵循的審視觀點？並透過這些觀點來創造和平、使人過得更快樂與繁榮、減少飢餓與貧窮、讓地球更宜居、生物更健康與安全等等。

既然觀點的不同可以導致人生差異，這一章節就來探討如何透過塑造觀點來改變人類與改變世界。

塑造觀點給世界

在這個部分，我們需要做的是理解現存的問題，設立目標，目標圍繞在判斷世人們需要具備哪些價值觀，如何針對人類與社會的未來發展著想，並且在基於目前的社會制度的缺失下，創造更不一樣且更完善的觀點。

接下來就針對**「世界現況與問題」**、**「願景與目標」**、**「世界需要的觀點」**與**「塑造觀點的方法」**等四個部分來探討。

要針對問題來設立這個世界的願景與目標，需要從不同的領域個別下手，包括生態環境、人類福祉、人權、健康、政治、經濟、和平與安全、科技、法律、文化、國防、教育、能源、食物、建設與發展等等，許許多多的領域都與人類息息相關且不可忽視。

然而，若是要在每一個領域都想辦法設立最合適的未來路線，需要縝密的思考與經驗，其內容會超出本書範圍，所以，先以幾個大方向來看，聚焦在幾個綜合領域後，再思考這些領域的現況與未來的理想改善目標。

這裡鎖定的領域，就決定是**「人類福祉與人權」**、**「人與人的互動」**、**「政治制度與理念」**、**「和平與安全」**、**「科技、工作、生活」**、**「信仰」**，這些領域圍繞在人類本身所應當享有的權利、人跟人之間的連結、人類管理人類的制度、人類對彼此的和平共識、人類透過科技而提升的生活品質，以及人類所仰賴的各種信仰，包括宗教信想等等，接下來就來探討這些領域的人類現況與未來的願景與目標。

世界現況與問題——人類福祉與人權

首先是「人類福祉與人權」，所謂的人類福祉，著重在人們的生活品質，包括健康、心理上的

快樂、食物、醫療保健、收入等等，而人權著重的是人類基本理應享有的權力，包括自由、尊重、平等與正義等等，不管你是高矮胖瘦，或是不同性別與膚色，人人都須具備這些基本人權。

過去以來，人類經過自身的過錯與反省，透過成立民間與政府組織以及修法行爲，不斷的改善人民福祉與所應具備的權力，我相信在人類的未來，能夠看到更進步的一面，然而，現況是還有許多值得大家關注的敏感議題，透過問題的訴說，更能看出人類待改進的地方，因此這裡只好多針對問題面來探討。

若要點出在世界各地的人類福祉侵害跟人權的破壞，實在是罄竹難書，爲了不顯得特別抨擊哪一個地區的政府，那就先從全球性的角度，以及五大洲分別來說明現況，雖然有的國家會被提及，**但本書重點並不在抨擊國家，而是在表達人類當前的現象**。

與大家息息相關的全球性人類福祉與人權的侵害，包括氣候變遷的影響，以及疾病的大流行所引發的政府管制措施，人類高速發展下的結果，造成綠地減少，海洋遭受汙染，全球溫度節節上升，引發一系列氣候變遷帶來的災害，而且海平面上升，有的國家面臨滅島或滅國命運，也因爲溫度與環境汙染問題，導致糧食短缺，許多國家對於乾淨水資源取用不易，造成了人類福祉的損害。

而在二〇一九年底於中國武漢爆發的新冠肺炎（Covid-19），於全球大流行期間，發生了受到高度矚目的人身自由侵害議題，爲了避免病毒的擴散，許多國家紛紛實施嚴格的行動自由之限制，然而，發生令人詬病的點在於有的政府將健康的人與檢測出病毒陽性的人關在一起，不做區隔，甚至是將大樓的門窗焊死，讓人完全無法逃脫，不但沒有醫療照護，更沒有足夠的食物支撐，也無處爲自己發聲。

更可悲的是，執法機構不將人民當成人類看待，爲了控制疫情，使用暴力壓制市民，這些執法人民未曾想過自己也是個人，若是遭受相同的待遇不知道做何感想，這段文字寫下來著實令人傷感。

接下來從各個地區來看，首先是**北美地區**，貴為民主的聖地，經濟實力超群，尤其是世界經濟霸主美國的所在地，在這樣的地方，其實也存在著人類福祉與人權問題。

北美的人類福祉問題，由於歷史、社會與經濟結構的因素，導致財富、醫療照護、教育資源等等在不同的人種上存在不均衡的問題，在許多發達的大城市也處處可見居無定所的街友，根據二〇二〇年的一項報告指出，在美國就有大概五十八萬人為遊民，而在城鄉差距大的國家，也存在教育與醫療資源不均的現象，當然，這樣的現象在全球可能不是少數。

而人權問題更是不容忽視，例如某些令人詬病的過度執法問題，尤其是基於膚色而導致的爭議性執法事件，更曾是在北美掀起一陣Black Lives Matter運動，除此之外，根據Human Rights Watch於二〇二三的報告也提到了墨西哥為了有效控制犯罪而出現了嚴重的非人道對待嫌疑犯之問題，這都是需要政府與人民共同努力的地方。這裡就提幾個例子，不針對特定國家來批評，接下來是南美洲。

南美洲以人們的熱情與歷史文化著稱，例如令人聞之起舞的森巴，還有令人嚮往的古遺跡，有著豐富的故事值得人們品味，不過，還是得正視眼前的社會問題，南美洲地區的人類福祉問題可以從許多層面來探討，比如經濟、醫療、環境生態與食物等等。

根據國際貨幣基金（IMF）於二〇二三年四月的通貨膨脹率報告顯示，阿根廷與委內瑞拉都面臨極為嚴重的通貨膨脹問題，從數據來看，委內瑞拉通膨率400%，阿根廷則是98.6%，與其他高通膨的國家相比，這兩者的通膨率居然是位居世界第一與第二！

其他需要人們注意的人類福祉問題還包括有的國家醫療機構與資源不足，人民飢餓，有的國家長期內戰，導致許多人失去家庭，除此之外，知名的亞馬遜雨林也因爲被人類開發而迅速失去面積，其後續的影響更是大幅的影響動物棲息地，失去珍貴物種，並於最後轉嫁回到人類身上。

而南美洲的人權問題，曾經出現過的包括警察執法過度與暴力問題、政治動亂與暴動問題等等，值得人們省思爲何要推選出政治人物？**政治人物應該如何做正確的事？應該以人民感受爲優先，還是以國家的未來發展爲優先？**這考驗了人民與政府的思維與智慧。

再來將視角轉移到歐洲，歐洲的歷史與文化淵源悠久，從過去的帝國主義盛行時代，到今日的重視人權與民主，顯現出人類意識的變動，儘管如此，在現代的社會，依然有著值得人們思考的人類福祉與人權問題。

從人類福祉來看，歐洲許多的法規是世界上最保護人民的，政府重視人類的生活與工作保障，根據聯合國的全球幸福指數，前五名都在歐洲，特別是北歐國家的芬蘭，連年拿到第一名，不過在部分國家，面臨到社會的貧富不均問題，以及因爲大量移民移入，出現的許多社會問題，國家在能力所及的情況下接納了新住民，但社會的資源分配，就考驗了政府的決策能力。

另外，令許多人有同感的是，歐洲貴爲旅遊勝地，但扒手的出現也是令人聞之擔憂，許多人們出遊只能時時刻刻緊盯自己的貴重物品，避免失竊。

不僅如此，近期最受人關注的，莫過於烏克蘭與俄羅斯的戰爭，戰爭中的第一砲起始於二〇二二年二月二十四日，表面上是俄羅斯對烏克蘭的侵犯，實際上是對整個西方世界的制度表達不滿與對抗，人民傷亡，流離失所，而砲火持續進行，戰爭對周遭國家，甚至是整個國際社會，以及全人類來說象徵著甚麼？哪一方的獲勝又代表著甚麼？這些是對全人類而言更重要的問題。

歐洲的人權問題，又體現在何處呢？整體來說，歐洲重視人權，而東方與西方又有著比較顯著的差異，東方少數國家比較有爭議的事例包括限制人民的自由表達權利，批評政府或持有跟政府相反意見的媒體都會被噤聲，尤其是烏俄戰爭期間，相關的事情特別明顯，人民也因為資訊被管控，國家內的人們在很大程度上只能接收政府單方面的聲音，少了不同資訊之間比較的能力。除此之外，東歐極少數國家將宣傳同性戀相關的行為視為違法，限制了人類真實表達自我與教育大眾的權利。

而在更重視人權的西歐、北歐與南歐，其問題會在於人民為了表達訴求而發起許許多多的遊行、罷工或抗議等等的活動，這些事情本身沒有錯，政府也支持人民有這樣的行為與權利，但人們或許可以思考，當自己的行為影響到非相關人士的權益時，這樣的抗議行為依舊該受到人們的擁戴嗎？例如，因為抗議遊行而導致大眾運輸被迫停駛，乘客只能下車行走。

本書針對此處不表達主觀看法，因為不同地區有其文化與習慣，但這是當地人們長期以來已經面臨無數次的問題，相信會更有想法。

再來將視角轉移到**亞洲**，亞洲幅員廣闊，西亞、中亞、南亞、東南亞、北亞、東亞與東北亞等地區也各有不同的風俗民情，這些地方在過去早期還是曾經輝煌過的古文明所在地，例如西亞的美索不達米亞平原，孕育了許許多多的文明，東亞的中國也歷經了好幾千年的朝代更替，創造了豐富的歷史文化與珍貴的有形與無形遺跡，直到今日，各個國家在人類福祉與人權的發展與重視也呈現出不同的樣貌。

由於幅員廣大，就分別以西亞與西亞以東的區域來看這裡的人類福祉與人權狀況。

從**西亞**地區的人類福祉問題來看，這裡許多國家富有天然資源，也積極投資自身國家，發展

觀光與國家建設，但同時在這些富有國家的周遭正發生著長年的戰爭，由於歷史因素、宗教信仰差異、種族之間的紛爭、土地爭奪、天然資源的管控，包括極具經濟價值的石油，或是稀缺性較高的乾淨水資源等等，以及國外的政治與軍事介入，當地的政府與民間的衝突等等，造就了這裡複雜難解的困境。

戰爭導致大量難民出現，也更難想像被恐怖組織挾持的人質們會遭受到如何的對待，身為人類，這不是我們該受到的境遇，無辜的人們被自私自利的人類破壞了家庭、失去了經濟來源，也沒有了遮風避雨的住所跟如同你與我一樣正常的三餐。

從人權問題來看，當地也有許多令人矚目的事件，包括因為戰爭而被迫失去的自由，以及無法針對國家問題而批評的言論自由，在有的國家，若是上街頭表達不滿，或是公開批評政府，換到的便是徒刑或是生命威脅，有的政府也會嚴格管理人民能獲取的外部資訊，以利人民相信政府的話語。

不僅如此，女性在當地所擁有得權利也相較於男性來的少與不公，比如發言權、投票權等等，此外某些國家比較嚴格的規定女性必須戴上伊斯蘭頭巾，這是被遵守已久的傳統，也有其長久的淵源，然而當有些女士想擺脫束縛時，會受到法律制裁，甚至遭到殺害，這非常值得當地人們深思，其不戴頭巾的嚴重性何在？跳脫傳統的嚴重性為何？面對女性擁有更多自由，會對社會帶來任何不利嗎？

但往好的一面來看，部分國家漸漸地往更開放的路線走，許多女性獲得了過去以來無法行使的權力，未來又不知道會有何發展呢？

再來看看**西亞以外的亞洲地區**，從人類福祉來說，極發達的國家與相較發展還在努力中的國家比，還是有顯著的差異，在有些國家內部也存在城鄉差距問題，極高的都市化現象，造就了部分地區醫療與教育資源的取得不易，成本更高昂。

除此之外，亞洲因爲過去多數爲西方國家的殖民地，在後來成功回歸後，有了比西方國家更願意付出與努力的心態，例如中國過去的「超英趕美」口號，人們努力工作，除了爲了養家餬口，也是爲了在國際間有一個更高的地位，這樣的心態造就了人們超時工作的現象，對有的地區的人來說，工作不是生活的一部分，而是生活是工作中的一部分，擔心不努力就會輸人，就會退步，這樣的現象使得人們對生活厭倦、疲累、充滿壓力，而且心裡不健康，這也是國家領導人要思考的議題。

那麼接下來討論人權問題，這也是既多元又充滿爭議性，亞洲的政治體制多樣，通常引發世人較高度討論的會是在較專制的國家，由於少數人或政黨長年主控國家發展與制度，一般國民不容易改動或是改革，因此在掌權者權力較其他民主政權的掌權者還高的情況下，有可能會發生忽略民心且堅持己見的情況。

專制的好處是政策具有一致性，發展重大計劃或建設能夠更加有效率，若是得民心，便可眞正發揮政治體制的價值，使國家與人民富足，也減少動亂，然而，爲了發展自己的國家計劃，人權容易被犧牲，例如難以公開批評，或是人民從小學習順從，心態上較不敢突破，這就要看掌權者如何看待國家、如何看待人民以及如何看待自己。

上述的政治體制，還有更極端的情況，極少數的某國家，長年重視軍武發展，禁止人民接觸國外資訊，完全無言論自由，只能完全接受領導人的安排，使政權不滿的一切行爲都會受到極爲嚴厲的處刑，國民生活在恐怖的國度，而且沒有離開的權力，這就是21世紀還仍存在的現象。

人權問題不會只有在專制國家，民主制度的國家也有他們的問題，比如原住民的人權與土地權、婚姻平權問題、同性婚姻、勞工權益等等，問題多不勝數，但至少面對問題，問題就解決一半，若能不斷的針對問題提出更好的做法，實際改革，各個國家與人類的未來會更讓人期待。

講完了亞洲，來說說隔壁的大洋洲，大洋洲的國家多數爲島嶼，土地面積最大的國家爲澳洲，其次爲紐西蘭，大洋洲在被西方人及其他國家的人移入前，已有許多當地的原住民居住在這，例如澳洲原住民與紐西蘭的毛利人，此外，大洋洲也因爲地理位置關係，演化出許多特有種動物，例如澳洲的有袋生物們，這裡富有文化與壯麗的天然景色，接下來就來說說大洋洲的人類福祉與人權現況。

說到人類福祉，回到前面提到過的，大洋洲的國家組成多數爲島嶼，所以在全球暖化導致海平面上升的情況下，對許多島嶼來說是個重大的課題，人們面臨生命與財產安全的威脅，有的國家知道未來會面對滅島的命運，已提前作準備，例如請求他國接收國民，甚至是在元宇宙空間複製自己的國家，以保存自己的歷史，氣候變遷帶來的影響，是人類在這個時代最需要重視的議題之一。

至於人權議題，需要提及幫助了國際間無數難民與申請政治庇護之受害人士的國家，其慷慨需要被感謝，但受到爭議的是過去有國家將難民安置在環境不友善的地方，或者是將好不容易跋山涉水來到這裡的難民遣返回國，使他們回到原本所待的地方，這樣的做法各有支持者與反對者，一邊是出於保護國家，而另一邊是出於人權的重視。

除此之外，大洋洲令人關注的人權議題還包括西方到來的新移民對原住民的對待，尤其是紐西蘭與澳洲，從過去的受爭議行爲到今日一個個法案的通過，可以看見當地政府與人民對原住民的尊重，雖然還有些社會議題與難以改變的事實，但我們看見了人類自省與願意彌補的心態。

最後一個地理區塊，**非洲**，目前被認爲是人類的故鄉，這裡仍有著世界上最大片的原始自然景觀與生態，並盛產許多豐富的天然資源與礦物，曾經歷過帝國主義時代的殖民，當地人們除了家鄉語言，許多人也能以流利的歐洲語言溝通，這裡又有哪些人類福祉與人權議題呢？

非洲由於複雜的歷史背景、土地切割、族群衝突與治理問題等等，造就了今日我們眼中的樣貌，從實際上的人類福祉問題來看，確實有著相比已開發國家或是許多開發中國家更缺乏的醫療資源、對疾病的有效控制、教育機會、富足與營養的飲食、工作機會、民生用水與用電、基礎建設等等，當然並非所有國家都是如此，許多人對非洲有著誤解或是刻板印象，認爲那裡一直以來都需要世界的救助，實際上有許多國家越來越先進與發達，不過從整個非洲來看，上述講的問題確實還是在許多地區存在。

而人權問題在非洲也值得國際社會重視，有的國家完全不鼓勵自由發表言論，甚至關閉媒體，再逮捕記者，限制人民的網路使用，禁止一切對政府的不滿。

有的國家長期處在內戰狀態，政府與民間組織的對抗，造成許多人民被迫離開家園，反對政府者遭到逮捕，其中也包括媒體記者，不僅如此，人民在戰爭期間還被迫禁止使用網路跟社群媒體，對於禁止記者與人民公開表達政府失責的事情層出不窮。

有的政府腐敗、貪婪，卻又不願被說出眞相，乾脆更加重的限制人民的言論自由，只要聽不見異議，似乎自己就沒有做出違反自己職責的事。

除了言論自由相關的事蹟，其他實際發生的人權議題還包括對女性的不敬與暴力、童工問題、種族問題，以及對非異性戀者的霸凌事件等等，而許許多多的問題其實可以回到人類福祉問題中的「教育」，當越多人民接受知識的灌輸，以及對人類的尊重與概念，我相信能透過教育與知識的力

量慢慢改善目前正在發生的問題。

現在回過頭來看看，世界在人類福祉與人權這兩個領域的問題爲何。

首先是「人類福祉」，其問題包括：

一、財富、醫療與教育資源在「城市與鄉下」、「不同種族」與「不同國家」上有著一定程度的不均衡，這樣的不均衡使部分人無法及時享有高品質的生活資源。

二、在世界級的大城市充斥著需要靠乞討維生的遊民。

三、通貨膨脹造成部分國家的紙鈔形同廢紙，國家困頓，影響大量人民生計。

四、國家內戰，人民失去住所，造成維生困難，每日生活於擔憂之中。

五、戰爭難民的接納，衍伸出的安置困難與社會資源分配問題。

六、過度開發自然資源，未來的人類需要自行承受其帶來的災害。

七、宵小猖獗，爲了利益無道德意識。

八、人類會爲了自身利益，進入其他國家，發動戰爭，奪取資源或是防止他國強盛。

九、人類充滿歧異，會因爲宗教信仰與種族的不同大動肝火，就算會犧牲人類福祉也依舊爭執。

十、爲了生計與競爭，人們會過度勞動，忽視生活品質，並出現身心靈的健康損傷。

十一、氣候變遷問題導致部分人類失去維生的土地與食物資源。

十二、有的地區基礎設施不足，交通不便，缺乏乾淨水源與穩定用電。

而世界現有的「人權」問題，整體來說如下：

一、執法單位濫權，逾越法律規範，對待嫌犯進行非人道之暴力行為，或是不合理的監禁。
二、種族、膚色、性向歧視問題存在。
三、人民無法公開批評政府的失責問題，言論自由與外部溝通受到限制，批評者無法保證自身生命安全。
四、為了爭取自身利益的罷工與遊行，侵害到非相關人士的利益，其合理性問題。
五、女性受到法律與宗教束縛，難以跳脫，甚至會遭受暴力與非人道對待。
六、土地被侵占者的原住民之人權與土地權問題。
七、被接納的難民在提供救援的國家遭受「被遣返戰亂區」之對待，其合理性問題。
八、孩童之超工時與惡劣工作環境問題。

願景與目標——人類福祉

歸納出了現存的人類福祉與人權問題，下一步是針對問題設下我們的願景與改善目標，也就是未來的人類社會在解決了這些問題後，該是甚麼樣子，首先從人類福祉的角度來看。

在未來的世界，人類可以不再因錢財的資源分配問題而傷腦筋，具有創造財富之能力者，仍舊有辦法持續創造並儲存自己的財富，而創造財富之能力較弱者，能夠因為特殊的社會運作機制，以及在社會與科技的進步之下，保有基本的財富運用能力。

換句話說，在資源足夠的情況下，人人不會因爲財富問題而餓了肚子，大家都至少具備足夠的金錢或其他交易媒介來獲取基本生活所需的資源，至於要靠何種方式來達成，暫且不在這裡討論。光是財富資源足夠了還不夠，其價值的穩定也一樣要達成，在社會結構安穩的情況下，沒有國家因爲失能的政府政策、內部供需的亂套以及外部世界的動盪而使自身國家的幣值不正常的暴跌或暴增，基於一個更加完善的世界共識與貨幣政策設計，世界能有一個救援機制來防止國家破產。

除了具備足夠的財富與穩定的幣值，人人都能夠在健全的社會運作機制下進行購買、取得或被給予一個屬於你的住所，有了這樣的住所，不再有人需要繼續在颳風下雨時在街頭露宿，原有的遊民或居無定所者便可以在一個安全又穩定的家好好打理自己，做好心理準備，再出門爲人生打拼。

再加上科技的進步，許多產業那些領薪水的人們一週只需要工作三到四天，甚至一到兩天，因爲不但高度重複性的工作能被智慧型機器設備取代，需要深度分析問題並提供解決方法的工作也能被大量且快速的執行，未來會是個由電腦幫人類工作的世界，**人類因此能夠有更多的時間追尋自我人生的意義，也能因此變得更快樂。**

由於人們身心靈更健康，擁有更多能運用的財富與時間，犯罪率因此減少，人們將時間用來做有意義的事情，而不是販毒、偷竊、勒索、殺人等等。

此外，也因爲醫術的發達，以及醫療資源的大幅擴張，能夠更輕易的將藥品及治療方式傳遞到社會各個角落，再加上健全的醫療法規制度，人人能享有便宜又可靠的醫療照護，就算是住在偏遠地區者，也能有足夠的醫療資源儲存，或是能在足夠的時間內抵達能提供治療的醫療機構，在這樣的情況下，許多大規模的傳染疾病也能因此被及時遏止，最終使許多疾病從人類世界裡消失。

教育資源亦同，在未來的教育制度或許與現今社會不同，不一定人人在特定歲數前需要至學校學習，可能因爲科技的進步，使教育能夠更加便利且普及的進入世界各個角落，人人能夠快速地接觸政府規定下的必須學科與自身有興趣的領域，除此之外，也因爲教育的普及，大部分的人具備一定程度上的各領域知識與觀念，甚至是更高的道德觀，有了更健全的思維邏輯來面對自身與社會，有了更多能改善社會的思維與方法，使社會進步的力道能夠更精準、更快速，也更有威力。

基本上，人們賴以維生與學習的基本資源不會匱乏，要達到這樣的目標，還需要與之對應的基礎建設，包括道路、電信與網路、發電設施、儲水與供水設施、能供應熱的瓦斯或天然氣等天然資源等等，以確保資源與資訊的傳遞能夠無遠弗屆。

而天然資源的開發，人類能夠知道其帶來的環境破壞問題與資源減少問題，因此增加可再生資源的能量產生效率與效能，或是在技術的突破下，能夠使用安全又極少的不可再生資源來供應全人類大量需要的能源，願景就在於未來在發電與產生能量上，能夠有具備乾淨、安全、轉換效率極高又可不斷重複使用的資源與方法，至於地球的極稀少資源，確實是難以做到普及，其難免會落入「誰掌握資源，誰就擁有話語權」的局面，需要智者來思考稀少資源的未來利用。

再來，針對地球的珍貴自然資源，人類在未來能夠具備更前瞻的判斷能力，預防自己的失策行爲，不做出會自毀命運的決定，例如大量燃燒石化燃料而導致的全球暖化、空汙、酸雨、海平面上升，生物滅絕等等後果，並且能針對可能預期的後果做出超前的預防措施，減少犯下大錯的機會，使地球更加健康。

在各個國家的資源運用與分配達到一定程度的可接受平衡時，人們不再爲了爭奪資源而研發更具毀滅性的武器，也不再做出違反世界法律的入侵行爲。

不僅如此，任何因爲仇恨或不順眼而發起的戰爭消失，不再有因爲戰爭而出現的難民，人們尊

重彼此的信仰、宗教、政治理念，彼此爲了整體人類社會的文明發展而努力，你好，我好，大家共好。

在國家內部的治理上，人民與政府知道如何在追求社會最大利益下取得共識與平衡，掌權者明智與清廉，人民支持自己的政府政策，若是政府失能，也能有效的改善或是替換，各國家內部有了更高的向心力，全體國家對人類社會也有了向心力，世界便會富強。

願景與目標——人權

在人權方面，未來的世界徹底體悟到人命或生命的珍貴，基於這一點，各國政府的治理會合理的遵從民意，一個國家的治理，在未來或許與如今的各個政治理念不同，方式也不一定相同，但是，政府與百姓的關係會基於「尊重」、「理解」與「謙卑」等三個要素來互相溝通與合作，政府不一定完全以「服務人民」的民主制度爲宗旨，也不一定是完全「上對下」的管理與服從，兩者之間會有一個良好的平衡。

人民與政府基於對彼此的尊重，以及政府對自身角色的責任感，加上對是非的明辨與理解，更有了在高位者的謙卑。

除了合理性的機密資訊，執政的決策流程允許被揭露於大衆，面對執政的結果也理性的接受審視，好的結果接受世人讚賞，錯誤的決策導致出現難以承受的結果，便負起責任承擔。

因此，在未來的人類世界，在主、客觀皆合理的情況下，執政者皆能公開接受人民與反對派的建議，並利用有效的管道評估自己的政策與人民的期望之間的落差，評估過後若是政府政策確實能帶來更好的預期效益，便淸楚明白的提出正確資訊與證據來解釋，反之，若是評估的結果確實是政策失靈，便依據輕重緩急調整，而不是爲了保住面子，死也要捍衛自己的作法，甚至合理化錯誤的政策與結果。

不僅如此，在基於對人類與生命的尊重之上，執法機關面對疑似非法行爲或確定的犯罪者時，依據相關的法條行事，也根據情況展現合情的調整，任何非法與不妥當的執法行爲不會存在，守法的人們不需要擔心執法單位惡意找麻煩，並且人人都應當在足夠的教育下理解自己所具備的權力，執法者與人民的資訊透明，不存在利用虛假的法律來欺騙人民之事件。

在立法上，立法者們與社會的需求接軌，而不是憑空從自己的腦袋就以爲了解人民與國家的需求，並在合理的範圍內保障人民所需具有的人權。

最重要的是，基於對生命珍貴的認同，人權相關的法律除了顧及國家發展，更是圍繞在幫助人類獲得幸福。

在社會穩定的發展與進步下，透過科技的輔佐，所有的人類對勞工權益與工時的要求與不滿會幾乎消失，人們需要著重的是知識的進步、積累與傳承，並將知識運用在幫助人類追求人生的意義與目標，可能是快樂，可能是平靜，重點是人們不再需要爲了生計而超時工作，或是爲了不公而發動罷工或遊行，當然，人民還是可以在未來的制度之下，使用更好的方式來表達對現狀的不滿。

再來是人類彼此對彼此的歧視問題會更加消弭，因爲隨著人類全體社會的進步與富足，以及透過教育而轉變的概念，人們更不分你我，而是將全體人類視爲共同生活在地球的地球守護者，每一個與自己不同膚色、性向與個性的人，都豐富了人類多樣性，甚至可能有一天，人類因爲極度的對彼此認同而趨向全球混血，每一塊土地的人們變得更加多元，此時，多元就等於一致，或許這時候

不再會有人嘴裡喊著自己的血脈是最優越的。

現今社會仍舊受到討論的原住民土地權問題，也會跟著上述的人類的演進而跟著消失，人類即爲人類，漸漸的，你我的劃分會越來越淡，在人類福祉上升到一定的水準時，相關的人權議題就也不再是問題了。

至於因爲宗教與法律因素，或是由宗教所延伸的社會道德價值觀所控制的人類行爲，在未來將只剩下自願行爲，所有非自願的宗教控制行爲將消失。人們，特別是女性，不會因爲正常的展露自己而受到肢體或言語暴力對待，在合理的自由上，沒有人有權力透過任何形式的力量來削弱任何一個性別的人權。

針對人權的目標，在遙遠的未來，該是甚麼樣子才是對人類最好的？我覺得難以界定，「管理機制」有其存在的必要，但是人類「珍貴又與生俱來的自由生命」，我們又有多大的權力去限制？我想，依據就在於在思想自由、言論自由、行動自由、創造自由與選擇自由上，只要與當下社會的認知存在「合理」，或是「不會不合理」，那麼它們都是人類具備的基本人權。

世界現況與問題——人與人的互動

人類在「對待彼此」這件事情上，其行爲與帶來的負面影響，其實不亞於人類福祉的不足，或是國家對人權的欺壓，人性過於複雜，爲了自身的利益，常常做出令人不適的行爲，而令人沮喪的是，這些行爲很普遍，甚至可以說是人類的正常行爲，這個部分就來探討人類對待另一個人類上的現況與問題。

首先是**「偏見與歧視」**，人類容易被先入爲主的觀念影響，而在不認識或不熟悉另一個人的情況下，直接認定對方屬於何種人或是具備甚麼特質。有的人也會因爲過去曾經受到傷害，積累的負面情緒使得這個人將來對有相同背景或特質的人帶有偏見，使得對方莫名的遭受敵意或詆毀，實屬不公。

偏見跟歧視的發生點，可能是針對職業、國籍、膚色、文化、技術、教育背景、父母職業、身心健全程度、穿著、思維等等，人們喜歡自己受到認同，有著同溫層能夠互相取暖，同時更喜歡享受優越感，當能夠塑造出階級或等級差異，就能顯現出高階者的優越，爲了達到這種優越，人們會推崇自己熟識的一切，並詆毀自己不認同的世界觀，於是偏見與歧視就會存在。

再來是**「炫耀」**，炫耀行爲是爲了得到優越感，對喜歡炫耀的人來說，當自己能夠取得其他人難以取得的成就時，若是沒人看見，那這個成就如同沒有意義，必須要讓人看見才行，因此這些人如同孔雀開屏般的大肆炫耀，塑造階級感，顯得其他人相對沒那麼成功，這樣的心態容易引起反感，或許炫耀本身並不是個問題，但炫耀者之所以需要靠炫耀才能減少自卑感，才是根本問題。

而**「忌妒」**，就是一個更加自卑的人會有的狀況，被忌妒者不管有沒有炫耀行爲，他們的成就都會被眼紅的人產生忌妒心態，而且忌妒心態所引發的後續可能行爲比忌妒本身更加可怕。

例如某人在職場上的表現被其他人的鋒芒蓋住，對方因爲表現好而獲得長官賞識，長官甚至建議大家向對方學習，有的人見不得別人好，於是產生了至少兩種行爲，第一種，刷存在感，拼命表現，大聲講話，希望透過這些手段來獲得目光，如果眞的是因此而受到激勵，提高工作表現，對公司來說是正向行爲，但若是爲了表現而表現，反而讓人看不出實質貢獻。

再來是第二種行爲，棒打出頭鳥，找對方的問題點，尤其是在職場，在主管面前批評之，讓

主管看到其實對方沒那麼好，而且自己還有點出問題的能力，再更加恐怖的是，利用主管回話的時機，順著主管的話語表達認同，並再次詆毀對方的作法。

從忌妒心態引發的行爲來看，是不是看了讓人心有戚戚焉？一個組織有可能因此出現內鬥，人們不團結，越來越爲了自己的利益來行事，就算不是本意，也必須爲了保護自己不被忌妒者攻擊而展現自私，一個和諧的團體便可能因此變成一個恐怖戰場。

有的人喜歡**「道人長短」**，俗稱愛八卦，說人是非，唯恐天下不亂，巴不得讓大家都知道其他人發生了甚麼事，不願意查清眞相，也不願意顧及他人臉面，整天注意八卦，喜歡散布謠言，更喜歡散布自己敵人的謠言，只要能影響對方形象，自己便可以不斷的大嘴吧，有的人就在這樣莫名其妙的情況下被貼上自己都不知道的標籤，就只因爲身邊有一個見獵心喜的八卦仔。

除了在背後指責別人，有的人喜歡當面對著他人**「欺壓與霸凌」**，這些霸凌者可能是出於過去曾遭受過相似的處境，或是純粹看不慣對方，也可能是想利用霸凌來彰顯自己，以此增加自己的自信與成就感，他們用言語來嘲笑或羞辱對方，使對方在眾人面前被揶揄，甚至是動手使用暴力來讓對方害怕，更噁心的還是號召大家一起從事霸凌，若是不加入霸凌者的行列，就是反對者，有可能因此也成了被霸凌的對象，這樣的現象在學生之間更爲常見。

有的人習慣**「欺騙」**，欺騙的行爲養成了習慣，就難以改正，因爲欺騙可以讓不知情者相信你的言語，你因此能獲得欺騙行爲後的利益，可能是爲了金錢、信任、資源或是逃避，面對這樣習慣詐欺的人，是被欺者的痛，也因爲世間上有著欺騙行爲的人、企業，甚至政府，因此人們學會了提防，也學會凡事講求證據，人們也因而變得不容易相信別人，就算是自己的親友也一樣。

從欺騙衍伸出來的是**「虛情假意」**，人們爲達目的，做出與自己內心背道而馳的事情，例如支持一個自己唾棄的行爲，誇讚一個自己不賞識的人或事情，或是對著攻擊自己的人展現笑容，說他眞是頭頭是道，這些行爲背後的虛情假意，爲的是得到某個目標，要達到那個目標，不能壞了眼前的關係，不過有時候不一定有特定的目標，純粹是不敢得罪人，面對位高權重者，虛情假意變成了人的慣例行爲，這就要靠有智慧的人來識破與反應了。

虛情假意的人，還有著一個恐怖行爲，那就是**「戴帽子」**，刻意稱呼你爲某方面的專家，再詢問你這方面的刁難問題，若是你答不上來，就代表著專業程度根本不達高標準，有的人利用這樣的方法等著看人出糗，這樣的事情只有內心有著邪念的人才做得出來。

除此之外，有的人在得不到自己預期的結果時，會使用**「情緒勒索」**，利用人情壓力來迫使對方做出自己希望看見的行爲，或是合理化自己的行爲，例如有的人會說出「哇，當初你有事的時候幫了你，現在你發達了就忘記我了啊？」或是「要不是我是你爸爸，我才不理你」，諸如此類的言論都會帶給當事人莫大的壓力，就算自己很抗拒，卻還是會因爲被情緒勒索而低頭。

更高深的還有**「人心操弄」**，透過提供選擇性的資訊，壞你在無意識的情況下產生片面的想法，使得操弄者能夠讓木偶們隨著自己的想法起舞，並獲得他們的支持。

其他有趣的人類現象還包括過於熱心助人，又稱作**「多管閒事」**，雖然一心想幫忙別人，但不太會察言觀色，也不太能理解對方到底需不需要幫助，一味的關心跟多嘴，造成對方壓力，有的人還會因爲提供協助被拒絕而惱羞，搞得雙方不高興。

還有一個令大家聞之反感的行爲——**「背叛」**，忘恩負義，過河拆橋，曾經一起打拼努力過的人，爲了個人利益，出賣自己人，眼睛都不眨一下，不管是朋友之間、親人、情侶、合作夥伴等等，都有這樣的人存在，他們或許內心會羞愧，但就算如此，最後還是做出背叛。

這個部分點出了許多個人類與其他人類之間的問題，這些問題導致人群分裂，心裡不快，從古至今不斷發生，只要是有人的地方，就會有這些問題存在。

願景與目標——人與人的互動

在理想的未來，人們經過多年來的意識，已經知道人類的愚蠢行爲不但使自己蒙羞與不開心，也影響許多人的心情與利益，因此針對人與人的互動在未來的願景與目標，會是一個看似望塵莫及的境界，這個境界中的人們懂得**尊重**、保持**謙虛**與**大度**、對自己充滿**自信**、**相信**彼此、**欣賞**與**學習**他人的優點、**誠實**且**正直**，也更理解**忍耐**的優點。

當大家體悟何謂**「尊重」**，就能不帶著自己獨有的眼光來看待其他人，理解到並不是自己熟知的一切才是眞理，人們能夠知道世界本來就是豐富多元，不一定支持我想法的人多，就一定是最高尚也最正確的，因此減少了偏見與歧視，更多的是包容與理解。

既然能夠不帶有色眼光的尊重他人，那麼在未來的世界會更加和平，欺壓與霸凌人變成了非常奇怪的事，任何人仗著位高權重或人多勢衆來欺負別人，只會被社會唾棄，因爲「尊重」本身才是主流。

除此之外，基於對他人的尊重，人們意識到強迫他人或是勒索他人會帶來痛苦，因此人們擁有更多的自由來面對自己，表達自己的眞實想法，朝自己心中所往得去追尋目標，「尊重自由」的力量，超乎人的想像，不但能放過自己，也放過他人。

而且尊重是雙向的，不分位階、職業、貧富，是最基本的人與人之間的互動元素之一，當一個人不願意展現對對方的尊重，那麼，這個人就不值得擁有他人對他的尊重，在未來，人們皆有這樣的共識。

基於尊重，多數人們在未來也體悟到「忍耐」的重要性，當然並非凡事皆需要忍耐，當有人的行爲舉止在一定程度上超出客觀可承受範圍時，需要即時的特別處理，而有些人與人的互動體現了忍耐的力量，例如「不認同對方論點，卻還是等待對方論述完的言論自由之尊重」、「看到對方掙扎於完成某個任務，卻能夠忍著不主動幫忙，讓對方學習並成長的忍耐」或是「理性針對錯誤批評，而不是用情緒性字眼與人身攻擊來傷害尊嚴」。

雖然說這世界就是因爲有各式各樣的人才因此而豐富多元，但人們具備自省跟改進的能力，所以人與人的互動終究會趨向更良好的可能，例如**「謙虛」**，在未來鮮少有人因爲擁有較多的資源、名聲、金錢與權勢而自大，因爲這些外在的事物終究比不上內心的快樂，自大的人或許只會被認爲是莫名其妙，有了謙虛爲懷的態度，人們能夠吸收更多，也更願意尊重任何人，世間會得到更多的笑容。

與此同時，人們也能因爲謙虛而獲得更大的**「自信」**，怎麼說呢？因爲謙虛使人**「大肚」**，大肚的人們跟賢者學習，而且不因他人的成功而產生嫉妒的心，只求自己突破自己，在自我成就的過程中，人們產生了自信，也因爲不與人過度攀比而自卑。

在這過程當中，人們更加**「誠實」**，誠實看待自己，也誠實對待他人，由於少了自大與忌妒，人們能夠更清晰地看見自己的缺點與優勢，更願意承認自己的不足，不僅僅是對其他人，更重要的是對得起自己，而不是忽視自我缺失，導致失敗。而且更加誠實的世界，人們能更願意發自內心的承認與讚美他人的成功，沒必要虛情假意，這只會顯得氣度不高，小肚雞腸。

而誠實的世界，並不會導致更多無理的批評與指責，因爲人與人一切的互動就是基於開頭所講的「尊重」。

再來是「正直」，未來的世界，人民唾棄不公平、不公正與暗地裡害人的小人行爲，人們除了自己本身不願意做這樣的事，也具備辨識小人行爲的能力。

基於誠實，人們在評價事情或是分配資源時，會根據事實與權重來執行，人們不會爲了私慾而在背後刻意詆毀他人，也不會爲達目標而更改事實，並利用資訊來操弄人心。

換句話說，人民心中帶著「善」，做事情的出發點不帶著害人之心，而且人人都將此奉爲圭臬，任何非正直的背叛在未來幾乎消失。

世界現況與問題——政治制度與理念

政治問題，幾本書都寫不完，也難以在這裡清楚的剖析各地政府與人民之間的政治問題，但是，既然問題存在，那麼就不可忽視，我們就來看看這個世界政治制度的現存問題與弊病。

首先來看看目前世界有哪些被提及過以及正在被奉行的政治理念、系統或意識形態，主要被世人所熟知的包括直接民主、間接民主、民主式共和制、非民主式共和制、絕對君主制、君主立憲制、寡頭政治、極權、專制、共產主義、社會主義、一黨獨大、一黨專政、無政府主義、聯邦制、邦聯制與神權政治等等。

由上述的政治理念與制度可見，世人的意識迥異，各有各的擁護者，或者說，有的政權是被迫被擁護，總而言之，這個世界不是一言堂，不同政治理念的擁護者或許彼此尊重，也可能彼此產生敵意。

政治理念或意識形態的名詞太多，我們稍加闡述一下，可以更加瞭解他們分別著重的點與特色，以及擁戴他們的國家與現存問題。

首先是**「民主」**，民主制度大致可分爲**「直接民主」**與**「間接民主」**，兩者意義不同，但實質上在許多國家是相輔相成的在施行，其差別簡單來說，一個是由公民當作國家的主人，公民具有極大的權力干預與影響國家的政策與被推選的政治人物，基本概念就是由人民來治理國家，而另一個是由公民推選出公民代表，由代表來進行國家治理，若是民意代表的施政狀況不佳，人民一樣有權利將之罷免。

雖說直接民主與間接民主乍聽之下在施行上極爲相似，畢竟一國的治理並不容易，由多種理念同時施行極爲常見，但兩這在意義上仍舊是不同的。

而民主是一個概念，**「民主式共和制」**是民主，實行**「君主立憲制」**的國家也是民主，**「聯邦制」**或**「邦聯制」**等過去美國的治理方式是民主，甚至**「共產主義」**與**「社會主義」**的本質也是民主，只是治理方式的選擇不一樣，各有各的利與弊，若是人民或政府眞心爲了人民與國家著想，就會往更好或更適合的方向前進。

民主制度的問題，一時片刻說不完，但具體顯而易見的大致上包括決策程序緩慢、忽略少數聲音、黨派鬥爭與社會分裂、政治人物怠忽職守、政治人物受特定利益團體影響、多數席位之政黨的一言堂問題、貪汙、君主在君主立憲制中的存在意義、中央治理中心與地方機構的權力分配問題、國家發展與人權的矛盾問題等等。

再來講講**「非民主」**，非民主顧名思義就是國家治理並非由人民做主，人民無法或是極爲困難

改變或影響國家的權力中心，政權難以受到人民的監督，決策的制定受到少數人控制，若是有簡易的投票機制，也多數是流於形式，投票本身無法改變已經事先決定好的事實。

「共和制」不一定民主，**「絕對君主制」**由君王決定一切，其爲非民主，**「寡頭政治」**的權力被集中在少數權貴或軍閥手上，是非民主，**「極權」**與**「專制」**或**「一黨專政」**肯定非民主，而**「共產主義」**與**「社會主義」**隨著不同國家的解讀與做法的不同，在現今世界中多數的擁戴者以一黨之力或一人之力來推行政策，在此將權力被集中的施行作法定義爲非民主，至於**「一黨獨大」**，處在不夠民主的邊緣，若是能夠由不同的政黨輪替執政，以現今世界的觀點來看會相較更民主。

非民主制度的問題，剛好可以從民主社會問題的另一面看到，決策程序不公開透明，可以不顧慮多數人的心聲與反彈，直接執行政策，實權掌握在極少數能呼風喚雨的人手上，缺乏反對派與人民的監督，就算執政者違反民意，也難以改變現況，在這樣的情況下可能衍伸出貪腐、墮落、難以接受諫言、壓迫人權與自由，並且讓社會較難以在自由的市場機制中發揮其千變萬化的創意與發展。

願景與目標——政治制度與理念

小弟我本身不是國家治理專家，也暫且還沒思考與比較出一個相對於現有主流國家治理更好的方式或理念，但我認爲世人們有能力也或許有需要針對未來世界的變化而設計出更好的國家治理方式，可能不完全追求民主，也可能不完全由少數握有實權的人掌控，隨著人民對生命的看法之轉變，加上科技的進步，以及天災與能源的應對與需求等等，我相信在未來，現有的國家治理方式有可能發生極大的轉變，就有如治理企業一樣，若是知道有問題，難道不改變嗎？

在得出更適合於未來的政治理念之前，至少我們能先針對現有的民主與非民主問題設立改善目標與願景。

首先針對**「決策程序之效率」**問題，快有快的好處，慢也有慢的益處，但核心還是要回到這個決策要解決的問題，問題有重大性與急迫性的差別，有時候也可能因爲要解決某個問題，而造成了新的問題，所以未來在追求「效率」、「效益」、「利害關係人與環境之利益最大化」與「意義」爲前提下，會有一個社會與政府之間的特殊運作機制，從發現問題、分析問題原因、設立改善目標與時程、評估各個利害關係人的預期影響，再到知道解決問題的意義何在。

每一個被發現的社會問題都要有能夠處裡的應對機制與計畫，在考量到所需的時間長短後，就會根據實際需求來解決，舉幾個很簡單卻很可笑的例子，未來就不會有柏油馬路破損卻五年來都沒人處理，或是明明知道酒駕會害人家破人亡，卻數年來還是持續有人酒駕，因爲人民的道德意識不足，法律也無法遏止違法人民。

那麼**「決策程序之公開性」**問題呢？需要大家思考一下，有必要所有的決策程序都公開透明嗎？公開透明聽起來好像沒有不好，大家都能知道爲甚麼自己要遵守某某法律，但若是獨裁政府管理的國家，決策程序公開透明又如何呢？你能夠改變局勢嗎？答案是不能。

追查眞相是重要的，但人們更應該注意的是政策的好壞，假設人類擁有極好的社會福祉，政治人物剛正不阿，那麼你會那麼在意決策是如何被制定而來的嗎？所以老實說「不透明公開」本身不是一個大問題，目標是社會的需求被滿足，而且執政者能帶領國家更加富足，人民更加快樂。

再來是**「少數人利益與多數人利益的權衡」**問題，這個問題高深，常常就是難以達到兩全其

美，因此要從根本的人心與觀念來解決，以願景來看，人民與政府能夠在基於互相尊重爲前提來解決問題，並且多方人物能夠理性看待利弊，利益受損者能理解國家發展與需求，根據情況回應與同意合理的要求，施政者也能感性上理解利益受損方的難處，給予公正的補償，而這樣的精神擴展到世界各地，大家都能以一個完善也有效率的方式追求**「做正確的事」**。

同樣的，以「做正確的事」爲前提，以及理解「人類生命的可貴」，再加上「自由與秩序間的平衡」考量，**「國家發展與人權的矛盾」**問題也會被解決，人民知道社會的進步有時需要帶來破壞，政府也尊重人類的自由意志，許多的矛盾問題皆可以透過觀念之塑造或是轉念的方式來解決。

還有**「分權與極權」**的問題，在未來，這都不是最重要的事，就如同決策的公開性問題一般，政府存在的意義是服務人民與帶領國家，領導者們以「做正確的事」爲目標，人民也不會無限且貪婪的追求個人利益，而是能理解人類的發展願景，在追求個人自由與利益的同時，與政府共同做正確的事。

因此，人們相信政府會爲了國家與人民的利益爲首要考量，不會因爲握有的權力差別而改變正直的決策，不管是何種類型的政府執政，人民依舊享有身爲人類最大的自由與人權，社會也能在完善的秩序下運行。

除此之外，不管是分權還是極權，社會具備高度先進的**審核機制**，這樣的機制可以與人民一起共同監督掌權者，在公正合理的機制之下，若是掌權者的施政效果無法達到一定的標準，就必須被強制要求改善或改變施政方法，就算是軍閥要以軍事力量強制霸占實權也沒辦法，這樣強而有力的社會機制可以防止出現傷害國家與人民的決定與實際行爲。

也因爲有了這樣的機制，民主社會不再分裂，被專制政府控管的人民也不再害怕有不合理的法律，因爲社會機制能判別何謂「正確的事」，這份機制也能理解社會需求並自我修正，爲了人類福祉而精進改善。

在**「執政態度」**上，執政者知道自己存在的使命，因此不會怠忽職守，甚至是出現不可饒恕的貪汙、舞弊、說謊等行爲。而且執政者願意與賢者合作，不管是自己、反對派或是人民，大家共同爲了全體利益而努力，而不是爲了私人或執政黨爲單一考量。

世界現況與問題——和平與安全

先說說定義，何謂和平？又何謂安全？這兩點又可以分成「國際之間」與「國家內部」兩個面向來看。

對我來說，國家之間的和平爲彼此不存在敵意、侵略、欺壓、實體或網路攻擊、辱罵、誹謗、竊取機密資訊、不信任，而且友好的互相往來。

而國家內部的和平更是複雜，牽涉到許許多多的領域，而且老實說，或許**沒有追求絕對和平的必要性**，比如說同業之間的競爭，競爭這個詞代表著不和平，甚至會出現所謂價格戰，但是競爭同時也代表著進步，消費者們也因此能受益。

那麼，基本上國家內部的和平就包括了社會和諧，不同職業、性別、性向、宗教信仰、政治思想、教育程度的人之間互相尊重，沒有歧視與謾罵，企業與企業之間不惡意互損、削價競爭、竊取商業祕密、互相挖角，人們之間以禮相待，家庭和睦，有著更多的理解，並且少了一些責備。

而所謂國際之間的安全，代表著人們不需要擔心有砲火從天而降，軍隊存在的必要性降到最

低，國防預算可以大幅減少，武器研發、製造、販售的生意也不再有榮景，因爲沒有敵人。

國家內部的安全，代表警察的人力可以更加精簡，人們不需要擔心受到暴力的言語或肢體攻擊、不須擔心物品失竊，更不需要擔心講出事實而受到威脅，此外，政府與人民之間不需要因爲和平而發動武力對抗，全體上下一條心。

講完了定義，來說說世界在和平與安全的現存問題，由於前面已經在人類福祉與人權、人與人的互動，以及政治制度與理念的部分談過許多面向，所以這個部分會比較著重在**國與國以及國家內部的敵對關係與軍事衝突造成的非和平與不安全。**

很顯然的，這個世界既不和平，也不安全，國際間衝突頻繁，雖然隨著科技的進步導致加速全球化，但各國之間實際上卻極度分裂。

自古以來，世界就是動盪不安，每個時代都有其難題，爭論、競爭、衝突與威脅等等是不斷的輪迴發生，只是隨著人類進步，製造衝突的原因與手段變得不同而已。

人人都呼籲世界和平，但實際上的世界眞的擁抱和平嗎？若是世界和平，軍火商如何賺錢？若是沒有軍火與軍隊，軍閥要如何享受權力？而且假如沒有能自保的軍事力量，某天遭遇他國的欺負，自己就沒有底氣大聲說話。

在人類那自私的心被徹底消除之前，眞正的世界和平是難以看見的，在沒有抑制的機制之下，貪婪與慾望很容易就吞噬人心。

隨著一次次的歷史教訓，至少在此時此刻，現代的國家已經不如同以往般的嗜血，不像以往那樣不擴張自己的地盤跟奪取更多的資源就渾身不對勁，各國領土的完整性不再像過去那樣被軍閥割據，儘管如此，世間戰亂仍舊持續，國與國之間的對抗還在，國家內部的內戰與叛變也依舊發生。

國與國之間會因爲文化與宗教差異、歷史因素、資源爭奪、領土糾紛、政治理念、意識形態、軍事與科技競賽、民族差異等等因素而產生敵意，敵意容易產生誤解、刻板印象、仇恨與憤怒，在負面情緒與敵意充斥一國掌權者的時候，衝突便有很大的可能性會發生。

國家之間容易出現表面上的和平，就算稱讚對方，實體見了面，而且還握手展現笑容，所有的承諾其實都比一張白紙還薄，因爲彼此之間根本毫無信任可言，背地裡，各國互挖情報與資訊，在網路上發動網軍攻勢創造認知戰與資訊戰，或是最終導致最令人害怕的實體戰。

衝突的發生，有可能兩者之間勢均力敵，也有可能因爲人口數量差距、經濟實力與軍武數量的懸殊而形成一強一弱的局面，若是勢均力敵，那就等於兩敗俱傷，若是實力懸殊，那幾乎等於欺壓，或是形成侵略，侵略往往造成敵軍傷亡慘重，自己也消耗大量人力與資源。

實力較強盛的一方往往爲自己的派軍行動找尋理由，試圖合理化自己的行爲，比如發現大規模殺傷性武器、爲了收復故土、爲了捍衛航行權、受到國際威脅等等，實際上，可能是爲了能源、保有對國際的影響力、過高的好勝心與升高的承諾，或是只是領導人們嚥不下那口怨氣。

在各個經濟大國的對抗之下，人們研發出一個又一個足以毀滅地球的武器，整個地球就是一個軍火庫，有如一個不定時炸彈，不知何謂安全。

另一方面，除了兩國或多國看不順眼就算了，一國之內也會有內戰存在，而內戰的發生有許多時候都是發生在政府以及與政府對立的群眾或組織之間，尤其以「反抗政府」的時刻居多，很好理解，政府不會平白無故攻擊自己的人民，因此當有一天，人民對政府感到極度不滿卻又難以透過和平手段來改變時，反抗政府變成了內戰的開端。

人民或民間組織以反抗政府爲名發動內戰，有可能是因爲不滿於當前的政治制度與官員的腐

敗，因此認爲需要革命，或是國家經濟大幅衰退，政府卻無實際改善的作爲，並持續荒唐度日，也可能是擁有特殊文化與經濟發展之區域尋求獨立，甚至有軍隊在戰爭時不遵從指令，反過頭來將砲火對準自家的軍隊，就因爲不苟同政府的決策。

除此之外，內戰的發生還包括被世人定義的「恐怖主義」，恐怖主義或恐攻行爲的背後原因通常也脫離不了政治因素，特殊群體們爲了推翻現有體制，使用了極端的暴力方式對抗政府，甚至對平民也不放過，燒殺擄掠更是不可少，有時候恐怖主義打著遵從某些宗教教義的旗號，強制推行不人道的國家管理政策，例如不准女性上學等等，在現代社會還存在這樣的事情，著實令人哀嘆。

內戰的發生，不僅僅是一個國家內部的事，其實是影響著國際社會的人類慘劇，戰爭帶來的破壞以及非人道管控帶來的迫害，使得人們居無定所，需要尋求庇護，此使其他國家變成了難民的庇護所，問題就從一個國家的事變成了各國不得不關注的事情。

身爲人類，或者以國際組織來說，外部干預能在多大的程度上影響或改善他國事務，是個值得人類探討的事，許許多多的國際組織將各國組成同盟，共同維持國際社會安全，這是事實，但實質上的作用到底大不大呢？又或者說，這些國際組織有權力以「爲人類謀福利之名」強制透過各種手段對他國的人類進行「解救」嗎？

以現狀來看是難達成的，比如少數某些極度獨裁國家，內部的國民們缺乏營養與教育，國家領導人卻大力發展軍武，可是並沒有一個國際超強力量來強制干預，這樣的現象是否合理呢？

願景與目標——和平與安全

針對世界的和平與安全其未來的願景與目標，簡單一句話來說，就是國與國之間、政體與政體之間以及人與人之間沒有敵意與衝突，就算有衝突也能和平解決，人們不需要擔心任何非和平的關係導致自己的安全受到威脅。

要在國與國之間達到沒有敵意與衝突的第一步，就是廣泛地學會「尊重」與「理解」，不對不理解的文化與行爲進行嘲笑、嘲諷與謾罵，不站在自以爲較高尚的角度來對他國處理事情的方法品頭論足，而是可以改而針對問題給予友善的回饋與建議，不刻意挑釁並製造敵人。

然而有時候就算不製造新的敵意，舊有的仇恨就已經因爲過去曾發生的事件而積累，面對歷史仇恨往往需要相當長的時間來慢慢消除。

在未來，國與國之間能展現風度，承認自身犯過的錯誤行爲，道歉，或是根據能力來給予彌補，以最好的態度來化解仇恨，曾被傷害過的國家也能認知到過去與現在是人事已非，能夠接受致歉，將想要反擊或仇視的心態轉化爲使自身國家進步的動力，使國家更富強。

除此之外，要解決人類的傷亡問題，人們從製造傷亡的根源著手干預，也就是武器的研發、製造與販售，人們減少對武器的供給跟需求，國家直接大刀闊斧減少國防預算，非必要的軍事支出是不需要存在的，政府把這些錢花在更多的科技研發，從軍事用途的角度來發展對人類社會有幫助的科技，並解決民生問題。

單一國家對於武器的使用，是基於自保，各個政府不被允許主動攻擊他國，任何非自保卻被合理化的攻擊行爲都必須面對國際法庭，法庭有責任與能力對濫用軍武的掌權者或國家發動制裁。

任何的軍武商或國家將武器販售給恐怖組織或提供給那些試圖對和平穩定帶來破壞的政體，也是完全禁止的，目的是爲了人類的安全與人類福祉，同時，武器商也願意將和平與安全放在首要考量，而不是利益至上。

因此，掌權者必須不貪求權力與位階，不利用權位來滿足私慾，也不會因爲手握軍權而對外恐嚇或對內擅自更改國家治理的輪替制度，不僅如此，就如同在「政治制度與理念」的部分提到過的審核機制一樣，各國都會有防止掌權者發動攻擊的機制，這樣特殊的機制可以從制度面或技術面來共同達成，使指揮者難以下達發動攻擊的指令，也難以實際的讓武器帶來災害。

世界現況與問題——科技、工作、生活

這個部分比較是針對受薪階級來探討，如果是擁有雄心壯志的企業家或自雇者，比較不會有這個部分要討論的問題。

人類是懶惰的生物，企業家們爲了讓懶惰的人類好好努力爲公司打拼賺錢，必須設計一系列的獎酬機制，誘使人們拿出自己的體力與時間來爲公司的理想付出，除此之外，人們爲了生活，爲了溫飽，又爲了得到難以觸及的物質，因此每天設下鬧鐘，告訴自己該起床努力了，有時候，犧牲健康與自由也是必須，就爲了受到老闆與同事認可，以及養活自己與家人的薪資。

從這個廣泛見到的現象來看，許多人們難以獲得眞正的工作與生活平衡，其實不該是平衡，而是投入在自己生活的時間要勝過於工作才對，當然，如果是熱愛工作也享受自己產出之價值的人，我說聲恭喜，你可能沒有這裡要探討的問題。

所以問題來了，除了人們靠努力與智慧改變自己的現況，並獲得大量財富以換取時間自由，或是幸運地獲得意外之財，我認爲世界如果要將工作與生活這個天秤向生活傾斜，有極大的部分需要仰賴科技，而這正是一直以來世界的問題，**科技需要被使用於提升人類生活品質，幫助人們獲得平靜與快樂**。

從科技在人類工作上的輔助來看，是要提升工作效率與生產力，進而創造一個可以透過科技來使人類不需要被時間綁住，也不會因爲不去上班就無法支薪過活的世界，那麼以現在一般的上班族來看，實際上是甚麼樣的生活呢？

事實上，許多勞力密集的產業早就已經可以由自動化生產設備來部分取代，不但可以大量製造，也同時讓工作人員可以更輕鬆的介入與監控生產流程，幫助操作人員減輕疲勞，也促使工作者走向更加知識密集的工作內容。

然而，以目前的先進自動化生產來看，有兩個現有問題，而且問題之間還相互矛盾，第一個是原本的工作人員擔心自己的工作被科技取代掉後，自己會**失去價值**，第二個問題是儘管自動化倉儲或生產技術已經存在，但整個產業的拉動還是完全**脫離不了人力**，從工廠或物流中心出來的產品，仍有很大一部分需要透過人力結合工具來搬運與輸送，更何況是許多高科技產業的生產製造據點仍需要不少人力來確保生產品質，或是仍存在較難以被器械取代的生產流程，因此徹底減輕人力負擔的目標尚未達到。

從非勞力密集的工作來看，需要更多的創意與規劃，短時間內難以被科技大量取代，就算人工智慧的發展已漸漸有突破，但其能力與智慧仍不足以讓人類只需要靠一個指令就能完成需要極大量縝密思考的全盤規劃與執行，例如，就算跟AI說明現況與目標後，AI能夠提供達到目標的方法，但

以目前來說只是根據數據庫裡的資訊被訓練出的模型加以快速分析並產出答案，其能力不足以指揮自己與人類來朝目標前進，甚至是在達標的過程自我評估風險、成本與效益，並逐步改善，最終達標。

目前人們還仰賴AI來輔助自己的工作或生活，還沒有辦法讓自己微弱的腦袋來輔助AI，並使更有智慧的電腦來提供實際又創新的策略來改善人類生活。

願景與目標——科技、工作、生活

科技對工作與生活帶來的幫助，其願景已經可以在世界現況與問題中略知一二，分別是**「減少人力與工時」**、**「時間自由」**、**「科技自主創造產品、提供服務與資源」**以及**「人工智慧與人類對世界與國家之共同經營」**。

首先，**「減少人力與工時」**，隨著社會上的工作高度自動化，國家對於每週的兩天休息時間可以提高到三天或四天，因為科技除了可以高速且有效的完成繁複的例行性工作，也包括需要複雜思維的計算與規劃，工作人員的需求與工時大幅降低，人們對於人生的態度也會跟著改觀，時間的分配除了可以更加充裕的分配給工作外的生活，甚至可能出現因為時間過多而想多些工作時間的情況。

再來，相繼而生的**「時間自由」**，人們不被工作契約綁住的時間變多了，相較於現今社會需要思考「畢業後該從事什麼工作？」，未來的世界問題是需要思考「該如何使用自己那自由的時間？」，時間自由變得幾乎不是人生目標，而是人生之必需品，而且人人只要有心都能在相較年紀輕的時候達成。

而人類可以花更少的時間工作就能享受更好的生活品質，除了工作高度自動化，也更因爲有了**「科技自主創造產品、提供服務與資源」**，意思就是說，不僅僅是由人類的創意與能力來研發新產品與服務來滿足未來人類生活，科技公司的電腦或人工智慧本身就可以依照人類需求自行開發與製造產品，甚至可以免費或自行販售來賺取維護與升級自己系統的資金。

因此將來的人類社會是人類與人工智慧共同爲社會經濟而努力的時代，人們可以選擇享受由非人類提供的產品與服務，甚至是使用由人工智慧回饋給社會的利潤與獲取的資源來增加收入跟養活家庭。

最後的願景爲**「人工智慧與人類對世界與國家之共同經營」**，除了讓人類享受科技帶來的產品、服務與資源，在更長遠的未來，人工智慧會被導入至政治體系，成爲國家公僕，成爲提供建言的關鍵角色，甚至是做出影響人類生活的重大決策，具體的執行方式還有時間討論，當然安全性絕對是必須達到一定程度才可以。

總而言之，人工智慧能清晰地分析問題，提供解決方法與未來的國家方向，甚至是能自主的管理政府機構與政治人物，成爲社會進步的夥伴。

世界現況與問題——信仰

信仰，是與人們的生活脫離不了關係的一種無形連結，當人對某個事物或概念有著強烈的認可，不但願意相信它、捍衛它、追隨它，甚至是分享與傳遞它，這就是一種信仰。

對我來說，信仰分成兩類，一類是**「宗教信仰」**，另一類就是宗教以外的**「個人主觀信仰」**，以宗教信仰來說，它除了是人類的心靈寄託，同時對人類來說也有一種超凡的力量，人們敬畏宗教裡的神祇，遵循各個教派的傳統與規定，除了能穩定心靈，同時也起到一種秩序作用，使人們不敢違背自己的宗教信仰。

至於個人主觀信仰，可以是你所堅信的主張與原則，或者是你一生所追求的事物，例如愛情、音樂、美食等等。

從宗教信仰的問題來看，雖說世界各地的人們有著不同的信仰，但有的問題卻是大同小異。

第一個問題點，**「神棍當道，而且斂財又騙色」**，有的人利用人性的弱點與信仰，發揮自己厚臉皮與不要臉的本領，佯裝是某宗教的高人，並舉出許多過去幫信眾改變厄運的例子，偶爾安插幾個樁腳假鬼假怪，使得眞正有難而且需要幫助的人信以爲眞，佯裝的高人便會以此獅子大開口索取高額的轉運費用，甚至是滿足自己其他方面的私慾。

第二個宗教信仰的問題點在於信衆本身，**「人民會相信神棍」**，就是另一個重大的社會問題，有的人們在是非面前，是霧裡看花，分不淸眞假，甚至是願意相信看似就是假的事物，更不用說有的人就算被神棍誆騙，還是不願意承認，反而相信自己所做的決定，當面對別人點破事實，還會強硬地捍衛自己。

由其延伸出去的信仰問題就是**「相信宗教勝過科學」**，許多人在面對重大疾病時，不願意就醫，而是首先選擇向自己信仰的神祈求祝福，盼望能改變現況，或是使用宗教人士提供的宗教類治療方法，在毫無科學根據的情況下拖延病情，最終反而使得病情惡化。

不過基本上神明在許多場合是扮演了慰藉的角色，就算人民知道毫無科學根據，還是希望能透過祈福的方式來讓自己心安，或是眞的會有無形的力量帶來幫助，從這一個角度來看，另一個從宗教而延伸出來的問題或現象就是**「人們需要精神慰藉」**。

下一個問題爲**「迷信」**，這裡指的迷信爲太過於遵照傳統教條與禁忌的人與行爲，以台灣爲例，有許許多多的節日需要人民祭拜或燒金紙，不管是祭拜神明、祖先或是其他無形的鬼魂，這些在許多傳統台灣家庭裡是正常且持續在做的事，而迷信就在於擔憂自己有一天不遵照傳統祭拜了，會渾身不舒服，甚至是擔心遭到懲罰，導致運勢不順，所以會一直持續自己的宗教儀式行爲。

不僅如此，長者們會要求子孫們仿照一樣的方式，傳承下去，傳承本身是一件美麗的事，但若是把畏懼跟擔憂也傳承給下一代，似乎只是徒增生活上的壓力吧？

再來的宗教問題，帶給了人類難以脫離的自由束縛，它便是**「宗教管控行爲舉止」**，宗教能帶給人慰藉，同時也可能被淪爲控制人的工具，這裡指的問題發生在地球上部分區域或國家，這些地方的人民難以擁有宗教信仰自由，而且被強制規定遵守教條，教條與法律合而爲一，掌權者或宗教擁戴者便依此來糾正與懲罰沒有遵守宗教規定的人，比如穿著、飲食與其他行爲上不符規定，就可能受到法律上或法律外的私刑，而且，非法的私刑甚至會受到認可，因爲掌權者們不公不義，並享受權力帶來的好處，這正是現代人類面臨的重大宗教問題之一。

接下來，我們來探討個人主觀信仰問題。

首先是**「人只相信自己想相信的」**，這個現象不分領域，而且隨處可見，比如政治傾向，當支持者心中認定某一個政黨或政治人物就是最好的，不管其他政治人物做得多麼認眞負責都可以視而不見，自己支持的政治人物說出荒唐至極的話，或是不可饒恕的行爲，支持者依舊會相信他到底，因爲自己支持的人就是最優的，他們不可能會做出媒體所說的那些壞事，甚至做了也沒有關係，因爲其他政治人物跟政黨就是最差勁，自己只能支持心裡認定最好的那個。

這種**「偏頗與盲目」**行爲，會造就出一群不理性的人，人們不願意了解其他立場的觀點，只希望灌輸自己的主觀論點讓大家知道，當各個立場的人都如此盲目與偏頗，就會形成分裂的社會，也使得個人失去了自省與學習的機會。

再來就是**「信仰的建立沒有道理」**，這點與先前提到的問題相互影響，若是自己堅持的論點是基於正確的事實與分析，那麼在與他人論述時才有大聲的權力，然而，許多人自編故事，或是相信虛假的現象，自己爲自己的信仰編造站不住腳的基礎，還想傳遞自己的信仰給他人，當越多人相信你所相信的，就可能導致社會的資訊混濁，影響許多層面的發展。

願景與目標——信仰

針對信仰的願景與目標，想當然的，未來的人類能夠辨別信仰基礎的眞僞，理解自己所相信的，也願意放下執念，傾聽不同面向的眞理。

首先會達成的，是**「正直的傳道者」**，不管是否爲宗教或個人主觀信仰，傳道者的存在意義在於將自己所認知的一切分享給他人，並希望大家認同自己的理念，甚至願意追隨自己，因此他們知道必須要爲自己的一言一行負責，所以人們不會爲了讓大家跟隨自己的信念而傳遞歪理或謊言，而且正直的表達自己的信念，不爲了個人利益而促使社會混亂。

跟隨其後的，是**「明智的人們」**，人們在未來多數具備資訊眞僞辨別能力，就算難以辨別，也會秉持質疑態度，直到確認眞相，除此之外，人們不會因爲面臨苦難而失去理性，聽信偏門歪道，而是根據問題原因來解決。

同時，人們也願意**「彈性調整開放思維」**，意思就是除了保有自己堅定的意志，但爲了避免被蒙蔽了雙眼，人們會願意接受不同的意見，願意相信他人點出的事實，而不是固執己見，只相信自己心中早已根深柢固的答案。

不過在未來，我相信宗教依舊會繼續扮演著**「精神慰藉」**之角色，生活上總是有著令人苦惱的難題無法被解決，人們會在不同的所在找尋慰藉，不管其方式是不是透過宗教的力量，宗教不僅僅帶來慰藉，也是人類的文化遺產，經過多年的歲月，人們會去蕪存菁，難以被未來社會苟同的傳統將不再被遵循，但是能帶來社會安定力量的部分，會繼續被世人所傳遞。

基於上述的願景，下一個會達成的就是**「宗教不再淪爲管控工具」**，由於掌權者理解宗教的意涵，被管理者也能明智看待宗教這項文化，以此爲前提下，任何形式上的「挾宗教之名，行壓迫之實」的行爲，不但是無稽之談，也無人會信服，宗教之政策或規定便會失去惡意的強制力。

也因此，**「基於事實」**，成爲人們心中的圭臬，人人心中都有其信仰，但是當信仰的基礎是有強力事實爲基礎時，自己會對自己的行動更加有自信，比如說，「讓每分每秒都具有價值」是我的信仰，工作的時間，我高效投入精力也掌握時程規劃，休息的時間，我確保身心靈放鬆，讓大腦與身體有足夠的休息，就算沒有產出，但是能爲下一次的衝刺做好準備，在自我冥想的時間，我思考

分析自身存在的意義，爲自己的人生鋪路，當我知道自己遵行「讓每分每秒都具有價值」這項信仰是有效的、正確的、開心的，也能往人生目標更近的，那麼我便會持續遵行這項信仰，也更容易將信仰與他人分享。

最後，要讓本書自我矛盾一下，「信仰」的力量或許超乎我的想像，雖然才剛說完「基於事實」的好處，然而世上許許多多的信仰既非事實，又充滿無形，人們依靠這樣無形的力量支撐著自己，給予自己成長與往前的動能，甚至幫助自己完成夢想，就因爲自己相信這股力量，既然如此，這樣的信仰就算不是事實，又如何呢？

所以說，**有時候就算事情不是事實，也不代表它不具價值與意義，這就是信仰的力量。**

世界需要的觀點

探討完了針對「人類福祉與人權」、「人與人的互動」、「政治制度與理念」、「和平與安全」、「科技、工作、生活」以及「信仰」等的世界現況與問題以及各自的願景與目標，我們必須仰賴人們建立與保持某些對事物的看法或觀點，才能幫助世界達到被提及的願景與目標。

接下來就依據每一大點來列出這個世界所需要的觀點。

一、人類福祉

■人人都應該享有足夠的基本生活所需資源。

■大家應該爲了維護能達成「人人都享有足夠的基本生活所需資源」的機制而努力。

■能有個安身立命的住所是基本人類福祉，且社會機制必須讓人人都能達成。

■社會要能接受人類不需要持續不斷的勞動，而且幫助大家追尋生命意義。

■醫療與資源不該侷限於高人口密度地區，社會應幫助並擴散兩者至各地。

■爲了人類自身的福祉，共同維護地球之健康是基本概念。

■乾淨又安全的自然資源是創立未來世界的基礎。

■人類應該在判斷自身行爲會自毀地球時，做出超前預防措施，不應明知不可而爲之。

■當世人們相互尊重，就能減少破壞人類福祉的行爲與後果。

■在策略正確爲前提下，人民與政府必須具備向心力來共同達成上述觀點。

二、人權

■生命的珍貴是人權之基本，在國家治理、立法與執法上也需要將這點納入考量。

■現今主流的國家治理方式不一定就是最好的方式。

■不管是執政單位或人民，「尊重」、「理解」與「謙卑」是相互溝通之基本。

■政策的安排並非都是最好，民意的表達也並非最合理與正確，但始終政府必須聆聽民意並適時採納建議。

■任何執政者本身都是如同大家一樣的人類。

■任何群體、膚色、性向或特徵的人，都與你、我爲一樣的人類。

■在合理的自由上，無人有資格透過任何方式限制任何群體的人權。

三、人與人的互動

■保持「尊重」能減少偏見、歧視、欺壓、霸凌、情緒勒索。

■保持「尊重」能帶來世界和平。

■「自由」需要被尊重。

■「忍耐」能成就偉大。

■眞正的快樂或成就並不是被看見後才算數。

■「謙虛」能帶來自信，也能學習到更多。

■「誠實」能避免掉許多不必要的問題，並帶來快樂。

■「非正直」的行爲是值得被唾棄的。

■當每一個人以「善」對待他人，世界將完全不同。

四、政治制度與理念

■問題若是被視而不見，它終究不會消失，所以每個問題都必須有處理機制與改善計畫。

■公開透明很重要，但有些決策有其不公開透明的必要。

■當掌權者或執政機制是正直的，與其追求公開透明，人民應更加重視執政結果。

■多數與少數之間的利益衝突，需要秉持公正、公平、尊重與願意理解的態度，至於何謂「做正確的事」，須看當下時空背景而定。

■爲了願景，有時「破壞」才能帶來更好的結果。

■爲了願景，自由與秩序須達成平衡。

■執政與國家治理必須謹記「生命的可貴」。

■並不是主流的政治理念就是最佳方式，被惡意打壓的理念或許能解決問題。

■不管人民多信任政府，社會必須具備監督與審核機制，並有能力汰換不適任之執政者。

■國家治理是爲了國家與人民，此爲使命。

五、和平與安全

■能以和平的方式解決問題，就不要選擇衝突。

■有了尊重，就能避免許多衝突。

■「釋懷」，能直接解決衝突。

■承認錯誤與道歉，能非常簡單的促進和平。

■把能殺人的軍事武器研發經費轉移到改善人民生活的應用，對人類更有幫助。

■反對流氓與暴力攻擊行爲。

■軍人不該接受指揮者利用軍權滿足私慾。

六、科技、工作、生活

■工作被機器與電腦取代，不是壞事。

■生命有限，不該讓不喜歡的工作凌駕於生活之上。

■人人都必須是時間管理大師，掌握時間分配，才能掌握人生。

■若人類欲享受人工智慧提供的資源，在有了規則與限制的前提下，人類必須信任它。

■人類有私慾，或許由超先進人工智慧來輔助治理國家能解決許多難解之題。

七、信仰

■傳道者有責任以正直之心待人。
■大衆需要辨別接收到的資訊與思維之眞僞。
■人們應避免被自己的信仰蒙蔽。
■大衆該質疑自己信仰的規定是否合理。
■無人有資格強迫它人接收信仰。
■有了基於事實的信仰，能使人強大。

第五章、愛與熱愛

愛的力量

這本書在前面的各個章節講述了許多生爲人的可貴、時間的珍貴、設定目標的重要性、人類的渺小與強大、世界的現存問題與需要的觀點等等，這些事情之所以被提及，是爲了幫助讀者思考「你爲何而活」，或許在不知的某個時間點，使讀者悟出了些甚麼，開始朝某個方向前進，然而，這一切的一切，都有可能被接下來要訴說的力量所干預，甚至翻轉，這個力量便是「愛」。

何謂「愛」？兩個人不知不覺產生情愫，想占有對方的目光，會吃醋，也想呵護對方，是「愛」；父母親養育兒女長大，無條件的付出，只希望小孩的日子過得比自己更好，是「愛」；熱愛打球，只要有空，就帶著球往球場衝，期待比賽的刺激，也享受勝利的喜悅，這是「愛」；每天沒日沒夜的工作，就算沒有加班費，還是願意多花時間把工作內容做到完美，超乎原先該有的目標，這也是對工作內容的「愛」。

由此可見，無形的愛，能帶來實質上的影響，甚至是改變人生，接下來就針對**「戀人的愛」**、**「親情的愛」**、**「對興趣的愛」**、**「對工作的愛」**與**「對自己的愛」**來探討，「愛」到底具有多少力量。

愛的力量——戀人之間的愛情

兩個人的相愛，常常在不知不覺中發生，或許原本只是朋友，或許是工作上的同事或夥伴，或許只是萍水相逢、擦肩而過，甚至可能兩個人曾經是互看不順眼，連朋友都說不上，但當愛情來了，誰也擋不住，愛情使兩條平行線交織在一起，甚至可以讓兩條線合二爲一，變成一條更強韌的線。

愛情能使人無所畏懼，就算是要跟世界抗爭，也在所不惜。無所畏懼的愛可以在許多地方被看到，例如年輕的少年爲了不被父母或老師拆散跟另一伴的純眞感情，平時聽話孩子寧可與家庭發生爭執，甚至離家出走，也不願意失去自己好不容易得到的愛情，這是一種不畏他人眼光與反對的愛。

也例如當另一半受到欺負或危險時，平時個性溫和的你，能夠立刻起身捍衛，只爲了不讓自己的愛人受到委屈，就算會因此使自己捲入危險也無所謂。

無所畏懼的愛也包括爲愛走天涯，爲了愛情，人可以跟隨對方到世界任何一個角落，就算是重未接觸過的地方或領域，也沒有辦法阻擋人往前。例如當另一半因爲工作而必須每隔一段時間在不同的國家間遊走，有的人就算平時節儉，不愛出門旅遊，甚至是花機票錢，但是，爲了見到自己愛人那一面，此時他體認到賺錢就是爲了這些時刻，遇上對的感情，花的錢都是值得的，甚至可以因爲另一半長期移居國外而跟著找尋另一個國家的工作。

這些事情或許聽起來很容易，或是理所當然，但讀者可以自己試想，**如果是你，你願意嗎？你對於另一半的愛情，有足夠濃烈到能使你爲愛走天涯嗎？或者說，你與另一半之間，是眞的愛情嗎？**你心中肯定有答案的。

愛情能使人放棄一切，近期最著名的例子莫過於發生在二〇二〇年於英國的皇室議題，哈利王子爲了愛情而願意放棄高規格皇室禮遇，這些禮遇與金援包括長期由國家對皇室成員的財務支出與

津貼、皇室成員的高規格安保與隨扈、最高規格的皇室頭銜（HRH），並辭去皇室職務與軍職，甚至是原來的住所也可以被收回。

爲了愛情，有的人能放棄高薪，只爲了能有更多的時間與另一半相處；爲了愛情，有的人能忽視身旁的誘惑，儘管眼前有再多的選擇，他的眼睛依舊只爲心裡最重要的人發光；有的人因爲失去愛人，他們願意以自己最珍貴的東西作爲交換，只要能讓對方回到身邊，就算是以壽命交換也沒關係；爲了另一半的感受，有的人能夠洗心革面，將所有不良習慣改掉，例如徹底戒菸，就因爲不想讓對方的健康也跟著受到影響。

這時候再來問問讀者，那你呢？**你是理性派還是由感性主導呢？如果是你，你願意爲了愛情而犧牲點甚麼嗎？**

愛情能使人拋開面子，有的人因爲失去愛情，在路邊傷心難過，哭得有如肝腸寸斷，就算旁人經過也不在意，面對失去自己最重要的人，其他人的目光與意見又能左右甚麼？有的人爲了挽回失去的愛，跪地抱腿，求對方不要走，自己的尊嚴有如浮雲，只要對方願意留下來，所有的手段都願意嘗試，這個時候，面子算甚麼？

有的人自視甚高，從不求人，從來只有被追求與被現殷情的份，但是當遇到眞正喜歡的人，所有的原則都能拋開，開始願意撒嬌、願意道歉、願意退一步、願意襯托對方、願意把對方介紹給自己的親朋好友，當遇到眞正的愛情，過去那些拉不下臉的行爲，都可以被做到，這就是愛情的力量，讀者你也是一樣嗎？

擁有愛情就彷彿擁有世界，當一個人在茫茫人海中，遇到了那個萬中選一的對象，此時世界上沒有任何一件事比得上這樣的喜悅。愛情無法透過金錢買來，而且就算付出了時間與精力，也不一定能打動對方，只有當雙方進入到某一種難以言喻的境界時，你知道，愛情來了。

有的人雖然有著女友、男友、老公或老婆，但不一定是因爲愛情而在一起，有可能是因爲一時的寂寞，或是被對方的外貌、智慧與家庭背景所打動，但這些「欣賞」與「愛」是完全不同的概念。

若是缺了愛，欣賞只會是一時的，在很短的時間內你會發現，身爲男友或女友，好像只是一個頭銜或身分，另一半雖然就在你身邊，但你始終覺得不對，漸漸地不願意爲對方犧牲，漸漸地開始嫌東嫌西，最可悲的還是連嫌棄的時間都省了，因爲這不是你要的，何必花力氣去跟對方磨合，很顯然的，若是你正處在這樣的階段，或許這並不是愛情，而當擁有愛情，你會覺得自己是全世界最幸運的人。

愛情使人心如刀割，一段感情之中除了美好的時刻，有許多的時候是被痛苦、傷心、憤怒、忌妒、猜忌等情緒所占據，當愛人移情別戀，棄你而不顧，你萬念俱灰，有如被一千根針在心上扎著，心臟出現被情緒引起的收縮反應，導致難受到心痛與胸悶，感覺難以言喻。

感情中會出現爭執，雙方爲了說服對方或改變對方，使出渾身解數，甚至口出惡言，憤怒的情緒將文字轉化成利劍，狠狠刺傷對方，同時也使自己內傷，搞得兩敗俱傷。

情人眼裡更是容不下一粒沙，由於深愛對方，無法忍受另一半身邊出現能吸引對方的同性或異性，吃醋、猜疑、忌妒等情緒交織在一起，使人痛不欲生，真的是心如刀割。

而這些在感情中所出現的心痛，其實也某方面的體現了人類生命的特別，或許真正痛過的人，更能感受到愛情的深刻，這些刻骨銘心的時刻，讓人知道自己正呼吸著，正活著，這世界上還有著令人願意花力氣在乎的人或事物，這就是愛情帶來的生命力。

愛情使人失去理智，在與戀人相處的過程中，許多事情會超越邏輯，是非也已不再是是與非。充滿喜悅的愛情，能讓人豪擲千金也無所謂，只爲了看見對方臉上那抹笑容，但是心痛的人爲了排解內心痛苦，可能借助酒精或藥物來麻痺自己，甚至做出傷害自己的行爲，任何事情在痛心的人眼中都不足以轉移心情。

感情中激烈的爭執，會讓人講出令人難以接受的酸語，也可能使人控制不住情緒而出現暴力行爲，不但事後令人後悔莫及，還吃上官司。

心裡充滿忌妒的情人更是有如被情緒綁住，想方設法知道對方行蹤與通訊紀錄，甚至出現跟蹤與監控行爲，這種對感情的不信任感，能讓人完全無法專注於眞正重要的事務上。

所以，戀人之間的愛情，是酸甜苦辣，它使人彷彿置身天堂，也能讓人有如身陷火場，無法自拔，愛情，就是這麼迷人又危險的東西。

愛的力量——親情

一般人想到愛，多數會直接聯想到戀人之間的愛情，這也是許多人一生所追求的東西，而同時有一個容易被人視爲理所當然，又容易被忽略的愛，那就是親情，親人之間的情感，在每個人出生之前就已存在，尤其父母的愛永遠與自己相繫著，不過也因爲近在咫尺，使人不常表露出內心的愛與感謝。

接下來的部分就來探討親情之間的付出是多麼無怨無悔、親情的愛是多麼可靠、手足之情是多麼強韌、爲人父母是多麼能夠吃苦，以及爲人父母後，才多麼了解自己所接受到的愛是多麼可貴與偉大。

親情的愛是無怨無悔，身爲自己父母的孩子，在有能力賺錢之前，從小到大的食衣住行育樂等開銷，都是由父母無怨無悔努力工作打拼而來，爲了撫育孩子長大，做父母的還需要到處向人請益，比較奶粉的差別，學習如何沖泡奶粉，學習包尿布跟處理大小便，平時上班，回家再接著顧小孩，身體極度疲累的情況下依舊能因爲孩子哭鬧時而起身查看，檢查是不是餓了或是生病了，只要孩子健康快樂，爸爸媽媽們就心滿意足，不管多累都值得。

隨著孩子長大，有了更多的思考能力，接觸了與父母不同的教育環境與資訊，漸漸地容易與家裡產生觀念上的衝突，許多的少男少女面對自己的父母，似乎忘了感恩與禮貌，他們忘記自己之所以能獲得這些新知與成長，是因爲有了父母的努力，而思想還不到位的孩童們，卻以這份新觀念來批評自己的父母，看不慣父母的舊思維與無知，甚至嫌棄，而爲人父母的確有能力承受自己小孩的叛逆與脾氣，畢竟是自己生的，是自己的心頭肉，就是能夠做到無怨無悔。

當孩子步入社會，需要的開銷越來越多，尤其是台灣的年輕人面臨高房價現象，這些偉大的父母甚至還能將自己的積蓄拿出，幫忙孩子早日有個自己的住所，自己生活過得去就可以了，有的父母一生忙忙碌碌，不敢鬆懈，就爲了家，這種無怨無悔的力量，是無堅不摧的。

不僅如此，**爲人父母，再苦都忍**，而這點是許多孩童難以看見的，當父母在外頭打拼，爲了多做一點事，爲了更多的獎金，爲了在公司或業界保有競爭力時，或許孩童還在憤怒與抱怨著爲甚麼別人家的小孩拿更好的手機、穿更新潮的衣服、花著更多的零用錢，而他們不知道，他們所擁有的一切，可能都是父母在外曬著大太陽、餓著肚子或者在公司受盡委屈換來的資源。

爲了家庭的生計，許多父母在孩子面前不會表露出工作時的負面情緒，只要看到孩子的笑容與

謝意，烈日就如同能量，不吃飯就當作省時間，在公司受責罵與委屈也完全能夠被抵銷，再苦都能忍，同時他們也知道，若是吃不了苦，吃苦的可能就是自己的孩子，從決定要養育他們那一刻起，世上已不再有苦。

除此之外，**親情是永遠的靠山**，除了對自己沒有愛，只有無限壓迫與索取的父母，我想大多數的家都是自己的避風港，不管家人有多麼累與忙碌，就算自己也滿身負重，還是會好好地聆聽你的煩惱，給予你需要的資源，或是替你的冤屈出一口氣，不管是父母或兄弟姊妹都一樣，親情的力量可以穩如泰山，讓人放心依靠。

當你難過時，聽你哭訴；當你肚子餓，家裡總有溫熱的飯菜；當你需要幫助，手足第一時間出現。親情是個強力的黏著劑，讓你與家人密不可分，除了你需要家人，家人也需要你，因此，你也是家人最堅強的依靠，家人間互相支撐彼此，能更加深這種密不可分的力量。

手足之情是強韌無比，除了自己與父母之間的深度連結，手足之間的情感力量可以勝過情人與好友，或者說，自己的哥哥弟弟，或是姐姐與妹妹，就是自己最好的朋友。

這種強韌的感情有許多層面來自於從小的爭執，由於年紀較小又相仿，會爲了有限的資源而吵架或爭奪，例如玩具、電玩、各自喜歡的電視節目、文具、父母的關懷等等。

兄弟姊妹之間從小的爭執，其激烈程度，相信讀者們如果有手足應該是心有戚戚焉，各種哭鬧或暴力都可能上演，不過，就因爲歷經了這樣的時期，手足之情也在一次次的退讓與重修舊好之間疊加了上去。

手足之間，彼此知道彼此的底線與喜好，因爲有了長期的相處，使得大家不但比外人更了解彼此，也更能夠給予對方最需要的資源，這種對彼此的理解，很容易大過於父母對孩子之間的情感，手足之間更無隔閡，無話不說，當你需要有人來捍衛你，自己的兄弟或姊妹肯定是最值得信賴的人。

養兒方知父母恩，上述大多在講述以小孩或手足的角度來看待親情，這是從下對上或平行的方向來看，但是當自己成爲了父母，其感受就有如昇華一般，此時便能眞正體會到過去所承受到的愛是如此巨大，因爲此時此刻，輪到了自己對自己的寶貝孩子給予無限的付出。

也因此在爲人父母後，讓許多人除了照顧孩子，還對自己的父母給予了更多的關懷，因爲他們一瞬間體會到自己是多麼幸運，同時也變得更加感恩，眞正理解父母那無怨無悔的愛，就在此時此刻被啟發，一切盡在不言之中被感受到。

愛的力量──對興趣的熱愛

除了人與人的之間情感，一個人對興趣的熱愛，也是一種愛的展現，這種對興趣的愛能帶給人源源不絕的動能，讓人不管面對各種阻礙都能帶著滿足繼續向前，在這個部分，就以對興趣的愛所帶來的**「快樂」**、**「專注」**、**「毫無阻礙」**、**「專業」**與**「成功」**來闡述對興趣的愛所帶來的力量。

首先，**對興趣的愛能使人眞正快樂**，說到興趣，讀者心裡應該能立刻在腦中出現畫面，可能是做木工、教學、程式設計、彈鋼琴、藝術創作、當美食部落客、當個鐵道迷或是各種球類運動等等，每個人可能心裡有個最讓人愛不釋手的興趣，同時也擁有多個不同領域的愛好，光是想到有時間好好地從事這些事情，就覺得開心快樂，是吧？這種安心感或是興奮感，就是對興趣的熱愛所帶

來的。

那麼，說到快樂，為甚麼對興趣的愛能讓人真正的快樂呢？因為你所做的一切都是發自內心的喜惡，沒有人指揮你，告訴你應該依循甚麼步驟跟規則，你就是你，你能夠在你的世界裡悠然自得，想怎麼思考，想怎麼發揮創意，都無所謂。

有許多的興趣需要透過學習與培養來增進能力，有些時候，這些教學者非常嚴格，又容易失去耐性，而你則必須待在原地被要求無止盡的練習，因此讀者可能會質疑，這樣還能稱作快樂嗎？這個問題，在你看到自己的成果表現後就直接消逝了，也正因為是真正的喜愛，培養興趣的人在接觸的初期會對自身能力的成長感到開心，儘管是受到指導與限制，等過了這段時期，就能有更大的能力在興趣的世界裡暢遊。

再來，**對興趣的愛能讓人極度專注，達到忘我境界**，而且真正的廢寢忘食，為了把一件事情不中斷的做到極致，興趣愛好者不在乎時間的流逝，只求精進技巧與成品的完整度，除此之外，所有的誘惑或者會導致讓人無法專心的人與事物都會被忽略或排開，不管誘惑再大，都很難撼動一個真正投入在興趣的人的專注程度。

這種忘我的境界，使一個生命的存在擁有極大的意義，一個人誕生於世，為了存活與理想努力的往前走，在追尋人生的道路上能遇到一個願意讓自己投入大把時間與精力的愛好，是多麼的幸運與可貴，也正因為如此，人必須好好把握這樣的時間，畢竟生命複雜，社會充滿動盪，時間時常不足以讓人可以慢慢品味興趣。

當你徜徉在這種專注又安心且快樂的世界裡，就好好享受吧，這是屬於你的時刻，雖然並不知道能持續多久，但至少這份專注提醒了自己為何活著，讓人會為了能延長自由享受這份專注的時間而更加努力，有了時間與金錢的獲取，便能爲興趣提供養分。

同時我們也見識到，**有了對興趣的執著與愛，任何阻礙都有如羽毛般輕盈**，有的人做事情，若是出現讓人難以往前的困境，可能會怨天尤人，選擇把事情擱著，或是不甘願地處理它，事情是成是敗就交給緣分，除非是擁有高度責任心的人，會爲了將任務完成而自願耗費心力，又或者是拿錢辦事的人，只要錢給到位，一切好辦。

但若是眼前的事情是自己熱愛的事物，情況就不同了，爲了自己的喜悅，這些人不需要外力或干預，就能開心的在困境理學習，當跨過坎後，成爲了經驗更加值的人，甚至可以說，對興趣保有熱愛的人是喜歡困難的，這些困難都是使其他困難變得簡單的導師，爲了戰勝困境，這些興趣愛好者趨之若鶩的朝它們而來，任何阻礙都不再是阻礙了。

不僅如此，**有了對興趣的熱愛，使人成爲各個領域的專家**，一個專業的養成，其需要的除了天分之外，更需要時間的淬鍊，而「專業」，就是對興趣的熱愛所帶來的另一個衍伸物。

由於有了濃厚的興趣、快樂的過程、專注地投入，專業就在不知不覺中養成，這種專業不是教科書能學到的，也不一定是經過培訓後就能立刻獲得的，這種由興趣而帶來的專業，更講究細節與精隨，同時也參雜大量的個人主觀認定，不同的人面對同一種興趣，肯定有不同的看法與見解，但各個都成爲了這個領域的專家，也可能漸漸形成不同的流派，也吸引不同的擁護者，這就是成爲專家的可能結果。

同時也讓人知道，若是每日所做的工作就是自己的興趣，其帶來的職涯發展肯定驚人，其對事情的熱愛與投入會更勝同儕，持久力亦同，在工作上的自信心也能比同儕更高，或許興趣本身帶來的金錢收入不一定高，但你在人生所獲得的不一定爲薪資而已，而是其他更爲珍貴的資產。

基於前面所述，**有了對興趣的熱愛，人會邁向成功。**怎麼說呢？其實從一開始發現了興趣，就是算是人生成功了，在短短的有限生命中，能有一個讓自己願意付出最寶貴資源的事物，生活有了目標與快樂，這就是成功，而所謂最寶貴的資源，指的就是時間與金錢。

再者，所謂「滴水穿石」，時間放在哪裡，成就就在哪裡。有人說「興趣不能當飯吃」，但這**需要當事人自己深思「你爲何而活」，只要能過上一個讓自己不後悔的人生，就是成功。**

愛的力量——對工作的熱愛

說到工作，各種形式都有，簡單來說有三種，第一種，自己希望有人能發高薪給你，提供你一個可以學習又有職涯規劃的職場環境；第二種，有雇主爲了獲得你這個人才，巴不得動用資金與資源來說服你加入公司；第三種，不想受雇於一般企業，所以自己創業當老闆，規模大小不一定，總之由自己決定自己的工作內容與願景。

對工作的熱愛，根據「有求於人」、「別人有求於你」或是「自己主掌一切」，肯定有所不同，讀者看到這裡，同時應該也在想著自己的職涯，到底是該追求甚麼樣的目標？還在等著錢多事少離家近的工作嗎？希望能占據到一個爽缺嗎？希望工作充滿挑戰性？希望自己實力與經驗高過於人，等人拿著合約過來？還是不再受制於他人的體制，由自己創造自己的遊戲規則？

或許這個世界不是你想怎樣就怎樣，社會有其運作的規矩與限制，但當你對眼前的工作事務充滿熱愛，這樣的愛就能幫助你離目標越來越近。

首先，**當你對工作充滿熱愛，將不再於周末夜憂愁，**Bule Monday的概念根本會不復存在，反而讓人每個周末期待工作日的到來，就爲了能早點接觸工作事務，或是與友好的同事相見，泡杯咖啡，開啟美好的一天。

現代的人普遍在周末心理憂鬱，或是感受到即將上班的壓力，爲了排解壓力或是轉移注意力，人們會借助不同的管道來紓壓，不管是飲酒、找朋友聊天、看劇、健身，或是依靠藥物幫助睡眠，若是要面對自己厭煩的工作，或是自己不喜歡的同事或主管，那更可怕了，相信當週五下班時，你已經在想著「唉，禮拜一就快到了」，是不是呢？

不過，若是你正從事著自己熱愛的工作，這樣的情況將截然不同，你擁有的除了是對逐漸達標的激動，也讓你在周末夜裡能以更平靜的心看待事物，這樣平靜的心出自於對工作事務的自信，有了自信，就不再膽怯，也比較不容易被壓力所壓得喘不過氣。

在工作上，自信與熱愛相輔相成，當工作帶給你成就感與自信，這樣的工作就更吸引你，當你投入得越多，同時就比較容易更加專業，專業帶來自信，這就是對工作充滿熱愛所帶來的現象。

除此之外，**當你有著讓你熱愛的工作，工作都不像工作了，你每天都在過著自己想要的生活**，這對於現代人類來說，是極大的幸運，因爲並不是每個人都熱衷於目前從事的工作，許多人可能只是剛好在學校學了同樣的專業，或是不知道自己人生的方向爲何，所以找了個看起來有前景的工作，也可能因爲學識背景不夠或能力還不足夠勝任想嘗試的工作，只能選擇自己沒興趣的領域，這樣的現象隨處可見，這就是人類的生活。

當這些人做著自己不熱衷的工作，嚴重的話可能度日如年，人生寶貴的歲月被放在自己不想做的事情上，還難以脫身，因爲離開後不知道何去何從。

人們每天在公司想著等做到哪一天就離開，眼前的事情或許枯燥乏味，或許充滿壓力，還要面

對主管的高壓指令，不但痛苦，甚至難受到需要心靈上的輔導或藥物幫助。

不過，當你有個自己熱愛的工作，時間便會光陰似箭，而且工作卽生活，心態上不像是在工作，也不像在職涯中努力，而是在自己的人生中前進，如果說職涯是人生的一部分，那麼對工作充滿熱愛的人，職涯就是人生。

當職涯卽人生，**幫助公司，就是在幫助自己**，換句話說，爲了讓自己的人生過得更滿足與快樂，這群熱愛工作的人會更加投入於工作，在工作上所獲得的成就，都是爲自己的人生加上勳章。

這群人也容易在與朋友的談話間將話題帶到自己的工作內容與成就，似乎公司的成長就等同於自己的成長，自然而然的，就算不需要公司指示，你也會知道怎麼做對公司最好，並且帶領其他人往對公司利益最大化的方向走，看到公司的成長，你會喜悅，看到業績衰退，你會想辦法思考策略與分析問題，把公司導向正軌，就好像重視自己的人生一樣，這些熱愛工作的人不會願意看到自己在乎的事物偏離目標。

最後，除了受雇於人，**當一個人熱衷於追尋自己的理想工作，這個人會排除萬難，並開創出自己的事業。**

既然一個人願意將時間與精力投身於自己喜歡的企業與工作，那麼試想，如果把同樣的時間與精力放在自己創造的事業會如何？許多人敢爲公司拼命，就算犧牲自己的生活、健康與興趣愛好也無所謂，因爲公司提供了工作機會、學習機會、薪資，同時，你對於分內工作的責任心，也使得你願意將事情做到盡善盡美，但是人會忘記，這是一個受制於人的社會結構，既然自己擁有足夠的能力與熱情，是不是跳出多數人遵循的結構，開創自己的事業也是個可以考慮的選擇呢？

當一個人領悟到時間的稀少與生命的寶貴，再加上對於心中理想的熱情，此人便有了開創事業的關鍵心理要素，同時可能還需要膽識，具備一定程度的資源、野心跟堅定不移的信念，有了這些要素，就能使自己跨出舒適圈，不過，創業的成與敗又是另外一回事了，但可以肯定的是，只要一天不將腳跨出舒適圈，你就無法體會何謂成，何謂敗。

愛的力量——對自己的愛

「愛」的力量除了體現在人與人之間，人與事物之間，當然也包括對自己的愛，全世界所有人之中，陪伴自己最久的人別無他人，唯有自己本身，你就是支持自己的最大動力與自信來源，所以怎麼能不愛自己呢？

但同時，若是集中過度的愛於自己身上，也可能使人的思維過度集中，出現盲目的「自戀」行爲。那麼接下來就來探討對自己的愛，其所帶來的力量，不管這股力量是有益的或是盲目的，它都是一種愛自己的行爲表現。

首先，**與其殷殷期盼獲得他人的愛，何不自己愛自己，由自己來認可自己？**有許多人渴望獲得來自他人的愛與認可，希望自己的言行舉止能夠討好到想討好的人或群體，進而忘了自己眞正想要的是甚麼，或者是讓被討好者對你產生誤判，就因爲你特意呈現出的面向。

然而，儘管獲得了他人的關注或愛，不管是對戀人、公司主管、利益團體、支持者等等，你也不一定會眞正開心，**唯有當自己獲得了自己的愛，才是擁有一切。**

舉個例子，你獲得了他人的愛，你會享受並習慣這種特殊愛戴，因此會想辦法維持愛的熱度，若是你的行爲與導致你被愛的行爲產生偏差，就容易使你失去他人的信任，這個時候可能會讓你陷

入不安或恐慌，好不容易獲得的關注居然在一夕之間變了樣，爲了彌補失去的愛，你可能又再陷入爲了滿足他人而活的輪迴。

但是，**當你開始學會愛自己、欣賞自己，甚至是尊重自己，你就能夠慢慢不受他人的愛所左右**，其他人愛與不愛，不影響你的選擇與決定，你不再需要爲了討好他人而卑躬屈膝，你相信與擁抱自己的思維，而且你能夠爲自己的決定負責，久而久之，你將會變得更加強大。

同時，**當你愛自己，你將會給自己最好的**，不管是健康的飲食、充足的睡眠、規律的運動、知識的積累與技能的培訓、得體的衣裝，甚至是合得來的情人與朋友，而你也因此變成一個更好的自己。

有的人不在乎自己的健康，隨便吃吃，抽菸喝酒，就算是身體發出警訊與病兆也無所謂，畢竟人生就是這樣，過得輕鬆一點，不考量那麼多還比較自在，但漸漸地出現身材走樣、膚質變差，甚至是要常跑醫院。

有的人爲了對工作盡心盡責，或是爲了貪圖多一點點的娛樂時間，忽視自己的睡眠需求與品質，時常一天只睡三個小時，雖然醒著的時間變多了，但長期下來，情緒、思緒、健康都會因爲忽視睡眠而付出代價，當一個人擁有充足的睡眠，就能感受到活力與快樂，所以不重視睡眠品質的人，就等於不夠重視自己的身心靈發展。

規律的運動亦同，它與健康的飲食與充足的睡眠合作，三者撐起了一個人最好的健康與體態，同時，運動也能帶來心情上的愉悅，並延長自己的壽命，當缺乏運動，身體機能便會漸漸失去年輕時的狀態，新陳代謝也將變慢，身體肌肉也會因爲少了活動而流逝，當一個人足夠愛護自己的身體，這個人便會透過運動來保養它。

不僅如此，人生在世有許多事物值得探索，一個愛自己靈魂的人，會把握各個學習與探索的機會，充實自己的知識庫，讓自己的腦袋與軀體對世界有更多的體驗，生命短暫，過一天就少了一天，你可曾回首望過，這些年來，自己都增長了些甚麼？

而所謂給自己最好的，不只是物質、身體與知識的給予，也包括自己所接觸的人與環境，所謂「近朱者赤，近墨者黑」，周遭的人事物會帶給自己極大的影響，一個愛自己的人會更願意篩選這些人事物，遠離有毒的環境與聲音，靠近磁場相近或是更能使自己成長的環境，或許你無法選擇原生家庭，但你能選擇朋友、學習的對象、接觸的事物、職場環境等等，當你愛自己，你便會想方設法給自己最好的。

再來，**當你愛自己，你將更容易得到他人的尊重與愛**，有句話常常被聽到，就是「若你想要別人尊重你，你得先尊重你自己」，事實確實是如此，如同前面所述，你會願意給自己最好的事物，這些事物會被其他人看到，當大家察覺到你是一個對自己的人生品質有要求的人，便不會輕易對你展現輕蔑或忽視。

當一個人不夠愛自己、尊重自己，又怎麼能期待他人給予你想要的尊重？比如說，當你滿口無理的表明不滿，無法冷靜的說明問題，並且對著他人直接破口大罵，那麼請問，對方有義務耐心解釋並包容你的脾氣嗎？我想答案是否定的，就算對方是客戶，人與人之間就是得保持尊重，當一個人無法展現修養，就不應該覺得世界要繞著你轉。

相反的，當你對自己施予了足夠的愛，你便能衡量他人對你的態度，並能隔絕不願意對你展現足夠尊重與愛的人們，所以說，愛自己，就好像是爲自己披上一件厚實的外衣，能夠保護自己，並提高自己在他人心中的地位。

不過，若是自愛昇華成了負面的自戀，又是另外一回事了，**自戀，會使人誤信自己站在高處，自視甚高**，似乎自己最優越、最懂得品味生活、外貌最好看、最聰明或是最有道理，當一個人步入如此境界，那可眞是可惜。

這種自戀或許是因爲與生俱來的資質或外貌就較別人好，在與其他人相處的過程中，慢慢發現自己比較得人疼，或是得到更多人的愛慕，進而發展出自戀傾向。而許多時候不一定是如此，有的人天生就不屬於容易受歡迎的類型，爲了獲得大家關注，進而刻意展現，或是透過打壓他人來展現自己的優越，並將這種待人方式刻在骨裡，因爲對這些人來說，這是讓他們獲得關注的少數成功經驗，就算獲得的是虛假的美言也無所謂。

所以說，**自戀會使人盲目**，看不清眞實的自己，尤其是那些被自己認爲完全沒問題的特質，當一個盲目時，也就更難跳脫與改變，可能在自己的世界裡越陷越深。

但老實說，自戀本身沒有對與錯，這是一個人的人生選擇或經歷使然，其造就了一個人獨特的個性，**從一個人追求人生快樂的角度來說，又何錯之有？**但如果能夠以更高與更清晰的視角來審視自己，本書仍舊建議人們選擇不盲目的自戀。

是否該爲愛而活

是的，當一個人對另一個人或一件事充滿熱愛，其帶來的力量難以想像，但你可曾想過，是否該爲愛而活？這是沒有標準答案的，每一個人心中有不同的思維、邏輯、原則與價值觀。讓你願意勇往直前的事物，在其他人眼中，或許不值一提，而本書希望在這個章節跟讀者一起思考，「愛」，它既神聖又可貴，但自己該爲了得到它或維護它而活嗎？

接下來就一樣以**「戀人的愛」**、**「親情的愛」**、**「對興趣的愛」**、**「對工作的愛」**與**「對自己的愛」**來探討。

是否該爲愛而活——戀人的愛

不管你有沒有談過戀愛，至少有喜歡過人吧？**有時候愛情就是來的太突然，你不要都不行，沒有選擇與思考的時間，你已經愛上對方**，或是對方愛上了你，又或者，你們同時愛上了彼此，總而言之，這種情況是就算你想花時間思考「是否該爲愛而活？」也來不及了，或者問題已經失去意義，因爲在愛情面前，一切事物都難以阻擋前方的路。

所以說，人生中有許多難以預料的情況，有時候在你不夠清楚自己要的是甚麼之前，你難以開口說自己爲何而活，尤其是愛情。

有些人直截了當的說自己一生不再娶或不再嫁，不想再花時間在感情的遊戲之中，可能是因爲

曾經受過傷，也可能是事情忙碌談不了戀愛，但是當一個天時地利人和的情況出現，你遇到了一個深深被他或她的一顰一笑所打動的對象，之前你所立下的誓言便可能灰飛煙滅，你說你不爲愛而活嗎？但此時戀愛的你，又該如何解釋呢？或許不必要解釋，也根本不需要跟任何人解釋，這就是愛情的力量。

愛情很美好，很令人嚮往，有些人認爲自己爲愛而活，但是在面對事業的衝刺期時，有時很難兼具，**在這種愛情與麵包的選擇情況下，又該如何是好？**

人生短暫，在偶然與難得的機會下，與另一半相識並在一起，但可能你的工作不但占據你生活的大部分時間，你也很享受在事業上的投入與受到的賞識，你很想打出一片屬於自己的江山，就算犧牲自己的時間也沒關係，然而，你的愛人不高興了，因爲完全失去了與你的高品質相處時間，就算兩人在彼此身旁，你依然心繫著工作，就像是身在曹營心在漢，另一半因此而向你表明，若是情況沒有改善，那就各奔東西，各過各的生活，這時你該怎麼做決定？

可能性有很多種，有的人選擇好好哄對方，安撫對方情緒，美言幾句之後，繼續向自己的大業衝刺；有的人跟上述一樣最後會選擇衝刺事業，但在跟另一伴的溝通方面充滿爭執與激動情緒，最後不歡而散；而有的人會因爲另一半的反應而在事業與感情間做平衡與取捨，在工作外的時間的重心就好好地放在感情經營上，自己的事業野心仍有維持住，愛情也持續保持滋潤；再來或許比較少見的是徹底翻轉，在人生上有了甚麼體悟後，事業不再如以往衝刺，甚至轉換工作，不需要拿那麼多的薪資跟名譽，而且可以換得更多與愛人相處的時間。

讀者您又是怎麼想呢？你會爲了愛情而放棄事業嗎？還是爲了事業而犧牲愛情呢？

是否該爲愛情而活，還有另一種情況，就是**在自己的另一半與其他第三者或潛在第三者之間**

的選擇。人有時沒那麼忠誠，或者是就算忠誠，還是會被其他新鮮感或具有魅力的同性或異性所魅惑，並非人人都是如此，但這是在人類世界裡常有的事，這是不可否認的現象。

如果人該爲愛情而活，當你在兩個女人或男人之間猶豫不決時，會如何做出選擇呢？我認爲，「跟著心走」就是最直接明瞭的路，在這種情況下，我相信眞正的愛情會指引你走向正確的路。

與自己另一半長久的相處，有的情侶可能是出於眞愛，兩個人就算已經如同老夫老妻，依舊處處爲對方設想，製造生活上的新鮮感，用心經營感情；有的情侶感情不夠穩健，雖然已經長久生活在一起，不過價值觀不合，思維不同，或許處處有爭執，也可能已經到了懶得爭執的地步，但出於「習慣」，也沒有覺得一定要跟對方分開，因爲沒有一個眞正值得與對方分開的理由。

這個時候，當你的感情中出現了吸引你的第三者，你發現跟對方相處比跟自己的另一半更有話題，頻率更對，互相更懂得欣賞彼此，甚至，已經產生了奇妙的羈絆，所以你變得時常神祕，在與自己的另一半相處的時候，還偷偷撥出時間跟第三者經營那說不清的關係，你可曾想過自己要的是甚麼？

是要腳踏兩條船，當時間管理大師，或許心力交瘁，但我全都要？還是最後將時間全部投入到其中一個人身上？**其實「愛情」就是答案，這是很簡單的證明**。

許多人在品嘗過新鮮感後，雖然有了短暫的刺激跟性的吸引，但回過頭來才發現，其實自己忽視了原本另一伴對感情的付出，也終於察覺到自己有多麼依賴那個與自己時常鬥嘴的老婆或老公，當你有了這樣的體悟後，你便品嘗到了愛情的力量，愛情終究可以敵過新鮮感，一個經過淬煉的愛情，是容不得外人輕易攪局的。

同樣的，依照「愛情」就是答案的這條定律，也適用於第三者身上，若是你知道自己原本的感

情羈絆脆弱不堪，幾乎已無愛存在，此時一個新的曙光出現在眼前，愛情會告訴你路該往哪走，若你想要擁抱愛情，你會知道自己的選擇是甚麼，且不需要外人來評判對與錯。

不過，是否該爲愛情而活，是個複雜的問題，有時候明明知道眞正的愛情就在某處，但人基於既有的關係、責任感、法律、習慣、輿論與壓力等等因素，卻難以眞正的追尋愛情，這個世界有其有形或無形的規則在左右人的判斷與選擇，自由與秩序總在互相制衡，這就是人生。

愛情之美妙，體驗過的都知道，還未體驗過的人也趨之若鶩，不過你是否曾想過，**單身不好嗎？一定要有另一半嗎？**

有的人在人生中選擇單身，不與任何人擁有一段正式的情侶關係或夫妻身分，而這樣的選擇從常理來說，不太屬於人性的嚮往，從小就能知道，還是幼年時期，可能就會感覺到對同班的小女生或小男生產生好感，這是多數人的天性使然，而且，就從異性戀的角度來看，不同性別之間的性器官相互吻合，愛情的力量能夠讓兩者相互靠近，在激情之中孕育出人類的下一代，人類的行爲從出生那一刻起就被基因所決定，既然如此，爲何有的人寧可單身也不大力擁抱愛情？

原因有許多，大宗的可能性出自於在感情中受過傷，所以不願意再投身愛情，甚至是相信愛情；或是自己個性獨特，並不被社會主流的眼光所接受；也可能像前面提過的，由於自己的理想需要時間的投入，若是陷入戀情之中，會礙了大業，所以選擇單身；當然也包括喜歡短暫曖昧的人們，或許是因爲自己條件吸引人，因此能在花花綠綠的世界裡遊走，而且難以定下心來。

所以就算沒有愛情，會如何呢？我想讀者心中自有想法。

最後，想說說一個特殊但不少見的情況，**有的人要的只是愛情的感覺，而非戀人**，或許讀者也會有過這樣的情況而未察覺，這種情況容易發生在上一段感情剛結束時，你與另一半的關係宣告終結，但關係的結束，不代表感覺也跟著結束，你對前任的那種感情中的習慣是難以一時半刻捨離的，你習慣有個人聽你分享事情、聽你說晚安、一起笑、一起怒，甚或是感受對方的體溫，此時的你，需要一個個體來擔當這個角色。

有一天被你遇到了一個看似不錯的人，或許你不夠熟悉此人，也對他不夠有愛意，但足以讓你將情感與習慣轉移到這個人身上，但你卻沒發現，這個人不是你眞正需要的，你需要的，只是愛情的感覺。

希望看到這裡的讀者，不管身旁有沒有一個自己深愛的另一半，你知道自己要的是甚麼，而且開心，且充滿自信。

是否該爲愛而活──親情

家人，是許多人心中的軟肋，爲了家人，人可以超越極限，而對家人之間愛的表達，在東方與西方的文化也有明顯的不同。

可以時常看見歐美的家庭大方地向自己的家庭成員展現愛、說出愛，家人彼此之間較無隔閡，而東亞文化略爲不同的是我們在愛的表達上相對含蓄，在更傳統的家庭中更加明顯，有的父親不擅言辭，一輩子沒對自己的兒女說過一句「我愛你」，這是千眞萬確的現象，有的父母想關心兒女，不知道如何表達，就基於「爲了孩子好」的態度，處處嚴厲的要求跟責罵，這樣的習慣也容易因爲生長背景的緣故而繼續影響下一代，這就是典型的東、西方對愛的表達差異之一。

在探討是否該爲親情的愛而活前，或許讀者會覺得奇怪，家人就是天，無可取代，何必討論這

個問題，但親情的愛並非在每個家庭都是那麼的美好，每一個家庭都有自己的問題與故事，所以有句話叫「家家有本難念的經」，那麼接下來就一起從不同的面相來探討是否該爲親情的愛而活。

先說說一個小故事，我過去見過一個二十幾歲出頭的女孩，來了一間公司實習，在下班時間大家跟總經理聊天時，這個女孩提出了一個生活上的現況，大致上是在表達她想要出去闖盪，或許是到不同的城市工作，也可能是出國唸書或探尋機會，但同時自己擔心家裡的老人在需要她照顧的時候，卻無法在他們身邊，爲了能夠陪伴他們，她陷入了兩難，所以這位年輕的女孩向總經理請教想法。

總經理回覆了，主要的意思是，你想要讓家裡的人過上好生活，受到很好的照顧，這出發點沒錯，但是有幾點要注意，首先，一個人要照顧人，當自己的能力變得更好時，是不是就能夠帶給家人更有保障的照護？第二，如果現在爲了照顧家人，而放棄許多可以成長的機會，從長期來看，未來的你會怎麼想？最後直接提醒與建議這位女孩先選擇把自己的前景照顧到才是首選。

面對這種**在親情與自己的前景之間作抉擇的情況**，讀者又是怎麼想？總經理這席話聽起來沒有錯，但年邁的家人可能所剩日子不多，若是女孩頭也不回的出去闖盪，有可能會在人生中錯過最後的陪伴，反之亦然，每個人的首要目標不同，做法也會不同。

再來要討論的也是由孩子的視角來看，**是否應該基於對父母的愛，只順著父母的想法做事？**打從你出生那一課開始，父母就迫不及待將你養育長大，帶你成長，帶你看世界，教導你自己畢生的智慧與道理，而你從牙牙學語開始，就跟著父母或是單親家庭的爸爸或媽媽學習，父母請你倒水，你就倒水，父母要你學習講話，你就講話，父母要跟你玩遊戲，你就玩，長期下來，孩子學會當個聽話的人，順從父母的指令似乎是理所當然，直到漸漸有了自主意識，知道自己不喜歡甚麼，喜歡甚麼，開始想替自己做決定。

有時候自己的決定會違背父母的意願，違反他們的喜好，使他們不高興，許多人基於前面提到過的那種從小養成的順從習慣，以及感念父母的養育之恩，只好改爲違背自已的意願，讓父母開心，便能少掉很多的爭執與麻煩，家裡也比較和諧。

這種行爲在傳統的東方家庭裡會被視爲孝順，孝順是個美德，但你可曾想過，**若是每一個世代的人都要爲了顧及自己父母的決定而活，那麼到底何年何月可以開始爲自己而活？**如果再加上有孩子要養育，等於是上有老，下有小，雙方的情緒都要顧慮到，而自己成了被夾在中間的三明治內餡，自己無法給自己足夠的愛，只能等待自己的小孩來孝順自己，造成無限輪迴，這樣字的人生邏輯，是不是値得改變呢？

從孝順這點延伸而出，可以再討論到所謂「養兒防老」的觀念，老一輩的人常有這樣的想法，確實也沒什麼錯，自己辛苦了一輩子，將兒女拉拔長大，度過了小孩最需要被照顧跟花錢的時期，現在老了，退休了，希望兒女替自己付出點甚麼，照顧晚年的自己，何錯之有？

但是從這個現象來看，親情的愛又是體現在哪裡？或是如何被利用？

第一，由上到下的角度，父母在年老前或發現自己已經老去，需要人照顧時，爲了能讓孩子對自己有所回饋，所以刻意展現對兒女的關心，或是耳提面命，說自己過往在教養上的付出，希望孩子不要忘記，而且對父母能盡到孝道，針對這一點，**請問爲了自己年老時能被照料到而刻意展現的愛，這樣算是眞心的愛嗎？**

第二，有的孩子跟自己的父母親不夠親近，雖然名義上是家人的關係，但彼此之間並無實質的親情存在，甚至有的父母對自己的親生小孩充滿惡言與暴力相向，**那麼孩子該爲了那把你生下來的**

恩情而實踐父母口中的養兒防老嗎？

我認爲回饋是個美德，但在某些時候，不是無限上綱的義務，孩子的出生是被決定的，他們被決定成爲父母的孩子，人們到了地球成爲一個獨立的個體，可以滿懷感恩，但不該爲了惡意的愛所綁住自己。

接下來從父母對孩子那無怨無悔的愛來探討，**對孩子來說，父母給予的愛會不會過度繁重，反而形成一種壓力或非助力？若是如此，這樣的愛是孩子需要的嗎？**

爲人父母總是想給孩子最好的，不希望小孩在起跑點輸給其他人，希望自己的小孩是最優秀的，甚至還要跟其他父母比較，所以在孩子於人生探索階段初期就塞滿他們的行程，不管是語言、邏輯、運動、藝術等等，各項才藝都得接觸，在升學階段，會爲了孩子人生能飛黃騰達，施加極高的壓力，要求考試成績到位，規定念書時間，限制交友跟娛樂，就希望孩子的成績能換來更好的人生，將來有更多的選擇，而孩子們就在這種父母的「愛」中度過童年。

這樣的現象，有人表示認同，因爲小孩在年輕時不一定知道自己要的是甚麼，所以父母幫孩子做好安排跟要求是理所當然，而不認同的人會說，既然是爲了孩子好，那麼父母有了解到自己的孩子在學習階段是快樂的嗎？有眞正的察覺到一個人的需求跟願望是甚麼嗎？父母是否在求好心切的過程中，剝奪了孩子的選擇呢？

最後來聊聊一種特殊的對愛的表現，那就是**對親情的無限袒護**，人偶爾會犯錯，在所難免，但在面對外人的質疑或責罵時，有的人會爲了保護家人而爲他們辯護，不管是非對錯，先挺起來，認定家人就是對的，先壯大聲勢，到時候再來檢討，這是一種對親情的相挺表現，不知道讀者認不認同這種行爲，是該認清是非對錯？還是對家人必須情義相挺呢？

是否該爲愛而活——興趣

在上一個章節提到過，對興趣的愛能夠帶來「快樂」、「專注」、「毫無阻礙」、「專業」與「成功」，有了興趣的存在，生活變得更多彩豐富，對興趣的熱愛是否重要，就在這個部分來探討。

一個很現實的問題時常被提起，那就是該**追求興趣還是先吃飽肚子？**人人都有在工作之餘特別喜歡花時間做的事情，有時候會想，若是能一直做著這些事情，不用擔心生計那該有多好？又或者是同時被高物慾所綁架，雖然從事自己的興趣還能夠維持生活，但爲了有更高品質的生活，只好選擇收入更高的工作。

既然會有這個問題出現，很顯然的，有許多的興趣要不是無法帶來收入，就是相對其他工作來得更無直接產值，在這種情況下，到底該如何做抉擇？是該被對興趣的熱愛所牽著走，達到內心的富足？還是得爲了能在塡飽自己的肚子之外，也有能力照料好家人呢？

或許你也面臨過這樣的情況，人總是會爲了現實而低頭，肚子都塡不飽了，還有談夢想的餘地嗎？比較好的做法是可以規劃優先順序，或是同時進行，能夠有足夠的收入來維持生活，但也透過對興趣的熱愛來爲生活添加調味劑，隨著能力的培養與資源的累積越來越多，等到了一定的階段或時機，或許會有改變現況的可能，方法有很多種，就看看你能爲自己的興趣做到多大的付出。

既然前面提到人人都有興趣，那麼試想，**人若是沒有興趣，那麼你每天努力的目標跟意義是甚麼？**是不是每天起床，若是餓了就吃早餐，需要有收入來維生就找份工作或是自己創業賺錢，下班後便好好休息，吃個飽飯，也沒其他事情好做，那就只好上床睡覺，一切從簡，無其他掛念，日復

一日，直到最後？

或者是一心爲了國家奮鬥，自己的所作所爲只爲了貢獻，爲國爲民，沒有時間有自己的興趣，就這麼奮鬥到最後，但是這種情況難以想像，就算是被列爲國家的偉人，一輩子憂國憂民，難道就不喝喝小酒、下下棋、看看書嗎？

所以，我們再問自己一次，一個人如果沒有興趣，那麼到底該爲何而活？**或許這個時候，人能夠回到最簡單與純眞的自己，而且能久違的感受到生命**，因爲沒有了各種誘惑，慾望大幅降低，這個時候的你，能更感受到微風的吹拂，感受自己的心跳，聽見自己的聲音，發現自己的力量，並且爲了生命的延續而努力，是不是這樣呢？

當然，這是個假設性問題，畢竟在各種不同的環境下，不管是富裕的家庭或是生活比較辛苦的人，總能夠有一個興趣或愛好來塡補時間，你不一定對這個興趣充滿熱愛，但它使你的生命更有意義。

現在把問題拋到讀者自己身上，**若是你對自己現有的一切興趣失去熱愛，你看到了甚麼？或感受到了甚麼？**

原本熱愛體育的人，現在看到球就不來勁，也不繼續鍛鍊身體，任何需要動到肢體的運動都突然失去了吸引力；喜愛收集藝品的人們，看著自己的藝術品收藏，不管是書畫、雕塑、化石、稀有礦物等等，頓時間不知自己爲何要收藏，而且不再感到興趣；平常喜歡埋首在程式碼裡寫程式的軟體工程師們，看著那一排排的代碼，懷疑這是自己要的嗎，暫時不想再碰觸這些事務。諸如此類的例子一個個發生在你與我身上時，會如何？

是否感覺不知道在爲了甚麼而奮鬥？或許是，或許不是，或許你不需要興趣，只需要確保手上的工作能完美遞交，自己的家人能安然生活，但請同時思考生命的意義，生命可貴，時間短暫，這樣的概念是本書一再反覆提起的，在有了這樣的思維下，你是否會更加感恩自己所擁有的？是否會願意更加珍惜每一個能品嘗興趣的時間？

我提出了多問題，而且不提供一個正式的解答或準則，因爲答案在讀者心中，每一個人都有自己的答案跟眞理，那就跟著它走吧。

是否該爲愛而活——工作

許多人熱愛他們的工作，不管是已經做好了職涯規劃、喜歡自己的工作內容、享受在公司的待遇與頭銜，還是對自己創立的企業感到興奮等等等，各個大有人在，但是，請捫心自問，**如果能夠選擇，對於你所謂熱愛的工作，你願意做一輩子嗎？**就算不說一輩子，實際一點，**如果沒人付薪水給你，或是客戶不再買單，你對這份工作還一樣充滿熱愛嗎？還是你更願意從事自己的興趣一輩子呢？**

各行各業都一樣，不管是受雇於人、雇用別人或是自己獨立經營事業，這些問題都成立，所以**你工作的目的是甚麼？**

對一般上班族或受雇者來說，不外乎是要經濟獨立、要能照顧家人、想要早點實現財務自由，或是只是爲了生存，要平凡過日子，對於企業主管來說，或許又多了許多的責任與重擔；而對於創業者來說，可能多了幾分的理想，可能是爲了改變世界，或許只是不喜歡被老闆使喚，所以自己雇用自己，也或許是自己知道哪裡有商機就往哪跑去，那麼到底是爲了理想多一點，還是爲了金錢多

一點？再問一次開頭的問題，對於你所熱愛的工作或事業，你願意作一輩子嗎？若是沒有酬勞，你也願意嗎？

我相信多數人心中是有答案的，也或許有人心裡想著「工作不是只有爲了錢啦！」，或是「我就想要累積經驗值」之類的想法，這些想法不但正常，也確實沒有錯，不過，自己可以再問自己，爲甚麼你想要成長？累積經驗值是爲了成爲更好用的企業員工？爲了不被後輩追上？爲了受人尊敬？**那麼很有可能你並不是熱愛工作，而是想獲得工作後所得到的東西，對吧？**

你熱愛的，或許更多的是自由的生活、想買甚麼就能買甚麼的能力、隨時都有陪伴家人的時間、令人敬畏的頭銜，或是征服困難後的成就感，既然如此，那麼你眞的熱愛工作嗎？還是說，是因爲不得不工作，才讓你變得熱愛眼前的工作呢？

或許我的問題設定太過狹窄，再怎麼樣有理想，至少也得先塡飽肚子再說，不過也就想透過這樣的問題來幫助讀者反思，到底自己做著眼前的工作，要的是甚麼？嘴裡所說熱愛的工作，是講給自己聽的還是老闆聽的？甚至是，如果沒有了眼前的工作，你會覺得不捨，有如失去了自己的一部分？還是反而如釋重負，通體暢快，感覺人生自由？

如果你問了自己前面所提到的各式各樣的問題，還是能夠在「自由人生」與「從事自己熱愛的工作一輩子」中選擇工作，先說聲恭喜，你應該滿清楚自己要的是甚麼，更幸運的是，你已經處在你想要的世界裡面，這是許多人難以達到的目標，除非你還沒眞正認清自己的人生所嚮，那就另當別論了。

而如果你在問了自己無數個問題後，發現自己根本不熱愛工作，甚至是眼前正使你飛黃騰達的工作內容，那麼你了解自己一直以來的「熱愛」是爲了甚麼嗎？有可能你眞正內心想做的工作並不是當下這個，你心中另有所往，但礙於能力與經驗，你只能先在當下的環境待著，又或者待久了，你已經更難跳脫。

在領悟到自己的工作目的前，過去的你熱愛工作，這份熱愛可能是眞的愛，你碰觸了新鮮的事物，學習了有挑戰性的工作內容與知識，戶頭的錢增加了，你感覺自己整個人正在起飛，結果在一連串的問題審問與自我領悟後，回頭看看，**當初的那種悸動，到底源自於甚麼？**

是不是因爲身邊的家人、朋友與社會都告訴你畢業前就要開始思考未來的工作發展？告訴你要去企業實習，看看公司的運作，累積經驗值，最好找福利好的大公司，不但工作穩固，薪水也不會太差？看著大家陸陸續續做著一樣的事，你便開始加入這個行列，在工作了之後，開始跟親朋好友訴說自己的成長跟公司前景，下了決心要好好爲公司奮鬥，幫自己的人生加分。

又或者是社會的結構與運轉本來就需要一群勞動者，有了各行各業的勞動者，資金才會流通，文明才會往前，而你難以跳脫這樣的框架，便盡量在框架裡努力往上爬，至少也要在框框裡稱王，而受限於框架的限制，你便只能熱愛你的選擇與報酬，所以你對工作充滿熱愛，每個月進帳的薪資也使你被綁在框架裡，且你可能擔心一旦離開框架會失去原有的資源與經驗，便使得你越來越只能告訴自己要熱愛工作，才會過得幸福快樂。

一個人一生中在工作的時間，假設從大學畢業的年紀開始算，一直到六十五歲退休時，大概三十幾年，這樣的時間占了人生三分之一，更不用說有的人在更小的年紀就開始需要打工賺錢，以及有的人爲了生活，必須工作到年紀更大的時候。

「工作」這件事情，它不一定被人人所愛，但爲了生存，以及社會的穩健運作，人們不得不工作，就算是家產豐厚的人，也會爲了維持住資源或增加更多收入而努力。

既然人的一生中至少有三分之一的時間都需要忙碌的工作，那代表著，就算你不熱愛工作，也必須在工作中找到樂趣，如果人一生追求的目標是快樂，總不能等到退休才開始，對吧？所以找到自己熱愛的事，又能利用這件事情賺錢，才是一舉兩得，**不一定要爲了對工作的熱愛而活，但至少要在工作中找到快樂與成就**。

是否該爲愛而活——自己

在前面的章節提到過，當自己獲得了自己的愛，就能擁有一切，也因爲學會愛自己、欣賞自己與尊重自己，可以使自己不受他人的愛所左右，你不但會給自己最好的，也能更獲得他人的愛與尊重，不過，對自己過度的愛，變成了自戀，可能使人自我盲目，誤信自己處在高處。

既然知道了愛自己能夠帶來哪些正向的力量，是否該爲了對自己的愛而活呢？我必須說是，但也不完全是。

愛自己是必須，但自己並不是世界唯一，給予愛、釋放愛，自己也會得到愛的回饋。雖然自己很重要，但若是當大家開始都只關心自己，世界將會變得過於冷漠，由於已經集中精神在自己身上，在設想利益與時間分配時，自己以外的人肯定會被分配到比較少的部分，在大家都保持一樣的思維時，自私的行爲便可能加劇，才能確保自己能不靠他人來滿足自己的心情與資源。

相反的，一個互相關愛的社會，人們的思維會是擔心對方或其他人沒有接收到該有的愛與關心，因而主動付出，在大家都將「關愛他人」納入自己的日常行爲後，整個社會便會將這樣的行爲活絡起來，形成一個文化，所以在你給予了其他人愛之後，自己也會從四面八方接收到笑容、尊重與愛。

想要給予自己最好的，想要使自己開心快樂，要達到這樣的目的，並不是只有透過關愛自己這一條路，有時候，付出的越多，自己得到的更多，畢竟地球上的人類不但多，而且越來越多，當大家團結的互相關心，其帶來的力量跟一個人只關心自己相比，又會有多大的差別呢？

此外，**雖然自己的生命很珍貴也很獨特，但其他人也是**，本書一再強調人類的渺小，生命的珍貴，要做好時間規劃，設定目標，不對人生後悔，相信讀者們也能夠帶著這樣的思維來審視人生，但是，千萬不要忘了，人人皆是如此，人人的生命一樣都很珍貴，時間亦同，因此除了知道自己需要愛與尊重，所有的人類也都是一樣的。

有的人覺得自己最偉大，思想最有價值，說出來的話最有見解，希望大家都能豎起耳朵聽他說話，甚至是自己的時間最重要，當自己有需求時，所有人都得停下自己的事，安靜聽好，但是當其他人正在運用自己珍貴的時間時，這些自以爲偉大的人卻可以毫無顧慮的打斷他人的計畫，似乎其他人的時間不如自己的時間有價值。

如果一個人有這樣的行爲或思維，同時又相信人們應該給予自己最多的愛與關心，難道不矛盾嗎？其他人的生命如此重要，卻還撥出時間跟你互動，難道他們糊塗了嗎？

所以一切又回到了「尊重」，無限的施加愛給自己，並忽略他人的需求，就是「只爲了自己的愛而活」所造成的盲點，當有了對他人的尊重，大膽的愛自己才不會同時帶來盲目與自大。

最後要說的是，世界當前有八十億人口，**倘若你能發現自己生命的奧妙與有趣，那麼當你向外看，世界就是被這麼多這樣有趣的人所覆蓋**，愛自己很重要，但是當人們團結，世界會多一點和平，少一點紛爭，在以互相尊重爲前提下，就好好的關愛自己吧。

第六章、生命的意義

以終爲始

生命的意義是甚麼？自己爲何存在？我爲何而活？這些問題在人類的歷史上不斷被提起，或許你也曾想過、質疑過，甚至是苦惱過，但隨著日子一天一天的過，這些問題不但慢慢地被放到了腦袋深處，而且被日常的壓力與瑣事占據了大腦，爲了因應眼前的挑戰與困難，似乎忘了自己曾經思考過的問題，忽略了自己眞正的需求，喪失了探尋的機會。

在這個部分，就是要幫助讀者重拾這個被遺忘的問題，並尋找或甚至是找到屬於自己的答案。世間萬物瞬息萬變，挑戰一波又接著一波而來，**我們不一定有時間跟能力找到某些事情的眞相與答案，但至少，我們要在現有的宇宙規則下寫出自己的人生指南**，不管這份指南的內容有多麼因人而異，但我們可以僅記一點，那便是**「以終爲始」**。

以終爲始的眞諦就在於先知道自己的人生目標應該是甚麼，能想像出那樣的畫面後，從現在開始的所作所爲都應該圍繞在這樣的目標，規劃並指引自己往目標前進，就是如此。

然而，如此易懂的概念之所以被許多人忽略或執行失敗，原因可能包括完全沒有目標、模糊不清的目標、設了目標但自己無法朝它專注、實踐力不足、世間太多誘惑、忘了初衷、懶惰、親友自己做不到便不希望你成功、對現實妥協等等。

接下來就以**「如何看待終」**與**「起始」**兩個部分來探討，幫助讀者在人生中履行「以終爲始」。

如何看待終

所謂的**「終」，就是一個讓你知道此生沒有白活，而且沒有後悔的狀態**，這樣的狀態可能由好幾個被達成的目標所累積而成，可能是轉瞬間的一種感覺，可能是一個特定的目標或目的，不管是何者，當你讓自己處在這個狀態時，你知道這段生命已經值得了。

不一定所有人都能在一開始就能知道自己最終要達成的狀態爲何，但不同背景與經歷的人，會對不同的事物抱持不同程度的渴望。

比如有的人受限於原生家庭資源不足的緣故，從小便打從心裡知道有一天要賺大錢，讓自己過上高枕無憂的日子，而這麼樣強烈的目標，也可能隨著時間而改動，從上述的例子來看，或許起初能獲得一份高所得的工作，完全改變生活品質，就已經是遙不可以的理想，但是當接近目標或達成目標後，起初的賺大錢夢想已經無法滿足需求，這個人可能會追求更大慾望與野心的事物，或者相反，認知到世間一切的紛紛擾擾已不再是自己所求，只要能在這片土地上擁有自己的安寧就好。

不管最終的境界會不會改變，至少在人生的前期，上述例子中的人已經知道「賺大錢」是他在人生中必須要達到的目標，如果沒有讓自己達到不爲錢發愁的境界，那就是這輩子的遺憾，身爲壽命短暫的人類，沒能在人生盡頭前品嘗自己努力後的成果，實屬可惜。

而心中畫面裡的「終」，不一定得被現實面或眼前的事物所侷限，只要是你眞心渴望，就大膽地相信他是可觸及的，意思也就是人們應該大膽做夢，就算是被認爲好高騖遠也好，至少你相信自己，那就將視野放遠，要如何起始可以之後再說。

擁有不同經歷的人，會影響其視野跟格局，比如我們能在生活周遭看見許多人明明薪資所得不

高，卻開高級轎車，用最貴的手機，享受買名牌服飾，相反的，許多高所得的人卻有相較低的花錢慾望，不追求那些讓人炫耀的行頭，而且低調行事。

一個很有趣的原因是，收入較少的人可能認爲自己再努力也住不了豪宅或是改變人生，在這苦哈哈的生活裡爲自己創造短暫的快樂或許更實際，可能自己的生活品質不高，但是能滿足自己的物質慾望，而較高收入者知道自己只要再多努力一點，多存一點錢，就能得到一般人難以獲得的事物，因此他們更敢於做夢，而且花較少的時間在會危害自己達成目標的行爲或活動。

對於不敢將「終」想得太遠或放入自己人生清單中的人，或甚至欲透過宗教信仰來祈禱自己下輩子會有更好人生的人，本書要傳遞的價值就在於，人的壽命極短無比，就算是世界毀滅了，對宇宙來說可能沒有一個生物記得，那麼將自己必須要達成的「終」放到自己心中的框架外根本不足以令人畏懼，甚至不用因爲擔心會失敗而就先放棄，你是想要不枉此生，不浪費自己能體驗人生的機會？還是打算因爲不安而帶著遺憾到最後呢？有多少人有能力彌補遺憾？選擇權在你的手上，不管是任何決定都無人能干涉。

在思考或判斷自己最期望達到的「終」時，時間點可以根據不同的人生階段來訂定，但建議從人生的末期來往回判定，而不是由短期目標推演到長期要達成的目標，設定短、中、長期的目標有其靈活度與好處，那是肯定的，但是「終」的意義在於人生尾端的狀態，所謂的以終爲始就是想要達到哪個終點，就從一開始鎖定目標往前，而當然，在鎖定目標後，一樣可以根據階段，以短、中、長期的計劃來幫助達成。

當你知道了自己必須要成爲怎麼樣的人，你就不會願意浪費時間在與之相違背的道路上，如此以來便可以省去走彎路的時間，並且可能提早達成原先的目標。

「提早」有甚麼好處？或許人生安然度過，順其自然，慢慢得走，終究會達到終點，但到了那個時候，或許所剩下的時間已經不多，終點的風景已難以讓人停留太久，因爲，人生沒有想像中的長，若是可以早十年達成心中的那個「終」，能夠想像那股滋味嗎？如果把時間當作跟金錢等值，甚至是更有價值，多了十年的時間享受終點的風景就有如中了樂透一樣，那是何等的喜悅。

要擁有這般的喜悅，需要有以終爲始的心態，有了指引你往前的終在前方等你，有如燈塔般提醒自己，就能盡量不偏離道路，比如不會一心知道要賺大錢才能滿足無限物慾，卻還選擇偷懶，守株待兔，以爲奇蹟會降臨，要讓「終」成爲你的動能，拉動你向前，否則那也只是無稽之談。

一開始提到終是一種狀態，**但這狀態可以抽象，也可以具體**，越具體的狀態設定與想像，越能夠幫你尋找幫助達成的方法，而抽象的終，其好處是給予自己一點彈性空間，就好比前面提到過的「賺大錢」，不過到底何謂賺大錢？每一個人的金錢觀與價值觀不同，同樣的數字對你來說很大，或許對其他人來說很小，而最重要的是自己的感覺，只要自己心滿意足，何必在乎在別人眼中是多是少呢？

在擁有明確的終之前，抽象的概念或許是好的第一步，隨著經歷的事物變多，自己心中的終會逐漸清晰與明確，當你擁有一個極度具體的終時，自信心便會隨之而來，**一個隨時隨地知道自己的下一步要做甚麼，而且不忘初心的人，幾乎是無敵的**，甚至會讓自己感覺已經勝券在握，眼睛筆直望去，沒有事物阻擋在你與目標中間。

以「寧靜」爲例，人生充滿喧鬧與撞擊，有的人期望自己能夠有能力脫離現狀，有一個完全屬於自己的空間，不欠任何人，也不會被任何人打擾，自己能夠過上自己想要的高品質且寧靜的生活，上述的表達乍聽之下其實算是抽象概念，願望很令人嚮往，但要將抽象的畫面與現實接軌，會有難度。

那麼若將終變得具體，可能是要求自己要在四十五歲之際，在市區且交通方便的地方有一間屬於自己的公寓，有著自己最喜歡的裝潢，配上木質調的家具，房貸或許沒有繳清，但是自己的存款與被動收入足以讓自己不需要受雇於人，因此不需要上班，可以每天起床悠閒吃早餐，喝喝咖啡，幫種植的花草澆水，有時間好好的閱讀與思考，打理好自己的財務規劃與收入，慢慢擴大收入，偶爾可以做點不一樣的投資，看看不同領域的世界，同時每週也固定運動，維持好體態與好心情，晚上可以獨自一人或找好友至酒吧放鬆與交流人生，閒暇之際也玩一點藝品收藏，擺在家中自己賞心悅目，生活愜意，少了壓力，身心健康，且擁有屬於自己的寧靜。

有了這樣輪廓的終，便會在現在的當下知道自己所欠缺的能力與資源爲何，時間便不會被浪費，而是被自己投入在對的方向，並找到對的方法來爲自己的人生鋪路，有了這樣的思維，就能立刻將自己與其他人拉出距離，不會像無頭蒼蠅般的不知所措，也不會眷戀對自己的人生規劃無意義的短暫甜頭，因爲你知道要達成目標有多麼的不容易，許多事物的犧牲都會變得值得。

起始

如果將自己「終」的輪廓確定下來是零到一，那麼從起始到終點的距離就是一到一百，接下來的路程就是一場需要專注與判斷的賽局，只要你相信自己能夠做到，那就保持專注，有耐心與毅力的朝自己規劃的方向走。

由於「終」因人而異，每個人所需要達成方法也不同，有的人慾望較低，易於滿足，或許此時此刻正讀到這一段落的你，已經處在終的狀態，那麼恭喜你，也希望你可以保持這樣的狀態一直到人生的末段，甚至是突破現在的狀態，得到不同的人生體悟，最重要的是堅持與專注。

許多美好的體驗或事物得來不易，有的美好是思維上的滿足，有的而是需要不斷的身體力行，例如有的人透過當無國界醫生，幫助需要的人取得醫療上的協助，在這過程之中，醫生得到滿足，這樣的滿足或許就是某種意義上的「終」，要持續地處在終的狀態，或許自己也需要資金上或體力上的許可才能達成，因此，在前往終的路途上，或是要維持終的狀態，是需要資源的。

有了終帶來的方向，**我們需要判斷在這旅程需要哪些資源？哪些地方可以幫助自己累積這些資源？經驗與能力該如何累積？需要接觸哪些人？需要避免接觸哪些人？必須具備哪些條件才能進入這些地方？以及在面對這些地方、人、事、物與資源時，該做哪些事？說甚麼話？抱持何種態度？得到必須資源所需要的時間與付出跟犧牲有多少？**

面對這些問題，在讀者的心中應該已經有一個正在努力的方向或假想的「終」來與之呼應，慾望的不同，達成的難易度與資源的需求會有很大的不同，此外，並不是困難度越高的終就越厲害，或是越容易達成的終就讓人瞧不起，相反的，**越容易達成的終，代表著這些追夢人可能比夢想遠大的人更容易感到滿足與快樂**，章節一開始就提到「終」是一個讓你知道此生沒有白活，而且沒有後悔的狀態，所以當一個人的需求極度少時，或許在這些人的思維中，已經得到屬於自己的成功。

回到前面的那一連串問題，再繼續以「寧靜」爲例子，來看看要達到這個終，可能會需要哪些作爲。

假設正在做規劃的這個人剛滿二十五歲，或許是已經在社會打滾了幾年的年輕人，也可能是大學或研究所剛畢業的社會新鮮人，距離四十五歲正好是二十年的時間，因此知道了自己必須要在二十年的時間內讓自己在市區有一套屬於自己的公寓，不需要工作，有固定的被動收入，能夠享有數於自己的高品質生活，而且無人會來打擾自己的寧靜時光。

從這段話來看，這個人所需要的資源是取得一間房子所需要的頭期款、某個能自動帶給他收入的管道、足以支撐房子貸款以及高品質生活所需要的收入，從重點資源來看，僅此而已，換句話說，這個人能夠透過錢來買到屬於自己那安穩又長期的寧靜。

但是，頭期款、被動收入來源的管道，以及所需要的必須資金該從哪裡來呢？假設自己沒有家裡的金源與遺產幫忙，自己可以選擇找工作，領薪水，逐步累積，再透過自己的實力取得成就與公司信賴，再而提高收入；或是在無資金的情況下以自己的商業理念創業，獲得投資人的青睞，取得資金後再逐步壯大事業；或是自己透過工作累積了一些資金，離開現有的工作崗位，直接創業，投入心血使自己的生意營收增加；也可能是工作之餘，利用些許的時間投資金融商品或房地產，利用槓桿的原理，以錢滾錢。賺錢的管道遠遠不止這些，這都是主流一般社會執行的方式。

至於被動收入要從何而來，有些工作或團體的運作模式是除了直接將商品販售給消費者，也能透過累積下線的傭金抽成來增加收入，這算是一種被動收入，其他例如金融商品的股息、房屋租金、在網路社群平台與搜尋引擎的內容，吸引目光與廣告商的贊助、版權、專利權等等，有許多方式是能夠幫助自己取得被動收入的，但有收入是一回事，這種收入的穩定性與數量足不足夠使自己能高枕無憂的生活，又是另外一回事。

既然知道了可以從哪些管道獲得收入，接下來要判斷自己要在二十年的時間內達到初衷，要選擇何種產業工作？若是自己沒有取得進入這些公司的門票，例如因爲學經歷不相符，或是本身能力就不到位，有甚麼替代方案？繼續讀書取得學歷嗎？投入的資金與時間能幫助自己獲得不一樣的人脈與知識，但是對你的目標來說，有幫助嗎？必須嗎？假設順利進入自己想要的職場環境，要至少擁有何種等級的薪水才足以使自己能在一定的時間內將這些累積的薪水轉換成更多的資金？或是轉換成自己用來創造更多資金的商品或服務？

會不會想一想發現，哇！好像不管怎麼做都難以實現自己期望中的「終」，那我得說，不管是任何產業與職場環境，都有最頂端的階層單位與薪資，要取得那樣的成就，需要付出多少努力，需要對公司帶來多少貢獻，需要解救過多少次的危機，甚至是要擁有多難得的機運，而你自己願意突破自己，累積實力，成爲那樣子頂尖的人嗎？如果你要透過一般的職場環境來累積自己所需要的資源，以實現「終」，那麼就別想了，你很清楚自己要付出多大的努力，或是展現哪些過人之處以換取你應得的東西。

但是，在四十五歲之前，**你的人生可能完全與初衷「寧靜」背道而馳，如果爲了獲得寧靜而犧牲了當下最珍貴的寧靜，這樣做是否又值得？**又是另外一個話題了。

前面的篇幅花了很多時間說明從起點出發要有哪些顧慮才能幫助自己達到目標，是一種思維角度，但同時也存在了很大的盲點，那就是爲了未來而失去了當下。

人生有著許許多多的矛盾，若是讀者認同爲了目標而燃燒生命的方式，請去做，並且對自己充滿信念，認爲自己最強大，並且謙虛學習與包持睿智，但是，本書所倡議的**「時間短暫，生命寶貴」，除了要提醒做夢人得利用時間爲自己的理想拚搏，但也希望世人們深思生命的意義，若是爲了目標而將自己活得不如人類，而是一個不斷高速運作的機器，確實是對生命的一種可惜。**

在地球上活著，是一件不輕鬆的事，世界是矛盾的，人性是矛盾的，老闆是矛盾的，人難以改變世界，卻容易被世界改變，是該對人生的意義進行不斷的挖掘與思考，還是簡單一點，跟著世界起舞？這需要讀者找尋屬於自己的答案了。

與自己的身軀合作

共存

你是一個獨特的生命，或者說靈魂跟意識（此處的靈魂並非真的在講宗教上或科學上的靈魂，而是在強調沒有了軀體，你所擁有的東西），你是那麼的特殊，能夠對任何事物表達看法，可以創造價值，也能帶來破壞，而要達成這一切，沒有承載你靈魂的軀體難以達到的。

而且在目前的科技來說，你無法選擇自己的軀體，打從還在娘胎的時候，就已決定了要與你共創餘生的身體，不管它的體格是高矮胖瘦？外貌是否讓自己喜歡？身體是否有疾病或缺陷？聲音是否符合自己的個性？除了刻意透過外力改變，否則你只能接受自己，你也必須接受自己的軀體，因爲這就是伴隨你一生的最佳伴侶。

人生中有許多煩惱，是可以透過與自己的身體和解而解決的。這個世界充滿著新奇、刺激與挑戰，但人們時常在探索世界之際被自己所局限，這些侷限源自於體格的限制、對外貌的不自信、與生俱來的障礙，或是在與其他人比較後，認爲自己相形失色，這些對自我的不滿，很容易對生活與心情帶來重度的影響，有時候，人們將「美」擺在自己的人生目標首位，只要自己能美，其他都無所謂，也就是在這樣的風氣影響之下，許多更值得人們關注的議題被忽略。

人們擁有美麗的靈魂，但是卻因爲對外貌的不自信而自我綁架，此時的你與身體兩者並不處在彼此最佳的相容狀態，若要攜手合作，毫無顧慮的體驗人生，要解放自我，就是與自己和解。

和解包括接受不完美，並且認同不完美，更重要的是對自己的靈魂展現信心，你無法改變的事物就不須再自我糾結，世界不會因爲自己身體的不完美而毀滅，時間還是往前在走，當你眞正與自己達到和解，你會豁然發現，其實旁人的眼光沒那麼重要，我是爲自己而活，何必因爲他人而感到不自信？自己總有自己擅長與發光的地方，當有了和解，靈魂與身軀便合二爲一，你會成爲更加強大的個體。

此外，**你與自己的身體相互依賴**，沒有了意識，身體就是一具會呼吸的肉，當沒有了軀體，你的靈魂就無處可發聲，無處可宣洩，基本上等於無法達成任何一切身爲人類可以達成的事情，這段話聽起來或許說了跟沒說一樣，但是就是要透過這簡單的一段話來表達，**若是沒有了思想，人就是行屍走肉；若是沒有具體行動，有再多的想法都是空想。**

身爲一個人類，最可惜的莫過於明明有許多的想法，卻遲遲不願意踏出第一步來實踐，或是身手矯健，能在這世界闖出一片天，卻埋沒自己，讓自己被世界牽著走，**生命的意義之一就在於你能思考，你能行動，你擁有這兩項能力，跟其他生物相比，根本有如神力**，而這樣的神力仰賴你與自己的身軀互相信任，一起合作。

靈魂與身軀的互相信任，有時還得加入一些膽識，膽識幫助人在達標的路上從零往一邁進一大步。

以求婚爲例，有的人受到滿滿的愛情滋潤，在身、心皆被對方占據的情況下，人有可能因爲種種的氛圍而向對方求婚，但是，對有的交往多年的情侶而言，雙方進入到了一種後戀愛時期，激情不再那麼濃烈，而且彼此多了許多的默契與羈絆，甚至是裂縫，滿眼盡是對方缺點，在這種時刻，就算內心有著結婚的想法，身體卻可能在有這樣的念頭產生時就開始抗拒，讓你開不了口，甚至影響行爲，因此有人說，「結婚，需要一股衝動」。

你心中可能滿是懷疑與不安，不知道另一半是不是對的選擇，不確定雙方長期相處會不會有更多的不合，甚至還沒結婚就已經在幻想離婚原因與畫面，或許眞的婚前已有許多跡象顯示出雙方的潛在問題，但是雙方不夠有膽識去正視問題，也不夠有膽識去信任兩人之間的愛情能戰勝一切，最終導致沒有膽識向對方求婚，或是接受對方的求婚。

此外，**身體的直覺反應是很眞實的**，尤其是身體的反射動作或脫口而出的話，有時思緒還沒做好決定，身體已經幫你快速的作出判決，人透過這樣的反射動作往往能夠**化解潛在危險**，但也可能因此而**難以隱藏自己內心的想法**，這也可以說是靈魂與身軀分割權力的時刻，而這種不經過太多大腦分析而做出的反射動作，其實也可能是你沒察覺到的自己**眞正的索求**。

一些很常見的直覺反射動作包括有物品靠近眼睛時，眼皮會以迅雷不及掩耳的速度閉起，以此保護眼珠，或是當身體碰觸到極燙的東西，我們會反射性的跳開或將手抽開，這些毫無意識的身體反應帶給了自己防護措施，化解潛在危險。

至於因此難以隱藏自己內心的想法，也可以想成，肢體語言所傳遞的訊息，其眞實性往往是大過於說出口的話的，**除了欺騙自己的人，會想辦法說服自己的身體跟從自己的想法**。

舉例來說，有的人在面對自己厭惡的人或會帶給自己壓力的人時，是很難眞正發自內心愉悅的跟對方溝通或相處的，但是基於種種無法逃避的原因，雙方還是得繼續長期接觸，例如家人或同事，爲了維持表面上的和平，這些人還是要表現關心或笑容，甚至是向對方表達讚賞。

而這種情況就是身心矛盾的時刻了，這樣的人發自內心無法認同對方，因此造成自己無法發自內心的開懷大笑，或是不想頻繁的靠近對方，此時身體會本能地想幫自己閃避不必要的接觸，然而，基於前面提到的可能性原因，你還是會要求自己展現友好，這個時候的一切都會顯得不夠自然，例如皮笑肉不笑、尷尬的回應、或是找不出可以跟對方深談的話題，那麼就能造成對方察覺異狀，使你想要掩蓋的情緒被識破，但同時，你也能夠很清楚的知道，自己不想要甚麼。

透過身體反應來知道自己不想要甚麼，以及想要甚麼，是一個明確的人生指引，往往在這些時刻，就是你重新抉擇的時候，**眞實的身體反應有辦法幫助一個人找尋屬於他的生命意義**，像是在有毒性環境下工作會掉髮、反胃、睡不著覺，或是在不健全的感情關係裡活得不像自己，只能受另一個人的情緒擺布，在種種的負面時刻，你往往能重新出發，開闢一條幫助自己不要原地打轉的路。

不過，除了開闢新的道路，也能試著在毒裡往上爬，突破自己，改善自己的人生，人也能夠因此見識到自己意想不到的另一面，發現自己原來還能夠再破繭，成爲更強大的人。

所以，要跟隨著身體反應而選擇人生道路？還是戰勝恐懼、戰勝身體？一切看個人的意願與意志，千萬記得，自己是一個自由人，別讓自己在「終」時後悔就好。

指揮

在探索人生的過程中，不只是靈魂或意識與身軀的共存，更大程度上是由靈魂來指揮身體，基於自己與生俱來的五觀、四肢、肢障、體格、疾病等等身體的特色，人指揮著自己的身體來幫助自己的意志來達成各種目標，你要自己動，它就動，你要自己休息，它就靜止不動，除了自然的生理反應外，身體的自主權一切操之在自己手上。

換句話說，你想過上怎樣的人生，幾乎一切都由自己主導，就算是令人後悔的決定，也都是出

自自己，在一個人要教導、管理或要求他人之前，可以先問問自己**「我有管理好我自己了嗎？」**，有時候，面對自己比面對其他人還難，你擁有千百萬個思緒、無數個目標、無數種慾望、不同程度的技能、與他人相異的家庭或教育背景，**要管理好自己，指揮自己往眞正的道路前進，其困難度是並不亞於當一個企業主管或老闆的。**

面對自己時，有時候比較難做到「嚴以律己，寬以待人」，人雖然願意勤奮，擁有無窮的潛力，而且自己管理自己，不需要面對來自不同地方的聲音或抱怨，但同時，人有慾望與惰性，這些來自內心深處的聲音會與自己的指揮相互抗衡，你是要與自己妥協，還是秉持著總司令的精神，以紀律來輾壓各種雜念？這完全操之在自己的修練上，雖然思想很自由，且身軀由自己管控，但要眞正的貫徹自己的指令，其實沒想像中的容易，所以說**自己就是自己最大的敵人**也不爲過。

那麼，你打算怎麼利用自己的身軀呢？若是以前面提到的「寧靜」爲自己的「終」，你又會如何指揮自己達標呢？

前面已經知道，金錢的獲得可以幫助自己達到終，也知道了不同的收入管道，爲了這個終，你願意花多大的力氣執行各種各樣的達標方法呢？你很清楚的知道許多事情該怎麼做，但是，你會去做嗎？你推得動自己嗎？你會給自己多少休息的時間？你會放棄嗎？你敢爲了目標得罪人嗎？你願意腳踏實地嗎，還是投機取巧？你會獨自前行，還是號招夥伴加入？到底要做到甚麼樣的程度才會讓你不愧於心？

面對這些問題，你有能力決定做或不做，你的決定，身體都會跟從，你可以要求自己針對所需要的領域知識進行學習，嘗試不同的達標方法，該厚臉皮的時候厚臉皮，該柔軟的時候柔軟，也可以選擇不管是否達標，都要維持做人的基本原則，不管如何，你擁有這世界上最強的兩種聲音與行爲，就是「我要做」，或是「老子不幹」，不管前面下了多大的承諾，人還是可以因爲一個轉念，直接拋棄目標，轉往其他道路，人生路不是死的，或許中途放棄聽起來很可惜，但這也是見證你能指揮自己的一種情境。

指揮，可以毫無禁忌與節制，也可以遵循自己的原則，不過度越界，體現人類的自我控制能力，這些原則因人而異，也或許有的人的原則就是「沒有原則」，不給予自己任何的限制，而這些原則可能包括以下幾個，並不是指出讀者也必須遵從，而是列出一個指揮自己的原則方向跟可能性，甚至有的原則之間相互違背與矛盾。

一、不違背法律。

二、不遵循惡法與無意義的條款（與第一點不完全相符）。

三、未達目標前，不允許自己完全放鬆。

四、當身體出現緊訊或爲了達標而生病，就是該休息的時候（與第三點不完全相符）。

五、未達目標前，不浪費任何時間在會中斷目標的活動上。

六、爲達目標，不擇手段。

七、不爲了達標而違背良心與情理（與第一、六點不完全相符）。

八、人生只爲達標而活。

九、人生需要來點放空、發呆、完全無所事事的時刻（與第八點不完全相符）。

十、尊重他人的生命、時間、靈魂、身軀、思想。

十一、與自己認可的思維相互違背者，便不得自己的尊重（與第十點不完全相符）。

十二、沒有原則就是我的原則。

原則可以被設定，也可以被打破，其存在的意義在於當自己胡思亂想，天馬行空，甚至是有著逾矩的思想時，原則使自己的身軀不跟隨那些歹念，**盡管思想的自由無遠弗屆，但保有原則，就是渺小生命的一種強大體現。**

力不從心的時刻

與身體的合作，從嬰幼兒時期的被生理需求掌控，包括肚子餓、身體不適等無法由思維來指揮的生理現象造成的哭鬧，再到脫離嬰幼兒時期，從自己眼中見到父母、同儕等人的行爲，形塑了自己的行爲準則，再到擁有了更成熟的思維，開始與自己的身體合作度過人生風浪，制定計畫，逐步執行，到了晚年，大腦與身體的靈活度可能已不再像年輕力壯時般的敏捷，許多未達成的目標在這樣的時刻要不是難以達成，就是不執著於達成了，大概也是在這樣的時刻眞正感受到人類的渺小吧。

總有一天，人都會面臨這樣的時刻，人們得學會跟身體妥協，認清事實，了解自己身體的極限，試著在力不從心的日子裡找到生命的意義。

基於身軀的退化，許多地方已經難以由自己的身體親自體驗，或許反而多了許多時間跟自己對話，回首過往，許多事情歷歷在目，也可能忘記了許多的煩惱或曾經的輝煌，此時的人對生命的體悟已跟年輕時不同，積攢的人生智慧成爲了人類的寶典，此時「傳承」或許就是這一時期的人類使命與生命意義，過去未完成的大業，就交給後輩來完成。

所以說，就算一個人曾經感受過世界頂端的空氣，一人之下，萬人之上，每一個人所擁有的時間是相同的，力不從心的時刻總會到來，許多事情在某些時刻不去做，在下一秒鐘可能機會就流失了，到時後悔也來不及，趁自己的靈魂與身軀最合作無間的時候，想成就的事情就放膽去做吧。

生命的終點

如同本書來到了尾聲一樣，生命也是有終點的，在長生不老藥被發現之前，人是逃避不了的，生命的終點不知道何時會到來，雖然人類有預期壽命，但未知總愛給人驚喜，說不定來個意外，終點就在明天到來，聽起來很可怕又或許令人不悅，但生命就是那麼無常。

在這個章節，就以**「面對」**與**「終點有甚麼」**兩個部分來針對生命的終點進行探討。

面對

世上除了介於模糊地帶的病毒，萬物皆有其生命週期，就算是長壽如巨樹般上千年的壽命，或是如蜉蝣般，壽命不到二十四小時，最終的命運都是相同的，那就是死亡。

二〇二二年全球人類平均壽命爲73.6歲，各地區根據經濟發展與醫療照護的差異，有著顯著的不同，但總體而言，目前能活超過百歲的人還算絕對少數，暫時不管未來人類的壽命能透過科技延長多少，目前的人類從出生到死亡就是平均73.6年。

以浩瀚的宇宙來說，如果誇張一點講，人類死亡的速度可能有如光速吧，大概從出生那一刻就在等著迎接死亡了，還來不及面對，就等著向世界道別了。

或許樂觀正向積極且陽光的人看到這段話不予認同，請放心，這本書並不是要傳遞甚麼悲觀的思維，而是希望讀者藉由本書面對這個不但確實會發生，而且人們平時生活避而不談的話題。

那麼，你會經深刻的意識到，或是因爲本書而開始認眞思考「自己會死亡」這件事了嗎？還是其實無所謂，此時此刻開心就好？或者是你還不想面對？甚至是不敢面對呢？

是否眞正開始面對自己卽將到來的死亡，將可能對人生帶來完全不同的發展，因爲這一切就回扣到了本章開頭提到的「以終爲始」，少了**「終」的觀念，人生將如同一輛加滿了油卻不知何時該停駛的車**，東開西開，或許到處闖盪，但卻在不知不覺間才意識到有些地方已經沒有足夠的燃料去了，而當一個人眞正面對自己的終點時，就是一輛早就知道遲早會將油用盡的車，就好比世上任何一個駕駛一樣，在燃料有限的情況下，便會節省珍貴的燃料，不隨處走馬看花，專心往最終的目的地前進，很顯然的，這裡指的油或者燃料就是**時間**。

本書要傳遞的觀念之一，就是請好好的面對與接受自己會死亡的事實，就好像任何一輛車輛的駕駛，不管是要加油或充電，你知道遲早車子會失去動能，盡管要持續不斷的補充能源，你還是願意買這輛車，但是同樣的觀念套用到人生上時，人們就好像換了個腦袋，年輕時覺得自己有源源不絕的能量，而且較難以意識到生命的珍貴、脆弱與短暫，沒完成的事情就改天再做，沒遵守的承諾就讓它隨風飛走、沒抓住的機會就繼續守株待兔，就因爲以爲自己的時間很多，**更可怕的是，假裝自己時間很多，欺騙自己，只爲了消弭自己的罪惡感。**

不知道身爲讀者的你，又是**以何種心態來面對死亡，以及自己與身邊的人都會死亡的事實？**

假若將心態分成以下幾種，你又會是屬於哪一種呢？

第一種屬於**「排斥型」**，其心態包括恐懼、慌恐、擔心時間不夠、擔心壯志未酬、心事還未放下、百般不願意。

排斥型的人在不同的情況下有不同的反應，情境可能如自然的年老死亡、在戰場上抗戰並爲國

而亡、面對社會治安敗壞的殺人事件、因生重病或絕症而亡，或是被仇敵報復而處在生命危險之中等等諸如此類的情況，除了自然的壽終正寢，其他的例子應該都是人人想避開的情境。

隨著醫療科技的進步與發展，排斥型的人在未來或許能夠延年益壽，達到過去人類難以企及的長壽，不過這樣是好是壞，又是另一個可以探討的故事了。

第二種屬於**「豁達型」**，面對死亡相對更處之泰然，對世事看得雲淡風輕，這類人既來之則安之，能獲得生命，在人世間游走已經很幸運，在終點前能夠有機會品嘗人生，已經滿足，不能強求的壽命，就不強求，時間到時，那就向人們道別。

豁達型的人，其生活壓力可能相對其他人低，對世事無太多眷戀，也不愛好名利，那些為了權勢與利益而顯露人性醜陋的事是做不來的，這些人之所以有相對低的壓力，除了不會被利益給綁架，也可能是因為擁有更高的抗壓性，在面對生活時能從容不迫，豁達的接受眼前的挑戰，這類人知道自己的生命意義，有些事是否該繼續做，有些地方是否該繼續留，他們自有判斷跟規劃。

第三種屬於**「擁抱型」**，相對於豁達型的對死亡的接受，擁抱型的人對死亡有著更多的追求，或許是出於生活壓力、家庭與經濟狀況出問題、被社會所誤解、找不到出口、負面想法的累積，這些人不想再承受人世間或是自己帶給自己的苦難，所以希望透過跟世界道別來得到解脫。

有的人會開開玩笑，希望早點離去，早點脫離眼前壓力，而有的人卻正被壓得喘不過氣的壓力緊緊逼迫，瀕臨向世界道別的邊緣，身為一個人類，讓自己出現這樣的想法，確實是可惜的一件事，不過若不是當事人，也難以親身理解其內心的痛苦。

第四種是**「無感型」**，與豁達型不同的是，這類人並非真正面對了死亡而豁達，反而可能是因為還未真正意味到生命的脆弱、短暫與珍貴，所以難以對死亡這件事情表達出與之對應的心態。

不然就是知道人的生命終究會停止，但那又如何，眼前的事情更加重要，以後的事情就以後再說吧！這也是許多人內心的寫照。

第五種屬於**「盲目型」**，這裡所指的盲目，意思是就算面對了自己將會死亡的事實，許多人世間的紛紛擾擾相對於人類的渺小都不算甚麼，卻還是對現有事物鑽牛角尖，甚至是自私自利，爲了獲得更多資源而竭盡所能的去取得。

盲目型的人似乎不太會設置一個停損點，例如就算天塌下來了，還是要完成老闆交代的使命，或是就算要世界末日了，還是要拚老命的搶到父母的遺產，似乎忘了自己所擁有的已經足夠，忽略了人世間許多美好的事項。

還有第六種，**「不留遺憾型」**，也就是體會到了自己生命的珍貴與短暫，所以要在擁有生命的這段期間內設定目標，追求自己的理想，不同於盲目型的人們，這些人雖然一樣很努力爲人生奮鬥，但這些人不拘小節，不會因爲許多芝麻末節的事情而心煩意亂，因爲有許多更值得自己追尋的目標在前方等著。

看到這裡，如果你已經面對了會死亡的事實，現在要問的是，**你準備好了嗎？**

在回答這個問題前，可以先思考，這個問題的意義，每個年紀的人在不同的人生階段，有其生活的重心與當下衝刺的目標，因此並不容易去知道要準備些甚麼，以及怎麼做好準備，或者是準備好的必要性。

不過，可以先從定義「準備好」開始，它可能是已經沒有了遺憾與後悔，或者是放下了某些遺憾和後悔，對世間或過去的人生已無眷戀。

如果對你來說，所謂「準備好」是如同以上的定義，那麼確實沒有現在就準備好的必要性，

甚至，不應該在人生衝刺期就告訴自己該準備好面對死亡，可以面對它、知道它、接受它，但不需要過早準備好迎接它，不同的是，這樣的問題對於處在人生末段的人來說，就是個值得思考的議題了。

面對死亡這件事，你可曾想過一個問題，那就是**「如果明天你就會死去，現在的你會做甚麼？」**

在這個問題面前，你還會專注於眼前的工作嗎？你還期待等下要從事的興趣嗎？你還會花時間學習嗎？你還會對自己一直不敢開口說的話保持沉默嗎？你會選擇留在原地陪伴在你身邊的人，還是會立刻前往心中某個必須見到一面的人的所在地呢？你還會維持形象嗎？你會對不滿繼續表達抱怨還是對過去充滿感激呢？錢財在這時侯對你來說是甚麼？正在打仗的你，還願意拿著武器在前線爲國爭光嗎？

在極有限的時間內，許許多多的事情將變得毫無意義，透過自我詢問，可以幫助自己了解到自己內心的渴望與生活的動力，**而這些動力之所以存在，就是因爲你願意面對死亡。**

終點有甚麼

人生有終點，到了最終的那段時光，會看見甚麼？或者說，你覺得會有甚麼在等著自己？終點或許在自己的家中，可能在醫院，或者是養老院等機構，親友的多寡、財力的不同或是社會福利政策，也影響了最後這段時光的體驗。

有的人子孫滿堂，平時是個受人喜愛或尊敬的長輩，在養老階段，在家裡就有家人能夠照顧，並且享受有小孩陪伴的天倫之樂，若是因生病而須住院，也有親友時時的拜訪關心；而有的人雖然子孫滿堂，但平時做人不成功，態度不友善，得罪了人，年老時便得不到自己家人的眞心關懷，只是出於義務，或者是交給安養機構照護；有的人生得少，有的人完全無子嗣，臨終前可能得需要國家的幫助與慰問，或者是靠自己的積蓄將自己送去養老院，否則生活無法自理。

不管在何處，不管有沒有人陪伴，雖然所剩之日已不多，但每天有著大把的時間跟自己對話，但是，卻還有甚麼值得操心或留念的呢？假設有自己的小孩、老伴、遺憾等等人事物讓自己操煩，但又能如何呢？

等到了這個時候，你希望自己是看淡一切的，還是繼續爲未完成的事情所掛念呢？世間萬物對你來說，又像是甚麼？或許你看到的已不再是那些雞毛蒜皮，眼前的世界或許會更清晰，看到一群擁有高智能的生命運用自己那不夠成熟的智慧來相互毀滅，替人類感到惋惜。

然而，有的人過於執著，這份執著難以消散，持續到終點前都還念念不忘，要不是自己將執念吞入，帶著離開，要不就是囑咐後人謹記，這樣的人一生煩惱絲絲，內心難以平靜。

到了最終離開時，過往的一切都將不復存在，不管是親情、友情、愛情、羈絆、財富、成就、恥辱、失敗、悔恨，屬於你的一切都會在你的斷氣的一刻消失，還活著的人與尚存的事物仍然會繼續跟著時間往前走，但對於一個跨越終點的人來說，一切都將成爲虛無，就好像一場精彩的交響樂表演，雖然曲子優美又轟轟烈烈，但到了最後一個音符結束時，整個樂團是寂靜的，只留下觀衆席傳來的掌聲與歡呼。

那麼你可曾想過，**既然每一個人的生命到最後只有「無」，你與我爲何而活？不只是人類，世間萬物都有壽終正寢的一天，那麼其從出生到死亡的這段期間，是爲何而活？**

生物爲了生存，發展出跟同類相互吸引並繁衍的機制，爲了增加存活率，演化出更適合生存的身體特徵或思維，但是當「存活」這件事情變得容易時，人類是否也漸漸失去繁衍的動力？

被生下來的人們，承載著上一輩的經驗與託付，除了追尋自我的人生，也多了許多從出生起就要遵循的社會義務與責任，社會是由前人興建起，要在這裡生存，就要服從規則，否則就得提出更好的改善方法並號召大家履行。

假設沒有人告訴你要好好吃飯、上學、找工作賺錢，那麼，身爲人類的你會怎麼運用自己的時間？你可能居無定所，有一餐沒一餐的，但會不會更自由？自由是好事嗎？會不會跟隨社會規則反而能過上更好的生活？自由重要還是更好的生活重要？有更好的生活會使你更自由還是更被框架侷限呢？

你努力的活著，是因爲莫名的被生下來，擁有了被賦予的時間與生命，爲了延續自己的生命並在複雜的世界裡找尋自我與快樂，直到到達生命終點，你是爲了誰嗎？爲何當人那麼不容易？在獲得生命的當下，就注定要被世界的壓力洗禮，這是身爲人類的你所要的生命旅程嗎？

還是說，每個人在世上的意義，就是能在死去前爲世界做點甚麼，貢獻些甚麼，與留下些甚麼？

一切的答案，就交給你自己了。

國家圖書館出版品預行編目資料

你爲何而活／林孟儒 Monroe著. --初版.--臺中市：白象文化事業有限公司，2024.04
面； 公分
ISBN 978-626-364-262-1（平裝）
1.CST: 人生哲學 2.CST: 自我實現
191.9 113001388

你爲何而活

作　　者　林孟儒 Monroe
校　　對　林孟儒 Monroe
發 行 人　張輝潭
出版發行　白象文化事業有限公司
412台中市大里區科技路1號8樓之2（台中軟體園區）
出版專線：（04）2496-5995　傳眞：（04）2496-9901
401台中市東區和平街228巷44號（經銷部）
購書專線：（04）2220-8589　傳眞：（04）2220-8505
專案主編　李婕
出版編印　林榮威、陳逸儒、黃麗穎、水邊、陳媁婷、李婕、林金郎
設計創意　張禮南、何佳諠
經紀企劃　張輝潭、徐錦淳、林尉儒
經銷推廣　李莉吟、莊博亞、劉育姍、林政泓
行銷宣傳　黃姿虹、沈若瑜
營運管理　曾千熏、羅禎琳
印　　刷　基盛印刷工場
初版一刷　2024年4月
定　　價　420元